四步说服法

高效演讲、谈判、销售、沟通的秘诀

踢米尼◎著

中国法制出版社

CHINA LEGAL PUBLISHING HOUSE

序一

你要小心踢米尼

李　倩[①]

小心，你会被踢米尼说服的。

能打开这一页，至少你已经被封面说服了，虽然我不知道你是被——演讲、谈判、销售、沟通——这哪一个关键词说服的。

但我知道，演讲、谈判、销售、沟通，从本质上讲，都是高阶说服场景。

演讲，是说服听众按照你设定的情绪流发生全场共振，谈判是说服桌子对面的人，按照你设定的方案行动；销售是说服别人花钱买下你手里的产品或者服务，而在沟通场景里，说服比命令需要更多技巧。

我们都想要说服别人，抗拒被别人说服。洞悉说服背后的秘密，是个很大的诱惑。所以，要小心。

小心，你会被一个专业法律人说服。

作为一个骨灰级律政剧爱好者，我最爱看的场景，是律师们当庭陈词。

---

① 语言学者，得到副总裁。

别看控辩双方唇枪舌剑，但事实上，他们并不是在战胜对方，而是在说服法官和陪审团。律师是职业说服者，他们的工作，其实是说服场景里战斗力最强的一类，不是性命攸关，就是利益攸关。

而踢米尼是个资深法务。要知道，作为专业人士，他们中的大部分人，更愿意把时间花在案子上，而不是跟圈外人对话。踢米尼不但把千锤百炼的看家本事总结了，还顺势迁移到演讲、谈判、销售和沟通上。

小心，在说服这个事上，你的对手是个专业法律人。

小心，你会被好看的故事说服。

写方法论的书，特别容易沉闷，但踢米尼很会把坚硬而抽象的方法，转化成柔软的故事，有人物，有对话，有情节。尤其踢米尼还在律师圈和大公司浸淫多年，那些公司里发生的故事，不管是内部贪腐的调查，还是法务跟业务的博弈，再或者是销售跟客户的攻防，都写得活灵活现。从来没在公司正经上过班的编剧们，编都编不出来这样的职场故事。

小心，人是故事动物，要是你在一个接一个的故事中流连，忘记了时间，就又被她说服了。

小心，你会被最后一击说服。

我看过那么多书，写到结语的时候，作者多半都是感谢和抒情。但踢米尼这种实战派，竟然彪悍到用自己的四步说服法，设计了这本书的传播方案，说服你参与到自己的图书推广中。她洞悉人性，对你有充分的了解，她会清楚地告诉你她能给你什么，她还会讲一个非常感人的故事，最后，她会把自主控制和选择权仍然交给你。这就是KOTA四步说服法。所以，万一你真被说服了，可别怪我没提醒你。

序二

学说话，我们一辈子都在路上

史欣悦[1]

人之初要学两件事，学走路，学说话。据说一岁半到两岁多是语言的爆发期，小孩子开始不断地蹦出字词、短语、句子，你会欣喜惊讶于他们学习速度之快。到了五六岁，要上学了，差不多什么都会说了。即便不明白什么意思，鹦鹉学舌，也能说得像个小大人。

上学了，开始读课文，造句子，语言一点一点规范起来，少年人的话反而变少了。大人在的时候不说话，总是低着头，只有在要好的同学朋友面前，才又恢复成了两岁以来的那个话痨。

好不容易把学上完了，上班了，突然发现说了二十几年话的自己，却不会说话了。

在单位不会说。想跟领导提加薪升职，脸红了，不知怎么开口；想请同事支持配合工作，拜托的话讲了不少，好像效果甚微；想让客户采购产品和服务，介绍了一遍又一遍，客户还不为所动……面对恢宏堂皇的官腔，平行

---

[1] 君合律师事务所律师，合伙人。第二季《令人心动的offer》带教律师。

掣肘的部门，难搞的客户，不知道在哪里可以添上一句分量合适的话，只能暗骂自己，笨嘴拙舌老实人。

生活里也不会说。父母叨唠，只能回一句，你烦不烦呢；恋人嗔怪，只能嘟囔一嘴，你怎么就不明白呢；孩子忤逆，只能自叹一下，这孩子！

都说小时候学说话，长大了学闭嘴，可是仔细想想，说话这门手艺毕竟是还没有学到，要分清什么时候闭嘴就更难上加难了。

于是乎，市面上出了很多书，也出了很多课，教你说话。我挺怕看某些教人说话的书。就说话谈说话，仿佛只是说被面绣得如何花俏，而被里的棉花却忽略掉了。被子靠棉花才保温，被面的鸳鸯绣并不能抵御没有暖气的冬夜。

Timini 的这本讲说服的书，和其他的书很是不同。我最喜欢的就是她不讲"话术"。当话以"术"的面目出现时，大概率是不真诚的，甚至有时是要骗人的。

Timini 是我的好朋友，说是好朋友，其实是网友。我们一起直播过一次，见面过一天（在中国合同大会），其余时间就是微信，或私聊或群聊。见面少却不妨碍我领略 Timini 说话的艺术。我接受过她的访谈，也时不时看看她与其他法律人士的对谈。我觉得要说法律界里会说话的人，Timini 绝对要算上一号。

"合同相对论"的对谈是有难度的。法律人，尤其是律师，喜欢斗嘴，喜欢在语言上胜人一筹，即便谦虚时，也带着那么点自负。Timini 当这样栏目的主持人，自然是在说话的艺术和技术上要求很高。网络直播也没有什么严格的大纲和时间线，主持者必须要自己把握住起承转合，带得起嘉宾，留得住观众，推得动话题，这个活儿对人的要求实在高，何况 Timini 还是有本职工作的法总。

说话，往高级点说，叫演讲，往严肃点说，叫谈判，往功利点说，叫销售。这些名堂其实都是一回事，就是你的话让别人听进去，能同意，并且随之行动起来，这个过程就是书中所说的"说服"。这所有的一切，都在于说的人和听的人是不是搞清楚了对方的需求。

需求，在人与人的交流中，占有至高的位置。我和你倾诉一通我工作中的困难，我的需求只是我很烦，我需要倾听。不会听的朋友，总要给出自己的意见，你这工作多好呀，性价比高呀，这些不愉快都是小事呀。哥们，我不需要你宽心，我就是需要你听——这就是我的需求。

领导骂你不认真，文章写得不好，他真心在乎你写的好不好吗？答案并不是，他的需求是你写好了，他不用怎么改就发出去了。早点下班，早点睡觉，才是他的需求。你挨了一通骂，说你写得不好，你反思半天也找不到门路，你是不是可以想想，领导这么生气，他的什么需求没有满足呢？哦，他要下班，他要睡觉，这就是他的需求。如此一来，你仿佛也不用太忧虑你到底写得好不好了，而是好好想想，怎么让领导早点下班，踏实睡觉。

Timini 的这本书，好就好在：一是把说话、同意和行动放在需求这个心理学层面去考虑，二是有很多具体场景下的方法，却又不陷于"话术"。

说话是当下的艺术，讲究的是，在什么场合，谁讲，谁听。没有这些具体的因素，空谈说服的技术是没有实用的。这也就是说话之难，看似在同一场合的两个人或者多个人，其实面临的是不同的场合。看似他在说，他其实没说出真正的需求；看似他在听，或他没在听，但有时候，听了的也是白听，没听的却懂了。这就是所谓人与人之间的悲喜并不相通，说话之难也正在于此。

从小事练起，从身边练起，从具体问题练起，这也正是 Timini 这本书的真法门。一个和各路律师、法总谈笑风生的作者，讲一讲怎么说话的真谛，值得我们认真地学上一学。

语言是人心头想法的编码，你怎么编，他怎么解，这几乎就是人类全部交流的历史。

学说话，我们一辈子都在路上。

自序

　　我是因为一位朋友的建议和敦促才动手写这本书的，然而就在书写到一半的时候，他向我提了一个尖锐的问题：

　　"你真的认为一本书可以让一个笨嘴拙舌的人成为说服高手？"

　　说实话，我并不抱那样的幻想。我赞成克里斯坦森在《你要如何衡量你的人生》所说的：对于生活的基本问题，并不存在所谓的特效药和快速解决的方法。说服，在我看来就属于生活的基本问题。

　　他紧接着问我："那你为什么还要写关于说服的书？一个人为什么要想方设法去说服另外一个人？"

　　这个意义问题如同一座一夜之间长出来的大山，横在我眼前。不想明白，就没法继续写作。

　　停笔几天，在反复审视书的结构、素材和写好的稿子后，我给了自己一个笃定的答案：这本书的意义，不在于批量"速成"说服高手，更不在于操纵别人，而在于平均改善沟通质量，在于提升听、说双方尤其是听者的愉悦度与获得感。

　　沟通之难，不仅在于听、说双方在初始信息量、表达能力、理解能力、同理心上的不同步，还在于一方对另外一方的"不关心（indifference）"：老朋友见面，我先说一堆自己最近在忙啥；新朋友初识，上来也是我是谁谁谁，干什么什么的；演讲时说的是我想说的，谈判时提的都是我的诉求。过程中我们也许会做出聆听的姿势，但扪心自问，我们真的有在倾听他①吗？我们对他充满强烈好奇吗？我们真的在乎他想说的事吗？我们确实仔细想过他真实的需求吗？

　　如果我们没有做到以上这些，我们凭什么希望获得他的注意力？我们又怎能指望他能听进去我们所说的？我们又哪来的底气去说服他行动？

　　正因为意识到，太多的沟通问题都源自对他的不关心，本书才提出KOTA四步说服法，即：

　　Know Your Audience，了解你的观众；

　　Offer Something，我能给你带来什么；

　　Tell a Story，给观众讲故事；

　　Autonomy Matters，尊重观众的自主控制与选择。

　　时时将他置于自己视线的正前方，事事与他相关联，先考虑满足他的需求，再来实现自己的表达目标。唯有这样，沟通才是双向的，才是互动的，才是有效的，就像"沟通"一词原本的意义：开沟以使两水相通。

　　至于为什么选择说服作为话题。因为我认为说服是一切沟通形式的内核：无论演讲、谈判、广告还是日常闲聊，我们都希望自己所说的对他产生影响。这种影响可能是让他相信某事，让他改变想法，或者让他采取行动。只有时刻锁定这个目标，沟通才不会偏题，才不浪费彼此时间。

　　如果说本书只能让原本85分的表达高手提高2分，我并不为此遗憾。因为更有意义的事是，让很多原本50分、不关心对方的表达者提高20分。闭眼

---

　　① 本书中，不区分性别地将第三人称单数都称为"他"。

想象一下，如果我们每天打交道的每个人都是70分以上的表达者，这个世界是不是马上更美好了一些？

说了意义，下面再来说说这本书的阅读方法：

这书既有关于说服的理论、方法，也有关于说服的实践和案例。但在此之前，它首先是一本关于说服的故事书。你没看错，它竟然是一本故事书。

书中有着丰富的说服案例和故事，其中有些来自于经典的心理学、社会心理学实验，有些来自于情景假设，有些来自于商业观察，但更多的是我自己的亲身经历——关于育儿、关于演讲、关于谈判、关于文案。所以，这本书最轻松的读法就是放在床头、书桌、办公桌，闲暇没事的时候随便打开一页，随手翻看，就像我对待《红楼梦》那样。不用担心，任何一页都不会让你觉得没头没脑，更不会让你昏昏欲睡。

第二种读法，是按照章节读。

本书的每一章都是一个独立话题，即使不与其他章节配套阅读，也不影响你的理解和获得感。比如说，如果你只读第一章，你会明白我们天天面对的沟通无效是怎么发生的，怎么样说话别人才愿意听，什么样的话别人听了还愿意做，为什么有些人讲得很有道理但就是不招人喜欢。

如果你只读第二章，你会明白将你的观众当成"人"对待有多重要。因为他是个人，所以注意力很容易被分散；因为他是个人，所以他有人基本的情感、需求、恐惧；因为他是个人，他的直觉脑、情绪脑比理性脑启动更快，所以即使不用逻辑，你也可以"人同此心、心同此理"地待他。

如果你翻到的是第三章，说不定因此获得了追求心仪对象的灵感：了解他最在意的价值，展现出他最喜欢的一面，用"好处"去打动他。说服他人与追求喜欢的人没什么不同：呈现你所拥有的他最期待的东西，用好处去获得他的兴趣。这种好处又不限于现实的、世俗的金钱的好处，灵魂的碰撞、心理的满足，都可以是一种好处。

但是，我请你一定一定不要先看第四章，虽然这一章每个人都需要，都会喜欢。

你可以跳过第四章先看第五章，因为看了第五章你就会明白，我为什么劝你先别看第四章。

如果你是看电视要先看结局的那个人，又或者如果你是个法律从业者，你也可以倒序阅读，直接翻到最后一章。就算本书失去前面五章，最后一章依然可以稍加扩充，成为另外一本独立的书。甚至可以说，每一节都可以独立成书。

第三种读法，也是最传统的读法，就是从头到尾按顺序读。这样读与前面两种相比的好处是，你有机会理解它的逻辑、结构，知道KOTA四步说服法。当然，如果你愿意，你也可以随时往回翻，找出当下你突然有了新感受的那一段、那一句，然后再原路返回继续前行。

如果你一时无暇读完全书，又想知道本书到底讲了什么，也可以快速翻看每一节后面的"小结"，结合目录来了解书的框架。但我建议不要急，慢慢读，每次读个一节就可以放下书，去干别的事。干别的事的过程中，也许你突然想起刚刚读的那一节，其中的某句话、某个建议，恰好能帮你解决当前的问题。这种感觉非细读、慢读不可得。

最后的提醒是，千万不要跳过本书结语，它可能跟你看过的结语都不一样。

目录

06
Chapter

第六章
影响力武器

第一章
说服的障碍

一个完全无法被说服的人是很可怜的。

——黄执中[1]

---

[1] 历史上唯一连续两届拿下国际华语辩论最高赛事"国际大专辩论赛"的最佳辩手，也是唯一未晋级决赛，却可以拿到"国际大专辩论赛"最佳辩手的传奇人物。《奇葩说》第三季奇葩之王。

写说服主题的书实在是件很不"划算"的事。

一方面，说服他人不是一件容易的事，没有人喜欢被说服，甚至可能看到书的标题带有"说服"就心生反感；另一方面，说服似乎天生与谋术、操纵相关，生出说服别人的念头本身就足以让体面人觉得不光彩。然而，不管人们喜欢不喜欢，说服确实无处不在。人们每天说的话，都是为了产生一定的作用：要么为了传递信息，要么为了产生影响。"天气预报说今天大降温，记得出门带件外套"，前半句是传递信息，后半句是产生影响。"已经十点半了，该睡觉了"，前半句是传递信息，后半句是产生影响。

传递信息不难，产生影响也就是让人行动却不容易。

仔细想想，让人行动的方法无非三种：强迫、说服或乞求。如果我们没有天然的权威或绝对力量，如果我们也不屑于低声下气、死乞白赖地去乞求，说服就成了唯一的一条路，光明磊落的一条路。

但就像有句老话说的：天底下最难的莫过于将别人的钱装进自己的兜里，将自己的观点装进别人的脑袋里。

说服难在哪儿？说服路上的障碍有哪些？如果从技术层面来说，至少有以下这些难点：

第一，说服者讲不清楚；

第二，观众[①]听不明白；

第三，观众听不进去；

第四，观众不愿意行动；

第五，说服者自己的心理障碍。

本章我们先逐一讲讲说服路上的障碍。

---

① 本书中我将说服者想要沟通、影响的那些人称为"观众""说服对象"或"人们"，三个词意义相同，不同称呼只为适应不同说服场景。

第一节　你没说清楚

传播学专家威尔伯·施拉姆关于交流有个理论模型，我稍加变形后画出简单的示意图如下。

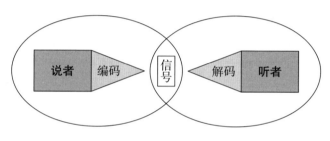

图1　交流沟通模型图

简单来说，说话的人对自己想表达的意思（思想）进行编码，用合适的语言输出（信号）。这语言被听者接收，但并不是无损接收，而是要通过重新解码后再接收。"编码–输出–解码–接收"这个过程中，任何一个环节都可能存在信息损耗或变形。

比如你说一个词，"苹果"。如果不加限定、解释，在不同的观众那里"苹果"可能是不同的东西：有人想到的是一个又大又红的苹果，有人想到的是一颗苹果树，有人想到的是英文单词apple，有人想到的是苹果作为水果的一种，当然还有人想到的是电子产品苹果和它那缺了一角的logo。

"编码–输出"这个环节的损耗和变形，大多是由说服者的表达问题引起。说服者的表达问题大致可以概括为：

第一，表达内容问题；

第二，表达方式问题；

第三，表达能力问题。

一、表达内容问题：因为没想清楚而讲不清楚

讲不清楚往往是因为没想清楚。太多人嘴巴比脑子快，没想清楚自己的表达目的就开始往外倒。这不是竹筒倒豆子，而是麻袋坏洞，四处漏豆子。

斯蒂芬·平克有句经典的话："写作之难，在于把网状思考，用树状结构，体现在线性的语句里"，这句话用在口头表达上一样适用。口头表达虽然相对简短灵活，但也是这样的过程：整理自己的万千思绪，用有逻辑的方式组织，再以清晰准确的语言表达出来，实现自己的表达目的。

如果我们录下自己一天与他人的对话，或者录下我们在任何一个会议上的发言，总能发现自己不知不觉就扯远了。就好比我们原本不过是想要顺着树干爬树，目标是爬到树顶，却不小心爬到了枝干上，且不停地从一个枝干跳到另一个枝干，完全忘记了要去树顶这件事。

这个过程，可以用一个通信学的词类比来衡量："信噪比"。信噪比说的是我们发出一个信号，别人能否接收到并充分明白你的本意，取决于你在发信号的同时有没有发出噪声，噪声有多大。如果信号微弱，噪声很大，那么信号可能被噪声淹没。即使信号很强，但噪声也很大，那么信号的接收可能也不会特别好。所以在沟通时，除了注意提高信号强度，还要减少噪声，即"降噪"，才能高效传输信号，高效表达。

所有表达中无关紧要的细节都是噪声。在开口之前，思考清楚，有个清晰的主题，围绕着主题选择与之相关的枝叶，砍掉不相干的枝蔓藤萝，就是增强信号、减少噪声的过程。

二、表达方式问题：因为含蓄隐晦而讲不清楚

除了表达内容信噪比太低，有时候说服者过于隐晦也会让观众错过信息或产生误解。

事实上，观众听不懂说服者的意思，十之八九都是说服者的原因，而其中又有十之八九是因为说服者没有有话直说。

1997年大韩航空801航班在降落前撞到一座山，发生坠机，造成228人遇难。事后调查发现，副驾其实几次提醒机长降落的风险，但是因为过于隐晦，而未被机长领会。当时天气不好，副驾觉得可能影响降落，但他并没有直接说天气不好，降落有风险，反而是试图用提问的方式引起机长注意："是不是下雨了？"当天出了些故障，机场跑道的射灯坏了，可能导致飞行员没法跟着射灯光束进入跑道。副驾意识到了这个问题，但他说："今天，雷达对我们帮助很大"。机长再次错过了他的警告——这是当然的事，谁要是能从这么委婉的提醒中读出强烈的警告才不正常。①

对职场人来说，有话直说是非常重要的品格，不仅是为了避免误解，也是为了提高效率。假设你是一名法务，你向公司业务提示风险，以下哪种方式效果更好？

A. "我们这个产品市场份额较高，所以报价的时候我们要注意避免留下我们占据市场主导地位的印象，签合同的时候我们要注意避免让对方觉得我们的合同是格式条款。"

B. "因为我们这个产品市场份额比较高，非常容易被认定为具有市场

---

① ［加］马尔科姆·格拉德威尔，《异类：不一样的成功启示录》，中信出版社2020年版。

支配地位，所以以下几种行为要注意避免：第一，不要强调我们的市场份额，动不动就'我们是行业老大'的样子；第二，与客户有商有量的，不要动不动就'爱买不买'的样子；第三，不要过分强势，动不动就'这是我们的合同，一个字都不能改'的样子。一个不小心，我们就可能受到非常高额的处罚，最高可能是集团销售额的10%，也就是100亿人民币！"

当然是B，将一个问题掰开了揉碎了说呀！

三、表达能力问题：因为表达习惯而讲不清楚

表达能力与人的天赋相关，但是能通过控制或训练来提高。

（1）发音

有些区域的朋友可能会带一些口音，比如平翘舌不分，前鼻音后鼻音不分，n/l不分，h/f不分，所以才有那些荷兰、河南的段子，湖南人、弗兰人的段子。总的来说，这些具有地域特色的发音相对难矫正一点。

但也不是没办法：有针对性的绕口令就是一个不错的选择。比如我之前平翘舌不分，就会拿这个绕口令来训练：

"四是四,十是十。十四是十四,四十是四十。不要把十四说成四十，也不要把四十说成十四。"

训练绕口令是个神奇的过程，为了避免说错，人会不自觉地减慢语速，然后在减慢的过程中获得一种全新的、掌控自己舌头的控制感，非常有趣。

那些h/f分不清的朋友可以试试这个绕口令：

"黑化肥挥发发灰会发灰，灰化肥挥发发黑会挥发。"

绕口令除了可以用来纠正固有的发音问题，也很适合在重要的发言前拿来"热嗓子"，提前进入状态。

（2）语音、语速、语调

有研究表明，拥有低沉声音的男CEO[①]们往往掌管着更大规模的公司，平均收入也比那些高音量的男CEO们高出18.7万美元。还有一项研究表明，近一个世纪以来，每次的美国总统竞选，总是声音更低沉的那个胜出。

为什么会这样？因为高音量会让人联想到孩子，有不成熟或情绪不稳定的感觉。而低沉的声音容易让人生出稳重和一切尽在掌握之感。

除了音量，还有语速。有意控制语速会增加说者的权威感。普通人一分钟大约要说200字以上，但优秀的演讲者，尤其是领导者，会故意通过增加停顿，将语速控制在每分钟90字左右。这种停顿可以给人思考的机会，还会让演讲者看起来更自信，更有掌控力。据说铁娘子撒切尔夫人上任之初，声音并不是后来那样。她通过有意识的训练，让声音的频率降到了45赫兹。同时她也训练降低语速。

我自己说话很容易激动。一旦激动了，语速就会变快，音量也会提高。后来回听自己录音或者回看录像的时候，会发现有些音节被"吞掉"。所以重要场合，我会有意识地压低音量，放慢速度，与生活中的自己判若两人。熟悉我的同事反馈说，一旦我用那样的方式讲话，马上觉得有了"压迫感"，有种不得不坦白或者服从的冲动。

还值得一提的是语调变化。如果一直听一个人字字重音，你会觉得很累，好像脑袋里的橡皮筋时刻紧绷着，绷久了就再也没有弹力了。如果一个人字字发音很轻，你又会觉得软绵绵的，没有力量，没有重点，很容易走神。所以比较好的做法，是不重要的部分自然地说、轻快地说，重点部分加重说、减慢说。轻重交替，快慢有度，才有"嘈嘈切切错杂弹，大珠小珠落玉盘"的节奏感，才能抓住观众的注意力。

[①] Chief Executive Officer，首席执行官。

（3）规定时间说清楚一件事的能力

真正存在发音问题的人不太多。即使多少带点口音，也不至于影响观众理解。有时候，广东、福建的普通话甚至有种不一样的可爱。

更严重的问题是没办法在规定时间内说清楚一件事。我相信你一定有这样的经历：有人拉着你拉拉杂杂地讲个没完，你却不明白他为什么要跟你说这些。然而在某些场合下，我们跟这样的人并没有本质差别，流水账说了一堆，但观众完全摸不着头脑要点在哪儿。

我做演讲课或者讲师课实训营的时候，总喜欢创造机会让学员登台演练。演练的一个重点就是，在规定时间内说清楚一件事或表达一个观点。比方说，一分钟自我介绍，两分钟即兴演讲。其中一分钟自我介绍是一个特别好的"强迫"训练：每个人都有几分钟准备，要求是在一分钟之内让其他人记住你，不管是名字还是特点，先让人记住再说。演讲超时的视为挑战失败，没能让别人记住的也视为失败。用这种办法，每个人都被迫思考，哪些是自己最重要的特点、优点，怎样给自己贴标签才能让人记住。

其实这种训练办法可以稍加改变，用在提升自己凝练表达上。比如，我和我家五岁的娃每天都会做一件事：互相报告一下各自的一天。

一天那么长，那讲什么？肯定是讲最重要的事。怎么讲？一定是以对方能听懂的方式讲。我曾经试着给我女儿讲过自己做的一起案件，只花了三分钟，她就大概明白了事情的梗概。她开始给我讲她的一天，经常颠三倒四的。我会一直追问，让她理清思路，找出重点，重新整理叙述顺序。慢慢地，她可以在很短的时间内说明白想说的事了——希望她之后随时可以应付"电梯演讲"。

如果我们每一次表达都能在心里给自己设定一个计时器，时刻提醒自己去除无效表达，只讲最重要的事、最相关的事，也就是提高"信噪比"，慢慢地，表达效率一定会大大提升。

本节小结：

➤ 说服的第一重障碍是说服者没法说清楚自己的观点。

➤ 沟通的过程是说服者先将自己要说的内容（思想）编码，用合适的语言（信号）输出，再经过听者解码，才能被接收。"编码–输出–解码–接收"这个过程中，任何一个环节都可能存在信息损耗或变形。

➤ "编码–输出"的过程中的信息损耗和变形，往往由于说服者的表达问题引起。

➤ 说服者可能因为没想清楚而讲不清楚，这就造成表达内容问题。解决表达内容问题的关键在于"降噪"，即砍掉无关紧要的细节。

➤ 说服者可能因为含蓄隐晦而讲不清楚。为了解决表达方式的问题，说服者应尽可能做到有话直说。

➤ 说服者的表达习惯也影响表达效果。可以有意识地训练发音、语音、语速、语调，以及在规定时间内说清楚一件事的能力。

第二节　你说清楚了但我不懂

我们表达清楚了是否就意味着观众能听懂呢？当然不是。还记得之前的交流沟通模型吗？信号传输过程的第一次损耗发生在"编码-输出"上，顺利输出的信号还需要解码才会被接收。如果信号过于复杂，或者过于简洁，不能被解码或完全解码，那么损耗将再次发生。

比较以下说法，哪种你比较容易懂？

A.通过动态控制中央处理器的时钟频率，使处理器能够超出其基本运行频率运转；

B.英特尔睿频加速技术能够记住当前任务（玩游戏、看视频等），还能根据你的需求调整运行频率，从而延长笔记本电脑电池的寿命；

C.新技术能让你玩游戏、看视频更爽，电池还更耐用了。

这是《像TED一样演讲》一书中作者举的例子，A和B是他给读者的选择。因为翻译的原因，我觉得B虽然比A容易懂一些，但还是不够清楚，于是我进一步"翻译"，加了选项C。现在，你觉得哪个最好懂？如果你是观众，你希望说服者用哪种方式来讲解？

史蒂芬·平克将这种现象称作"知识的诅咒"（Curse of Knowledge），意思是一个人一旦知道了一件事，就没法回到不知道时的状态，也没法想象不了解这件事的人会怎么看待这件事。换言之，一个人一旦知道了一件事，会自然地认为其他人跟他在同一页上，从而很自然地使用一些专业词汇，而不会注意到对方没有背景知识，根本没法听懂。

"知识的诅咒"在法律人身上体现得格外明显。很多法律人无论是书面还是口头，无论是正式还是非正式场合，一开口就都让人听出来：这人学法律的。

我相信很多法务都跟业务部门同事说过类似的话：

> "请各位销售代表注意，各位在对外设立权利义务时务必谨慎，因为根据表见代理原理，你们所说的任何话都可能代表公司，对公司产生法律约束力。"

结果会是怎样？业务的同事根本不知道你在说什么，当作"耳旁风"就过去了。

为什么法律人在"知识的诅咒"方面更严重呢？

一方面，自然是因为法律原本是个专业性极高的行业，太多的专有名词很难找到"平替"，如"无因性""善意取得""不安抗辩权""违法阻却事由"。

另一方面，法律人有着较深的职业骄傲，可能也是造成这个现象的原因："我说了你没听懂，那是你的事"。这种骄傲某种意义上可能是必要的行业壁垒，但也可能是毒药，以为喂给别人，其实毒死了自己。

那么怎样说话才能尽可能让观众听懂呢？

第一，意识到"知识的诅咒"的存在。很多问题纠正并不难，难是难在自己没意识到问题存在。

自从2021年8月起，我和常金光律师开始做一档法律人对谈直播节目，叫"合同相对论"。我们对谈的嘉宾里不少人工作语言是英语，尤其是外企的法总们。所以他们讲话时不时会夹杂一些英文（包括我自己），我相信大家本意没有卖弄的意思，而是一时想不到更合适的中文词汇。有时直播间的观众会抱怨，说听不懂英文。嘉宾一旦意识到这个问题，在英文脱口而出之后，便会努力寻找一个中文词汇来再解释一遍，非常贴心。那时候我真的对他心生敬意，那时候我才明白为什么大家都喜欢听他说话——因为他的一切表达都充分照顾观众，将观众放在了第一位。

第二，尽量避免"行话""黑话"，尤其在面对非行业内的观众时。

我在与互联网企业朋友聊天时，经常被他们一些"黑话"弄得摸不清头脑。这是我从网上找来的一段经典"互联网黑话"，大家可以感受一下：

> "目前业务暂时还没有跑通一个模型，毕竟基础业务逻辑没有形成闭环，更别说做成生态了，我们还在夯实基础的阶段，好好打磨一下我们的产品，最终形成一套组合拳打法，才能有效赋能生态圈，降维打击，最终反哺整个经济体。"

第三，不用专业术语，如果不得已用了一个专业术语，可以试着换一种方式再解释一下（rephrase）。没办法用简单的语言描述清楚一件事，只能说明你自己并没理解透彻，求诸复杂、拗口的术语不仅无助于掩饰自己表达的无力，反倒将自己和观众都推进困惑的漩涡。

很多领域都在倡导"KISS"原则，即 keep it simple & stupid。上述的一大段"互联网黑话"，说的意思就是：

> 这事目前还不靠谱，还需继续研究求证。

就这么说不行吗？

前述法务对业务说的那段话，如果用"KISS"原则，也可以这样说：

"请各位销售代表注意，各位与客户沟通时，不要随便作出承诺。因为你们是公司员工，客户也知道你是我们公司的员工，在这种情况下，根据法律的规定，你们作出的任何承诺，不管是书面还是口头的，都可能等于是公司作出的，公司都要为之负责。所以，签署会议纪要、承诺书都要像签合同一样谨慎，最好提前给法务部确认。即使是在微信上回复客户，也要设想，这会不会有一天被客户作为证据，在法庭上针对我们。"

第四，选择话题或聊天深度时，充分考虑观众认知能力。这事我比较有发言权。"合同相对论"节目里，我不仅负责邀请嘉宾，还要与嘉宾敲定对谈话题。选话题是一个技术活：话题太宽泛、太常见，对观众没有吸引力；话题太具体、太深入，又担心观众缺少背景知识，听不懂。比较理想的话题是，观众对这个领域略有了解，出于这样、那样的原因，有兴趣或有动力加深了解，我们的对谈可以为他们提供一定的信息增量或启发。

尽管如此，也不排除嘉宾说出非常冷门、深奥的知识点。为了避免这种状况，我就当自己是个一点基础都没有的"小白"，围绕选定话题从简单入手，从基础概念提问，一点点地聊，逐层深入，碰到比较陌生的概念或者不懂的理论，就请对谈嘉宾解释一下。

我印象很深的是与罗云律师对谈那期。那期是知识产权话题，专业性比较强，很多不做知识产权的法律人可能缺少一些基本认知，比如商标三年不使用可以申请撤销，商标注册是需要分类的；等等。所以在与嘉宾聊到这个环节的时候，嘉宾提到"撤三"，我赶紧接过话，向观众稍加解释商标三年不使用可以申请撤销的规定。如此一来，即使后面聊到比较深入的话题，观众也能跟得上。

我的搭档常金光律师在对谈李寿双律师的那期也是，嘉宾提到"红筹"时，常律师赶紧插话，问直播间观众有哪些人不明白"红筹"是什么意思。观众纷纷留言表示没概念，嘉宾这才意识到自己很熟悉的概念对很多人却是完全陌生的事物，于是耐心地一一讲解，直到观众听懂了才继续往下讲。

想要让观众听懂，就得首先意识到不是每个人的认知都恰好精确地处于同一水平。先去了解观众的认知水平，以观众能够"解码"的方式去讲，而不是无视认知差距，默认观众理应听懂你所说的一切。

本节小结：

➤ 说服的第二重障碍在于观众不能理解说服者想要表达的观点，即信号在解码阶段再次变形或损耗。

➤ 信号过于复杂或过于简洁都可能造成解码困难。

➤ 观众听不懂，既可能是由说服者表达问题造成，也可能是自身认知不足造成的。如果说服者能意识到"知识的诅咒"的存在，就有希望减少说服者与观众的认知差距。

➤ 说服者除了意识到"知识的诅咒"的存在，还应尽量避免"行话""黑话""专业术语"，必须用"行话""黑话""专业术语"时也要注意进一步阐释，减轻观众认知负担。

➤ 说服者在选择话题或聊天深度时，要充分考虑观众认知。

第三节　我懂了，但跟我有什么关系

随着《网络安全法》《个人信息保护法》等法律法规的出台，数据合规是摆在每家企业眼前不得不跨越的一条湍湍大河。

假设你是一家跨国公司中国区的法务人员，需要在全集团各个子公司推行数据合规项目。这个项目非常大，花费时间很长，还需要花费不小的一笔预算聘请外部律师。这么大一个项目，涉及的法律实体（legal entity），即集团名下注册登记的子公司有几十个，仅靠法务部肯定很难推动，必须有赖于公司自上而下的一场"运动"（campaign）。

怎样才能有效地将信息同时传达给几十家子公司的管理者呢？一个一个去单独沟通，不仅工作量巨大，也很难产生协同效应。如果尽是群发邮件，又很难引起日理万机的管理者的注意。即使你给邮件重要性标注了最高，你的一封介绍最新法律的邮件在CEO们眼中和新闻、广告也并没本质差别。

于是你四处寻找机会，一个月之后总算找到了一个特别好的机会：中国区的所有CEO们将因为某件事坐在一起开会。你用尽各种办法，总算在这些大老板们吃饭的空隙，硬是"抢"出来一个小时。

于是你非常认真地准备了一份演示文稿，标题就叫《数据合规项目介绍》。演示文稿内容翔实，从数据立法的历史、进程、现有框架，讲到什么是数据、数据的价值，再讲到法律的具体规定，如企业应当如何存储、处理信息，怎样设立DPO[1]，怎样应对数据泄露；等等。你提前准备好演讲逐字稿，对演讲材料烂熟于心，也准备好了应对各位老板们可能会提的问题。

会议开始了，你噼里啪啦地讲完了全部内容。你对自己的表现很满意，所有该讲的点都讲了，非常流畅，时间控制得也很好，最后你留了十分钟给CEO们讨论和提问。

然后，一位CEO问："这事跟我有什么关系？"

你眼前一黑，差点心梗："老板，这些新法律非常重要，在公司推行项目需要你们的支持。"

CEO接着说："跟法律相关的项目，你们法律部去做就好了，需要HR[2]支持就去找HR，需要预算就去找CFO[3]聊。"言下之意很清楚：干嘛拿这点琐碎的事来烦我们？

是CEO说错了吗？是他太冷漠，不关心公司风险？是他不够接地气，不关心运营细节？这件事如果达不到预期效果，那就是法务的问题——法务作为说服者，忽略了说服过程中几乎是最重要的一环："你说的这些跟我有什么关系？"

人的注意力是有限的，大脑在分配注意力时只会关心那些跟自己有关系的，尤其是可能有利害关系的事。如果一次说服不能让观众明白这事与自己有什么关系，则很难抓住观众的注意力。

好，再给你一次机会，倒带重来。你还是法务，还是准备了一份PPT。但这次PPT里的内容是这些：

1.各位老板都听过滴滴被罚了巨款吧？为什么被罚呢？老板们七嘴八舌地说是因为信息安全。

（先用热门话题成功引起观众注意）

---

① Data Protection Officer，数据保护官。

② Human Resources，人力资源，此处泛指人力资源工作人员。

③ Chief Financial Officer，首席财务官。

2.根据最近生效的数据相关的法律，其实每家公司都可能面临这样的重罚。不要觉得我们自己做得足够好了，想象一下，如果有位HR同事出差过程中电脑被盗，这事不是"黑天鹅事件"吧？他电脑中存储着大量员工数据，这再正常不过了吧？知道吗，仅仅这一件事，如果处理不当，公司就可能已经违法，面临着巨额罚款。此处顺便讲一下数据合规违反的罚则计算。

（这事为什么重要？因为跟公司相关，而且并不是小概率事件。可能给公司带来罚款，所以需要各位老板知道。）

3.其实除了罚款，各公司的管理者可能还需要承担个人责任，甚至是个人刑事责任。

（这会儿老板们该紧张了：什么，我过去只知道逃税漏税我要担责，怎么这事还可能害我坐牢？）

4.就算我们很幸运，没出过明显问题，也没被相关机关调查，但如果我们不提前启动合规项目，我们可能失去客户——因为我们很多客户来自关系国计民生的行业。做不到数据合规，我们可能失去未来的订单。反过来，如果我们先人一步，领先竞争对手建立数据合规体系，这可能是我们一骑绝尘的机会。

（老板们再次震惊：什么，这事还影响到我们拿订单？什么，这么麻烦的事背后还蕴含着机会？）

至此，我相信你已经成功解决了"这事与我有什么关系"这一问题，已经成功地获得了你想要的关注。

下面你要讲法律的具体规定吗？要讲怎样做个人信息的全生命周期管理吗？不不不，那些依然不是CEO们需要操心的事，那些是法务部、IT、HR[①]和其他多个部门需要去弄明白的事。别拿这些鸡毛蒜皮的"噪声"去损害真正的"信号"。

下面你要讲的是，因为这事太重要、太紧迫，所以我们需要立刻上线一

---

① 企业的信息技术部、人事部的缩写，通常用来指代这两个部门或者这两个部门的员工。

个数据合规项目。其中需要提前取得各位老板支持的有这么几项。

1.需要马上任命一位数据保护官（DPO）。

老板们纷纷点头：这事不难，准了，你去和HR安排。

2.需要每家子公司指定一位项目对接人，一起参与项目。

老板们再次点头：这个是必要的，总不能次次拉着我开会。

3.我们需要成立一个数据保护委员会，我建议由在座各位组成。这样做，不仅可以让所有员工知道项目的重要性，还有一个好处是，群体决策可以减少个人承担法律责任的概率。

老板们：原本不想理这麻烦事，但是如果加入委员会能让我风险降低，大家都在一条船上，那么加就加吧。

4.因为项目比较复杂，公司内部没有人有这方面的经验。为了避免走岔路，我还建议聘请第三方顾问，比如律师事务所或四大会计师事务所，来协助我们落地合规项目。

此刻老板们纷纷点头：这么重要的事，生死攸关的事，当然要聘请专业人士，当然要确保万无一失。

你继续说：我已经提前询过价了，整个项目下来大约花费在50万—80万元，当然，这个预估之后可能还会随着我们实际工作量发生变化。

老板们一惊：什么？这么贵的吗？律师们赚钱也太容易了吧？

你接着说：虽然看起来费用不低，但是因为咱们在中国有二十多家子公司，这费用一均摊，每家需要支出的大约三万元。

老板们松了口气：也是，如果只是几万块的话，对我们的年度费用应该不会发生多大影响。

这会儿如果你还有一些细枝末节的要求，比如邀请CEO们签署一份项目开始的公告之类的，都是小事一桩了。

现在回过头看，这件事成功与否的关键在哪儿？毫无疑问，就是解决"这事跟我有什么关系"问题，进一步说，解决"不做对我有什么坏处，做对我有什么好处"的问题。关于大脑的运作机制，有一种"网状激活"（reticular activation）的说法。它指的是大脑过滤不必要的信息，以便更关注对自己利益攸关事项的神奇功能。比如说，你在大办公室午睡，周围的同事聊天的聊天、接电话的接电话，但完全不影响你。可是一旦有人提到了你的名字，你会突然醒来——因为大脑认为与你相关的事是重要的事。

因此，在每一个说服场合，说服者都必须问自己一个问题：我讲的这个话题，与观众有什么关系？

一个说服场景下，特定的说服话题与观众有什么关系大概分两种情况：

第一，"听我说"对你有什么好处；

第二，"不听我说"对你有什么坏处，或有什么损失。

有时候二者会混在一起，就像案例里，多半讲"不听我说"的坏处，但"听我说"还有一点点好处：提前布局合规可能让我们领先于竞争对手，组建数据合规委员会可能会分散你们的个人责任。要知道，这些点，无论是个人刑事责任，还是公司未来订单，一定、必然是每个CEO都关心的话题，甚至说是最关心的话题也不为过。

了解你的观众，找到对方最关心的点，无论是"痛点"还是"爽点"，是精准说服非常关键的一步。

销售技巧中有个FAB法则（feature，advantage和benefit三个单词的缩写，分别指属性、优点和好处）。多数销售都知道介绍自己产品的特点和先进之处，可能花很多时间在自家产品和竞品对比，即F和A的部分，却经常忽视了B，即"好处"部分。属性和优点很容易介绍，基本上产品手册背熟了就可以了。但B的部分却要基于对观众的观察、理解，或要根据观众情况自己去挖掘。

在每一次说服中都有意识地问问自己："我说这话跟他有什么关系"，可以极大地提升表达有效性，产生更好的说服效果。

就拿我们最常见的自我介绍来说，有没有观众意识，有没有注意到B会对效果产生极大的影响。

"大家好，我是王小红，我是一名律师，在南京××律师事务所执业，我的执业领域是劳动法。我已经做律师十五年了，希望有机会跟大家多多交流。"

这样的自我介绍有问题吗？好像没什么问题。但是这样的自我介绍有针对性吗？要看在什么场合。如果这是一个同行小型聚会，这是一个规规矩矩的自我介绍，至少没啥错误。

如果此刻你在向一位正在寻找劳动法律师的来自南京的潜在客户介绍自己，上面的自我介绍显然没有什么吸引力，因为你没有解决他最关心的问题。如果用FAB法则，你可以怎么说？

"我叫王小红，是专门从事劳动争议的律师，在南京地区执业十五年了（**特点，F**），我代理过超过三百起案件，对南京地区各位劳动仲裁员的风格非常了解。不仅如此，我们劳动案件的收费也相当合理（**领先其他律师的优势，A**）。你们公司目前的这起案件，我三个月前处理过非常类似的，我们最后不仅赢了仲裁，还赢了一审、二审。如果您请我代理这起案件，您不需要为任何程序性问题烦恼，甚至包括与HR沟通的工作都不需要您花很多时间协调。案件结束之后我还会跟您复盘，可以出具正式的英文报告，也可以一起跟HR同事完善公司规章制度（**利益B**）。"

这么说就照顾到了客户心中的几个关心的点：

1.这个案子胜算大不大；

2.我不想为这个案子花太多时间，尤其不想来回内外部协调；

3.案子结束之后复盘可以，但报告我没时间写，修改规章制度这事也是个麻烦活儿。

本节小结：

➢ 说服的第三重障碍在于建立与观众的联系。与观众无关的话题，或者观众看不出与自己有何关系的话题，自然无法获得观众的注意力。

➢ 与观众的关系大致可分为两种：你听我说有什么好处，以及你不听我说有什么坏处。

➢ 销售技巧中的FAB法则可以用于说服，具体来说就是在介绍自己或一件事时，要说清楚属性、优点和能给观众带来的好处。

➢ 人们天然对与自己相关的话题感兴趣，说服中应想方设法建立与对方的联系。

第四节　为什么我要听你的

假设你此刻正在给一群社会精英人士讲课，或者正对着一群比你经验丰富的同行演讲，观众看到议程或演讲者介绍时多半会有这些疑问：

- 他年纪那么轻，能有啥了不起的见解？
- 他都没在律所工作过，凭什么来对如何拓客指手画脚？
- 他的视频号点赞数就那么点，凭什么来讲视频号创作？
- 他自己都籍籍无名，凭什么跟我们讲个人品牌打造？

说服者一旦开始表达，一旦开始试图说服，就免不了面临着类似的关于可信度的挑战：你有什么资格谈这事？我为什么要听你的？

有一本书叫《如果你那么聪明》，书里向经济学家提问"如果你那么聪明，为什么你会没钱？"这个问题问得真好啊：你们既然研究规律，既然动不动就判断商业趋势，既然动不动就能给别人出意见，那你们应该靠预测赚了很多钱才是啊。如果你自己都没赚到钱，是不是说明你的分析、预测根本不靠谱呢？当然，这本书的重点并不在挑战经济学家，而是澄清经济学家的工作。但从书名背后隐含的态度能看出，越是试图影响别人、说服别人，越容易遭遇质疑和挑战。而其中最大的挑战之一就是可信度问题。

我们可以通过回答几个问题来感受一下可信度对说服效果的影响。

● 因为胆囊息肉，你需要做个胆囊切除手术，以下医生你更愿意选谁？

A.一位32岁的医生，博士刚毕业；

B.一位副主任医师，52岁，每年平均同类手术量250台；

C.医院副院长，兼某医学院教授，发表论文一百多篇。

● 你打算为自己和家人配置保险，以下几个保险销售人员你更愿意选谁？

A.你的大学同学，刚刚转行做保险。他最近几次约你吃饭都迟到了半小时以上；

B.你同事推荐的他的保险销售，连续三年销售冠军；

C.一位主动联系你的陌生销售，衣着光鲜，口若悬河，你问及某保险产品的缺点他总是能给出完美的解释。

● 你打算给初三的孩子找个家教辅导数学，以下老师你更愿意选谁？

A.本地最好高校的在校大学生，从来没做过家教；

B.因为教培行业变化而刚刚失业的某教培机构老师，此前一直讲授初中数学；

C.一位亲戚，大学里的数学教授。

● 你打算买一套二手学区房，以下哪位中介你更愿意选？

A.某不知名地方中介公司的中介，自称手握附近80%的房源，可你看上的房子他都说卖完了；

B.某知名中介品牌的中介，不停地讲竞争对手坏话；

C.某连锁品牌的中介，口齿笨拙，但你问房子的缺点他从不隐瞒。

这些都不是难回答的问题。

在不同的情境下，影响一个人可信度的因素可能不同。但多数情境下，影响可信度的因素有这么几类：

一、社会认证

每次都对说服者进行背景调查显然是不现实的。那么比较偷懒的做法是什么？借助现有的社会评价体系，通过"社会认证"建立对说服者的初步认知。

比较常见的、直接的评价就是学历、证书、头衔、业绩。比如，你是清华大学的本硕博，那么基本可以判定你的智商和学术能力应该不错；你通过了法考，基本可以确定你掌握法律的基本功，可以对常见法律问题有个大致的认知；你在知名大学任教，基本可以认为你是某领域的资深研究者；你是某知名企业CEO，基本可以认定你是商界翘楚；你代理某类型的案件数量超过200件，胜诉率高达80%，基本可以放心找你办理类似案件。

虽然某些情况下某些社会认证可能没那么灵光，但多数情况下，社会认证就是评价的捷径，直接、有效。这就解释了为什么我们去别人的办公室，时常见到各种各样的奖牌、奖杯、奖状，或者媒体报道和名人的合影。

但需要注意的是，如果你手中的这些认证权威性、含金量不高，展示之前可以斟酌一下。打比方说，我因为讲课收到过不少机构的奖牌，比如"最受欢迎讲师"，也有知名律所给的"导师"证书。如果我想向外界展示我在培训方面的成就，展示这些没什么不合适。但是如果我没有这些相关的"社会认同"，只有一个给幼儿园小朋友讲绘本获得的感谢证书，我还硬是不害臊地展示出来，那就适得其反了：原来她最好的成绩就是给孩子讲绘本啊！？

同理，工作很多年的候选人在简历里还大书特书自己上学时拿了几次奖学金，参加过什么社会调研项目，会让人怀疑，你这么多年是不是没什么进步，人生的高光时刻只有读书那会儿？

二、个人经历

美食家蔡澜说："如果你只吃过十家餐厅，就说你楼下的馄饨是最美味的，是没人信的。"但蔡澜自己吃过上千家餐厅，如果公开出他心目中最好吃的馄饨店，大家一定会趋之若鹜。

我在这事栽过跟头，多年之后还记忆犹新。多年前我一个男同事追求一个女生受阻，向我"求救"。我详细了解了他追求的行动，发现他根本不了解女生的心思。比如，从欧洲出差回来，他给这位外貌出众的姑娘送了一瓶瘦腿霜。对，你没看错，瘦腿霜。我非常委婉地告诉这位男士他送的礼物有问题：一是你在暗示姑娘胖，二是这个礼物价值不过二三十块钱，实在拿不出手。听完他立刻不乐意了："不是每个女生都像你这么势利，这么敏感的！别说得你好像很懂恋爱，你倒是告诉我，你被多少人追过啊？"他一番话说得我好像嗓子眼堵了一个汤圆，上也不是下也不是。

回过头来想想，他虽然欠缺表达技巧，但也指出了一个无法反驳的事实：情史简单的我，凭什么给别人提供爱情建议？凭我的理论知识？凭我的想象？

相反，如果说服者对某个话题经历丰富，就会产生天然的可信度。有天，我在书店随便拿起一本书，一看标题，《秒赞》，想不出讲啥的。再看作者，林桂枝，好像也没听过。如果仅看标题和作者，这本书我可能就放下了。可一看作者简介，嚯，厉害了，原来她曾是奥美的首席文案，还带过东东枪和李诞，我立刻来精神了：能指导过两位高人的，一定不是寻常人，于是赶紧将书带回了家。

这种通过展示自己个人经历来加强可信度的案例随处可见：

- "我在500强公司担任人力资源总监15年"，所以我有资格给大家讲讲HR团队搭建的话题；

- "我参与五十多起大型谈判，通过谈判解决的合同标的多达一百多亿"，所以我有素材给大家讲讲合同谈判的实务；

- "我有10年审判经验"，所以我可以给大家讲讲审判者思维；

- "我是我们公司连续五年的销售冠军，成交金额3亿元"，所以我有底气开这个销售实训营；

- "我们公司给多家政府机关提供合同模板，还是合同起草审查团体标准的制定者"，所以各位可以信赖我们"律师助手"中合同模板的质量。

因为有了前面半句的经历，做出后半句的动作就显得水到渠成，具有天然的合法性、合理性。

值得注意的是，个人经历中的事实部分，本人自然可以随时如实陈述，但溢美之词最好借由第三方之口说出。比如一场演讲中，如果主持人介绍演讲者说："下面这位演讲者，从小到大都是学霸，一路保送清华。毕业后自己创建了一家科技公司，短短两年就获得三轮融资，被誉为中国的扎克·伯克……"观众可能并不会觉得不妥，反而对演讲者充满期待和敬畏。但想象一下这段话是从演讲者本人口中说出的，会是什么效果？

自我吹嘘往往伴随着自恋和对其他人的轻视，是不明智的行为，它不仅不会给说服者罩上他期待的光环，反而非常招人厌烦。所以在自我展示的时候要特别留意尺度，介绍自己成绩的时候尽量描述事实而不是下评判。

比较以下两种说法，哪一个有助于增加可信度，哪个有损可信度：

- "过去一年我在全国各地讲了195次课，累计听课人数超过8000人。课后实名调查显示，大家对我的课程满意度平均96分。"

- "我经常给全国律师讲课，不信你随便找个律师提我的名字，看有没有人不认识我。要说讲课水平，我相信没几个人能超过我。"

三、知识与技能

在商务场合，你想要利用自己的专业知识说服别人，就得对本领域知识和技能烂熟于心。

假设一位销售在给潜在客户介绍自己公司的产品时，除了手册上背下来的部分，客户一问三不知，客户自然不会对他产生信赖，甚至可能因此对他所任职的单位都产生怀疑："这样的人都能做销售，看来这家单位也不咋样。"

如果你去房地产中介那看房，到那就提了一个问题："我和我太太现在名下各有一套房，我的有贷款，我太太的贷款还清了，现在如果我们再买一套，以谁的名义买划算？可以贷款吗？贷款的话几成首付？利率上浮吗？"

如果接待你的中介不慌不忙地说："夫妻关系存续期间买的房是夫妻共同财产，用谁的名义买政策都一样。如果你们信用记录没问题，当然可以贷款。虽然有的城市规定第三套房必须全款，但在咱们这，如果只有一套房子贷款没还清，再买的话还是可以贷款，首付比例五成。最近的贷款政策是利率上浮15%，但是可能跟每个合作银行也有关系。我们长期合作的某商业银行，您这种情况可以做到只上浮10%。别看这点小小的差异，每个月利息可能就少还将近1000元，30年也是几十万元呢。"这样的中介会不会让你觉得很安心？

相反，如果他说："不好意思，这事我不太清楚。你等一下，我去问一下我们店长。"你还会继续找这位买房吗？

以我亲身经历来说，我时常与各公司的CFO合作调查内部舞弊案件，我调查的每个步骤、进展他们都看在眼里。有一次访谈涉嫌舞弊员工时，我用了瞬时强压力的方式，迫使那个人不得不交代出自己做过的坏事，并"签字画押"。跟我一起参与访谈的CFO事后说："Timini，我觉得这几次调查，每一次都见到你的功力增长啊，刚刚的情势估计换我可能也得'招供'了。"因为有过这样的展示机会，之后有一次几位高管对调查方案产生分歧，CFO毫不犹豫地说："在调查这件事上，我相信Timini的判断。"

四、名声与背书

为什么我们寻找餐馆的时候，都习惯性点开"大众点评"看一下评分？为什么我们订酒店时，总要看看有没有差评？为什么淘宝店家为了五星好评使出全身解数？为什么很多书籍腰封都有名人推荐？为什么HR招人，特别愿意优先考虑内部转岗的和同事推荐的人？

原因在于，群体决策经常受到"群体思维"（groupthink）和社会评价体系的影响。人们有理由相信，名声与背书是大量人群贡献评价的结果，被评价者有动力为了维持自己的良好评价不断努力，使自己配得上或超出评价。现实中我们也确实能看到，那些原本得分较低的店铺，偶尔收到差评，并不太当回事。而那些4.9分的店铺，一旦收到差评，将采取各种补救措施来减轻损害。

正因如此，为了增进自身天然的说服力，那些高明的说服者非常爱惜自己的羽毛，没有漂亮羽毛也要想方设法"化个妆"。就像前面举例说的，我们在书店看到一本没听过名字作者的书，标题、封面也没有任何打动你的地方，你多半不会伸手打开。但是如果你看到书的腰封上写着多位知名人物推荐，或者有你喜欢的作者推荐，这本书在你眼中立刻有了不一样的光彩——至少你愿意打开它，翻一下，给它个机会。

所以，我们在说服开始之前，在观众提出疑问之前（哪怕在心里提出），就应该主动说清楚自己讲下面这个话题的"合法性、正当性"。这种"交代"可以早在谈话发生之前就进行，越早越好，比如请主办方在你演讲之前就向全体观众发送演讲议程以及你的个人介绍，比如一门在线课程的发刊词就介绍自己做这门课的缘起和资格。

信用的积累需要较长时间、较多的事件叠加。但信用的破裂可能就是一件小事、一个细节。这也是为什么聪明人记得时刻爱惜自己的羽毛，不滥用、过度消耗别人对自己的信任。比如前面提过的新书推荐，如果一位名人不断出现在各种新书腰封上，而读者发现他推荐的有些书质量非常一般，那他之后的推荐可能失去原本的说服力，读者也可能因此对他的品位甚至人品产生怀疑。可能很快损伤可信度的行为有很多，在此我想列举一些比较常见但又容易被忽略的情形。

第一，情绪不稳定。

情绪不稳定意味着行为不可预测，这样的人当然很难让人觉得靠谱，很难建立长期的可信度。

很多年前，我的一位大学学妹交了一个男朋友。有一次两人闹别扭，学妹非常纠结："他对我特别好，很少的生活费都攒下来给我买礼物，我来例假了他就把我的衣服拿回自己寝室去洗。"

"那你还烦什么？"

"他有时候会发脾气，比如见到我和别的男生下课一起走出教室，都会吃醋。"

"也许是他太在乎你了？"

"我也这么跟自己说的，可是他发脾气的样子非常可怕，会摔东西，会大吼大叫，我觉得他要生吃了我。"

我从来没听说过一个人可以暴怒到这种程度，尤其对自己热恋中的女朋友，所以有点担心学妹："那你有没有考虑跟他分开？"

"我有考虑，可是他每次发完脾气都跟我痛哭流涕地道歉，说下次再也不犯了，说都是太在乎我了。"

后来，他们不顾女方家庭反对结了婚。可是孩子出生没多久，两人就离婚了。

　　再见学妹时，她非常懊悔："我早就该认识到，一个没法控制情绪的人是指望不上的。"原来婚后这位男生还是时常脾气失控，不仅对学妹动过手，在单位也经常得罪人，甚至因此丢了一个长期的大客户，险些被解雇。如果学妹在两人交往之初就意识到情绪不稳定的人不可靠，或许就不会生出之后的许多烦恼了。

　　每个人都有自己的情绪，情绪也可能因为各种缘由起伏变化，或喜悦，或悲伤，或振奋，或沮丧，或骄傲，或懊恼，这本身无可厚非。但如果每次情绪变化，都无法抑制地外部化，影响到他人，就可能是一个问题。

　　情绪波动下的行为控制看似是一个无关紧要的问题，但其实反映的是一个人的心理韧性，更反映一个人的思维方式。那种受到刺激就反应强烈的人，往往是"必须如此"型思维方式。为什么女朋友跟别人说话就醋意大发？因为她"必须完全属于我"。为什么文件里错了一个标点，老板就大发雷霆？因为下属"必须反复检查"。为什么袜子丢进洗衣机会让太太怒不可遏？因为袜子"必须单独清洗"。可是这世界哪有什么绝对的、必须的事？这种绝对化的思维模式，不仅无助于解决问题，还会给身边的人带来巨大的困扰。

　　在试图说服他人时，保持必要的冷静，才能给人可信的感觉。

　　第二，过度承诺。

　　VIPKID的创始人米雯娟总结自己成功经验时提到，要"under promise，over deliver（做到的比承诺的多）"。柳传志先生也说："你做不到的事就别答应，答应了就要坚决做到。""我之所以能做成，就是因为我不都做。你要答应什么都做，就会变成什么都做不到。"

　　但很多人并没有这样的觉悟，动不动就是"这事包在我身上""相信我，一定都给你办妥。"结果呢，往往这样的人，交付更困难。如此几次，我们大脑习惯性地将此类回答贴上"不靠谱"的标签。这也完全正常：没有人是万能的，没经过调研、评估给的承诺往往不是体现信心，而是反映了理性判断的缺失，反映了草率的态度和责任心的缺失。

对于不过分承诺，普通人可以参考律师行业的做法。多个规章制度规定，律师不能向当事人承诺案件结果，比如：

> 《律师执业管理办法》第三十三条第一款："律师承办业务，应当告知委托人该委托事项办理可能出现的法律风险，不得用明示或者暗示方式对办理结果向委托人作出不当承诺。"
>
> 《律师职业道德和执业纪律规范》第二十六条："律师应当遵循诚实守信的原则，客观地告知委托人所委托事项可能出现的法律风险，不得故意对可能出现的风险做不恰当的表述或做虚假承诺。"

有这样的规定，主要是因为诉讼的结果受诸多因素所影响，如证据是否充分、有效，法官对特定问题的理解，诉讼的策略，外界因素的干扰等。类似谨慎的职业还有医生，不管是多小的手术，都不会跟你说百分百没风险。也正是因为这样，律师和医生是职业化程度比较高的职业，也是普通人更乐于托付的职业。建议任何行业的人，都以上面几条对律师的规定来要求自己。这样不仅可以避免负担自己无法履行的义务，更能建立起可靠的形象。

不过度承诺，反而会有一种特别的、不容轻视的力量。有一次去医院做个小手术，术前各种检查做完之后，主治医生问我有没有任何药物过敏。我一想，这陈述可是有法律效力的呀，于是慎重地回答道："据我所知没有。但我药物使用历史非常有限，不能排除未知过敏。"医生立刻吃惊地看着我："你是做什么工作的？"我说了自己的职业，她笑了笑说："难怪呢，没见哪个病人说话这样严谨。"之后我们的沟通十分顺畅，她给了我之前没有的尊重和耐心。

第三，不诚实。

不诚实是一种极其损害可靠性的行为，但偏偏很多不诚实的人自己没意识到。他们要么过于自信，觉得自己掩饰得天衣无缝，要么不相信对方足够聪明，会发现他的谎言。但真相是，这世上没有笨蛋，再小的谎言也有被拆穿的可能。而再无关紧要的谎言一旦被察觉，造成的信任伤害也是很难恢复的。

你或许会说：我一直很诚实，从不撒谎。可是很多时候人会本能为自己找借口："路上堵车，所以迟到了""刚才我在开会，所以没接你电话""今天妈妈要加班，所以不能陪你看电影了"，这些看起来都是无伤大雅的小事，但一两次之后，你的观众就可能给你打上标签："不诚实""不靠谱"。

那真的有情况发生怎么办？我一直信奉"直率是上策"（Transparency is the best policy），老实地说出来。比如"非常抱歉，今天早上我没听到闹钟响，起晚了，所以迟到了。""刚刚我在陪孩子做手工，所以没办法接你电话。""妈妈今天要陪一位远方来的朋友吃晚饭，所以不能陪你看电影。明天晚上咱们再去怎么样？"

第四，贬损他人。

世人皆知海底捞的服务超出期待，但我却并不怎么喜欢那种被过度伺候的感觉。有一天我看到另一家火锅店的广告词："服务不过度，样样都讲究"，立刻捧腹大笑：有点损，又很机智。这种暗戳戳的对竞争对手的影射，应该在多数人的接受范围内。

而比较傻的一种行为，就是直接、激烈地贬损他人，尤其是自己的竞争对手。如果你和一位同事同时竞争部门经理职位，你对外说，他人品有问题，你觉得听者听信你的可能性有多大？即使你的指控有凭有据，即使听者听进去了，这也是杀敌一千，自伤八百的行为：所谓"来说是非者，必是是非人"。

人为什么喜欢贬损他人呢？有人做过研究，贬损他人会使人获得某种优越感，刺激血清素的生产。越是如此，越要警惕，因为这事干起来不仅不自查，还容易上瘾：

> "你看看那谁写的这邮件，把自己做错事的证据都附上了，还能更傻一点吗？"
>
> "哦，我离职是因为前老板太刻薄了，从不体贴下属。"
>
> "我跟她关系越来越疏远，是因为她太爱占小便宜。"

我有位亲戚曾是某品牌鞋子的专柜柜员，我每次去她那买鞋，她都会用各种办法给我打折、用券，确保我以最低价格买到合适的鞋子。尽管如此，我也觉得她家牌子的鞋子略贵了点。有一次我无意提到，为什么在同一家商场，她家牌子的鞋子会比隔壁柜台贵上一个档次。她吃惊地抬头看了我一眼，又斜着瞄了一眼隔壁的店铺："他们怎么能跟我们相比？他们就是地摊货，送我我都不穿的。"

我对这一幕记忆非常深刻，一是吃惊于销售人员对竞争品牌的巨大敌意，二是有种隐约被冒犯的感觉：如果我买了那个牌子，是不是就成了你眼中的傻子？

这种对竞争对手的贬损在各行各业都非常常见：连锁店的理发师说小店的理发师没受过正当培训，小店的理发师说大店的理发师滥竽充数，不值那个价钱；一家肉铺说另一家肉铺卖的是冷冻肉，对方则说自己的对手往肉里注水；国产机器供应商说外国竞争对手的产品其实也是国产的，但价格高了很多，外国品牌销售则说国产品牌缺少品控，频发质量问题……

这些"指控"，除了让客户烦心，让客户对说话人的可信度产生怀疑，不会给自己带来任何好处。所以很多销售类的书籍甚至专门大费笔墨，来教销售怎样"正确地"说竞争对手坏话。

在我看来，与其通过攻击竞争对手来为自己获得根本虚无的竞争优势，不如坦然"自曝其短"，并巧妙地体现自己的短处如何被加固成为长处。

例如，安飞士的广告是："安飞士只是租车界的第二名"，非常不走寻常路。承认自己是老二有什么好处？因为自爆"短处"不用证明，大众肯定是信的，这广告解除了大众的戒备心理。除此之外，因为是第二，所以他们下面会说："我们更努力，我们不敢对你不好""因为我们是第二，所以我们柜台前排的队更短"。看，缺点变成优点了。

本节小结：

➤ 说服的第四重障碍在于说服者的可信度，也就是回答观众的问题：我为什么要听你的？

➤ 有助于增加可信度的因素有：社会认证、个人经历、知识和技能、名声与背书。

➤ 信任建立需要时间和事件，破坏却可能只是一个细节。

➤ 损害信任的行为包括：情绪不稳定、过度承诺、不诚实和贬损他人。

第五节 你说的都对，但我不喜欢你

当你能清楚地表达自己，观众也能听明白你的观点，你说的事情他们也感兴趣，说服的障碍就都扫除了吗？还没有，因为不管你说得多好、多正确、多相关，如果观众不信任、不喜欢你，你依然没办法说服他人。前一节我们谈了信任的问题，这一节再来说说"喜欢"。

提起说服，很多人都知道这句话："你并没有说服他人，是他们自己说服了自己"。仔细想想，人们为什么要自己说服自己？人们在什么情况下会"倒戈"，帮助说服者来说服自己？

答案是，当人们产生了"喜欢"情绪的时候。

比方说，你看上一件新款外套，虽然老公告诉你它标价过高，等等就会打折，或你已经有了类似款式，或这件衣服不适合通勤，你还是不管不顾买了下来。你的理由是：一件漂亮的外套可以让我自我感觉良好，让我更爱上班，更高效率……

那些理由是你购买的原因吗？不是，那些理由是你决定购买了之后的"正当化"。你购买的原因只有一个：你喜欢那件外套。

为什么会这样？人不是有理性的吗？人是有理性，但是理性并不总是起作用，而且在本能和情感面前，理性往往像个后发育的老幺。

■ 本能脑、情感脑和逻辑脑的PK[①]

脑神经科学家将人的大脑分为三个部分：本能脑、情感脑和逻辑脑。

本能脑也称直觉脑、爬行脑，它是大脑中最先发展的部分，大约已有500万年历史。本能脑最大的特点就是难以置信的工作速度：在无意识状态下，它的工作速度是逻辑脑的8万倍。你没看错，是8万倍！这种速度解释了为什么人类条件反射地避开一些危险：本能脑工作起来，就像成千上万台高速运转的摄像头，时刻监控着周围环境，不停地根据过去的经验、记忆进行分析，本能地引导我们趋利避害。另一方面，也正是因为处理速度快，直觉得出的结论也比理性分析得出的结论快。

情感脑的运行速度是逻辑脑的20倍，虽然比不上直觉脑，但也足够秒杀逻辑脑了。当人的情绪波动时，大脑会分泌出各种激素，如让人产生爱、亲密和喜悦感的多巴胺，让人产生压力、恐惧的皮质醇。这些激素引发的情感令人沉醉，削弱了人的逻辑思考能力，且让人们沉溺其中，不想自拔。聪明的说服者明白情感脑的运作原理，也明白人们喜欢情感脑运转时的美妙感受，所以在演讲、说服的时候，总是根据表达目的想方设法调动人的情绪：让他们激动，让他们焦虑，让他们愤怒，让他们恐惧，或让他们感觉安全，让他们感觉充满希望。

逻辑脑又叫理性脑，它占了大脑的85%，是人类大脑最晚发展出来的部分。正是逻辑脑的进化，才使得人类与其他动物相区分，使得人类具有各种创造能力。可是从前面你大概也看出来了，逻辑脑就是大脑运行中的蜗牛。不仅如此，逻辑脑也没有人们想象的、期待的那么聪明、智慧、勤奋。反过来，它更像个爱偷懒的老幺，能有近路抄，绝不走远路。比起事事推理、求证，它更愿意依据经验去寻找解释或推论。这也是为什么你说"昨晚我喝了

---

① ［英］西蒙·兰卡斯特：《影响力核能》，田金美、洪云译，中国友谊出版公司2018年版。

一瓶葡萄酒""今天睡到了八点钟"，逻辑脑会自然地认为两句话具有因果关系：因为喝了酒，所以起得晚。很多狡猾的说服者会有意识地利用逻辑脑的弱点，比如刚刚这样利用"后此谬误"，来暗示、引导原本不存在的相关性。

明白大脑的三部分运作机制，就能明白为什么说服过程中照顾观众的情绪比讲道理重要，也能明白为什么获得观众的喜欢比逻辑严密更重要。

因为大脑的三部分的不同分工，我们决策往往是依据直觉脑、情感脑先得出结论，然后再将解释、合理化的工作交给逻辑脑，并试图让自己和外界都相信，你所说的一切都是理性决策的结果，都是有原因的。这样的例子生活中比比皆是。

有一段时间为了给团队招人，我频繁地面试候选人。有一天猎头推荐了一份简历，一位年纪比我大的男士，博士学位。虽然候选人的可信度看着没问题，但我对匹配度还是有一些顾虑。猎头劝我说见一面再说，毕竟招人和找工作一样需要运气。

约的面试时间是下午两点，我提前五分钟到了面试间，到了两点候选人还没出现我都想取消面试了。

等到候选人终于进了面试间，我再次产生了离场的冲动：他身穿一身皱巴巴的运动服，脚上是一双灰头土脸的运动鞋，腰上绑着一个腰包。头发看起来乱蓬蓬的，如果不是因为下午，我几乎怀疑他刚起床。

强按住性子，我还是按流程问了一些问题。"请问你英文怎么样？""可以阅读，但说和写不行。"那一刹那，我竟然有点如释重负："不好意思，我们这个职位对英文要求很高，要以英文为工作语言。如果你英文不行，恐怕不适合这个岗位。"

事后想想，即使不是因为英文问题，即使这个候选人面试时各方面表现都很优秀，我可能也不会选他：因为他的迟到和着装，已经让我不喜欢他了。所以无论他表现如何，我的反应都是"挑刺"而不是欣赏，哪怕是他很突出的优点。因为不喜欢，就很难信任他可以胜任这份工作。因为先有了这个判断，我会跟自己和人力说，这个候选人的责任心、沟通能力达不到要求，而不太会说：我不喜欢他。

这么说或许非常政治不正确，但谁也没法否认，我们如果不喜欢一个人，他做什么都是错的，优点也可能是缺点。看看一个人的同样特质，在不同的人眼里用不同的方式表达有什么不同：

"他很健谈" VS "他很话多"

"他善于沟通" VS "他见风使舵"

"他很有原则" VS "他很顽固"

"他很节俭" VS "他很抠门"

英文有句谚语"Love me，love my dog"，因为喜欢，所以啥都是对的。还有一句"Faults are thick where love is thin"，翻译成中文就是"一朝情意淡，样样不顺眼"，极好地诠释了这种现象：喜欢的话哪哪都好，不喜欢的话啥啥都错。

我们以为自己做一个决定是基于理性，但实际上往往都是直觉先行，先快速做了决定，再用理性脑去为自己的决定寻找支持依据。对人如此，对商品也是如此。保时捷有句名言："We are what nobody needs，but everyone wants"（保时捷不是必需品，但人人想要保时捷）。当人们"想要"保时捷时，就会为自己找出诸多理由来说明它是必需品。

从这些例子，能看出逻辑脑的地位：虽说是家里最珍爱、最寄予厚望的老么，但总还是哥哥本能脑、姐姐情感脑的小跟班。

■ **本能脑凭啥嚣张?**

本能脑虽然快,但慢工出细活,它作出的判断、决定靠谱吗?

别说,本能脑还真有两把刷子。

丹尼尔·卡尼曼在《思考,快与慢》中提道,我们的直觉往往被证明是可靠的。比如,一个消防队员在火灾现场作出了撤离的决定,但自己却说不上为什么要作这个决定。结果刚撤离,火灾现场地板就塌陷了。

这个例子反映了本能脑的工作模式:极快,极灵敏,还可靠。

畅销书作家格拉德威尔在他的书《眨眼之间》中,也提到了一个验证直觉可靠性的实验。他给一群小学生看了三位老师的教学视频,以此来评价老师的教学质量。这事本身稀松平常,但请注意,他给学生看的视频只有10秒,而且是"默片"。学生们根据这无声的、短暂的视频给了老师综合评价。令人惊讶的是,这基于直觉的评价与现实中老师收到的综合评价是一致的。为了进一步验证实验目标,实验人员后来将视频剪到了5秒甚至3秒,学生们得出的结论也都是一样的。

直觉的神奇之处由此可见一斑:极短的时间内,大多数人包括小学生就可以抓到很多信息。这些信息可能来自对方的衣着、表情、肢体、眼神,也可能来自其他未知的方面,但这个过程发生得很快,也许在零点零几秒的时间内。虽然科学家没完全搞清楚直觉如何发挥作用的,但可以肯定的是直觉确实很有用,甚至有时候比理性思考还可靠。

■ **情感脑又厉害在哪儿?**

在说服这件事上,有经验的说服者一方面调动观众的情感脑赢得他期待的感情:焦虑、恐惧、激动、兴奋,来刺激观众体内各种激素的分泌,让观众"成瘾";另一方面他又有意识地通过各种行为获得观众的喜爱,从而让观众与自己"同步"。

这要怎么做到?我们没有黑魔法,怎么能让别人想我们所想,痛我们所痛?

说到这儿，又要说到神秘莫测的大脑了。关于大脑的研究很多，其中有一项非常重要，那就是镜像神经元的发现。

1994年，意大利神经系统科学家贾科莫·里佐拉蒂在实验室里研究猴子运动协调表现，因为天热他暂停了实验，吃起了冰淇淋。他非常意外地发现，在他吃冰淇淋的时候，那些看他吃冰淇淋的猴子的大脑会随之活跃起来。他每吃一口，猴子大脑的特定部位就活跃一次。很显然，猴子虽然没有吃到冰淇淋，但它的脑部在想象着自己吃冰淇淋。后继者将实验进一步推进，发现同样的现象在其他动物和人类身上都存在。

科学家于是把大脑中具有这种功能的神经元称为镜像神经元。因为它的存在，人类大脑能够像镜子一样反映别人的动作，就好像自己在做这个动作一样。镜像神经元的存在，使人能在了解到他人动作行为的意义基础上，作出相应的情感反应。比如，看到别人被锤子砸到手，自己手一个痉挛，也觉得疼痛起来。比如看到别人打哈欠，自己也打起了哈欠，仿佛马上困倦起来。更重要的是，镜像神经元使得人类具有非常宝贵的共情能力：为他人的狂喜而开心，为他人的苦难而哭泣。

知道镜像神经元的作用原理，我们掌握了一种能力：用自己的感受、行为去影响观众的感受、行为。如果我们自己焦虑，我们就很可能将焦虑传递给观众。如果我们想让观众对我们有信心，我们就要表现得自信。如果我们希望观众善意对待我们，我们则最好主动施以善意。更进一步说，他人是否喜欢我们，很多时候并非不可控，而在于我们对他们采取了什么样的态度，我们希望他们怎么看待、对待我们。

有哪些办法可以提升自己的吸引力，以下从社会心理学和神经科学的角度来聊聊，从整体上、规律上来说，哪些因素可能让他人更容易喜欢你。

一、外表与形象

英文有句谚语："Don't judge a book by its cover"，说的就是不要以貌取人。为什么会有这样的告诫呢？原因就是以貌取人是人的本能，是一种偷懒的判断捷径。

相信你一定看过这样的视频：一位身穿紧身连衣裙、脚踩高跟鞋、妆容精致的漂亮年轻女士，在马路上抛锚了，正在手忙脚乱地打开汽车车盖，看起来非常无助。这时候路过的车辆纷纷停车，询问是否需要帮助。视频切换到下一个场景，同样的马路，同样一位女士，没化妆、衣着邋遢，看起来没什么吸引力，她的汽车车盖打开着，显然是抛锚了，她需要帮助，正在向过往的车辆挥手求助。但这次停车的人很少。

同样的视频还有，一个衣着得体、白净可爱的小女孩独自在餐馆里走动，人们纷纷过来询问她是不是与父母走散了。而同样的孩子，不过因为穿得脏兮兮的，脸也没洗，即使在餐馆向人求助，也会被人当成小乞丐呵斥或打发。

这些实验都证明，外表与形象极大地影响外界对一个人的评判和喜恶。越美、越整洁得体的人，越容易获得他人喜欢。

迈克尔·卡克利曾经对哈佛的学生做过一个实验，让他们观察八位女士整容前后的侧面照片，然后对她们进行评价。结果表明，学生们不仅认为整容后的女士更有吸引力，还会认为她们更善良、更敏锐、更热情、更有责任感——纯粹的外貌改变，足以让人对人的性格产生不同的看法。

这些实验告诉我们，假使我们不能或者不愿通过任何手段改变自己的容貌，至少可以适当注意自己的衣着、表情，来增加自己的吸引力。比如我们看起来神采飞扬，观众则会跟着我们情绪高涨。我们面带微笑，观众会对我们回以微笑。而如果我们看起来愁眉苦脸，观众不仅随着心情低落，更可能对我们敬而远之。

二、相似性

中文有成语叫"物以类聚、人以群分"，英文有俗语叫"Birds of the same feather flock together"，说的都是相似性产生的吸引。

实验表明，人们觉得与自己具有某种相似性的人更聪明或更可靠，比如走进满是陌生人的房间里，长头发的人愿意坐在长头发的人旁边，戴眼镜的愿意坐在戴眼镜的旁边。那些有着相同、相似姓名的人更加容易对对方产生好感。有个做问卷调查的实验员，试着将调查员的名字改得与被访者非常相似，结果问卷填写率就得到了大幅提升。

人们天然关注与自己有某种相似性的人。我中文名字叫婷婷，我建的法律人俱乐部群里几千群友，我能记住名字的没多少，但只要叫婷婷的我一个都不会忘，而且她们的发言，不管跟我有关无关，我都不自觉地关注、回复。这都是相似性给人带来的天然的亲密感。

记得多年前我们公司新来了一个同事，初见的时候我没觉得他与其他人有什么不同，后来聊了一下，发现我们有着非常多的相似性：同样的生肖，同样的星座，共同喜欢的事物，共同喜欢的作家，还有着非常相似的"移动轨迹"——我们几乎相同时段在三个城市都待过，连先后顺序都是一样的。因为这种少见的相似性，我很快就在心里将他当成了同类。事实上，我们之后也确实成为了很好的朋友。

将相似性用在说服上会产生意想不到的效果，而这种相似性可以发生于任何方面：说服者和观众是来自同一个城市，甚至同一个省份；两人是校友；两人曾经去过同一个地方旅行；两人都爱跑马拉松；两人都是某个人的粉丝；两人都是某个产品的深度用户——天知道这是多么容易的事。

而在专业场景下的说服，这种相似性还可以更简单地实现：你与你的观众穿同样风格的衣服，甚至你与你的观众采取同样的坐姿——他身体前倾的时候你也前倾，他靠着椅背你也后仰。根据研究，这些"镜像反应"可以快速拉近你们的距离，增进对方对你的信任。有人专门研究过模仿对方行为对谈判的影响，发现模仿对方行为可以将谈判成功率提高4倍。

三、赞美

被认可、被欣赏是人的基本需求之一，而给予别人认可、赞美又是"可再生资源"，所以不必吝啬。有人做过研究，仅仅通过对员工的工作进行称赞，就可以极大地提高工作效率，降低离职率。托尔斯泰说，即使在"最好的、最有爱、最单纯的关系中，称赞也是不可少的，正如同要使车轮了转得滑溜，膏油是不可少的一样"。没有人可以拒绝别人真诚的赞美，更没办法对赞美自己的人心生恶意。

赞美为什么会有助于说服？从生物学上，赞美会引发对方血清素的释放。血清素可以让人安宁和自信。更神奇的是，赞美时赞美者和被赞美者脑中的血清素会同时呈现上升状态。这样双方更容易创造出友好、安全、舒适的沟通环境。

从社会心理学角度，赞美是对方赠送了一个"礼物"，对方会本能地"回报"。不信你回想一下，如果有人夸你新发型很成功，你是不是立刻睁开眼睛寻找夸回去的机会？万一你找不到，会不会觉得好像欠了对方点什么？这个原理类似于我们第六章要讲的互惠。

我们所赞美的，应该是对方身上真实存在的优点，最好是对方隐秘的优点，是对方自己很在乎的优点，或是你希望对你们之后的交流产生有利影响的优点。

比如你在某个宴会上碰到一位女明星，你夸她好看、苗条，她大概率不会因此特别高兴——不知道多少人夸过了，"不漂亮、不苗条我能演戏吗？你知道我为了保持漂亮、苗条付出了什么代价吗？"但是如果你夸她特别有学识，就有可能符合她对自己的内心意象，她多半很高兴——"总算有人透过外表看到我的本质了"。

我自己受到过印象最深的一次赞美，是某次与一位律师朋友吃饭，他认真地看着我说："我很好奇，你有专门的穿衣搭配顾问吗？为什么你的着装看起来都让人觉得非常舒服？"如果在其他场合、其他人这么说，我可能觉得是浮夸的恭维，但他夸我的那天以及前一天，因为出席了比较正式的场合，我确实仔细留意了搭配：衬衫和裤子既是同一色系，又加了些点缀，佩戴了相应的配饰。自己的用心被人注意到，会觉得格外开心。这就是挖掘"隐蔽的优点"给对方带来的不同寻常的体验。

还有一种赞美略带"心机"：将赞美与你期待、鼓励对方去做的行为相关联。

莱斯·吉卜林在《自信而高效的沟通》一书中提到，一位执法官让嫌疑人吐露真言的好办法就是："嗯，人们告诉我，你是个难缠的家伙，你遇到了很多麻烦，但有一件事你不会做，那就是撒谎。他们说，你告诉我的任何事都是真实的，这就是我来这里的原因。"人是有倾向保持一致性的，你对他的称赞通常使他认为反映了真实的自己，为了与这个"真实的自己"保持一致，他就有动力继续诚实下去。就这么简单，通过称赞一个流氓诚实，执法人员就得到了自己想要的信息。

这个办法非常好用，尤其在家里。比如你希望孩子能自己收拾玩具，你在夸赞她的时候可能这样说："宝贝，听幼儿园老师说，你现在非常善于整理，还会热心地帮助其他同学整理，是这样吗？"比如你希望老公多做饭，你可能夸赞他："今天你烧的番茄龙利鱼真的太好吃了，我带到公司食堂，同事们都赞不绝口，说比餐馆的更鲜嫩、更入味。"

在赞美的时候，尽量赞美具体的行为、特质，而不是整个人。一来我们在不了解一个人的全部时，并不具备整体评价一个人的资格；二来，如阿德勒所说，对一个人作出评价，哪怕是赞美，也彰显着我们的某种优越感，可能冒犯对方。

当然，赞美不是睁眼说瞎话，前提是你发现且认可对方的某种闪光点，忍不住要表达出来。这种闪光点或许不是什么独一无二的优点，但是在特定情境下、特定个体身上特别可贵，所以你无法抑制地要让对方知道。

我跟孩子有个长期有效的约定，因为她自己不"创收"，所以每次出门逛街她只可以选购一种商品，且不能高于50元。她接受了，还拉了勾。某一次在商场，她很快选好了一个玩具。我提醒她先别急着下手，可以多比较一下，免得之后有更心动的。她坚定地表示，就这个了。于是我尊重她的选择，付了钱。到下一家店铺的时候，她果然发现了更心动的玩具，用哀求的语气问我，能不能再买一个，我当然执行约定，拒绝了她。她虽然恋恋不舍，还是将玩具放回去了。为这种契约精神，我晚上非常认真地赞美了她："妈妈是学法律的，法律人非常具有规则意识和契约精神，说好的事就要想方设法遵守约定，否则就是违约。今天你的行为让我非常骄傲，我觉得你成为律师的理想已经有了很好的基础。"

正因为赞美是一种真实的情感流露，所以表达赞美的时候一定要"纯粹"。赞美就是赞美，没有条件，没有盘算，也没有"但是"。

有一种反馈叫"三明治法"，说的是如果你要给人提一个改善建议，首先要夸赞几句，然后说："如果你能在以下这几方面再有所改善，那就更完美了。"最后，再一次赞美："总的来说，这件事你做得真不错。"如果对话的目的是给对方提供有建设性的建议，我相信"三明治法"一定比直截了当的批评效果好。然而，如果你的本意就是表达赞美，改善意见可有可无，那么尽量控制，在赞美之后别说"但是"。一个小小的"但是"不仅容易冲淡对方喜悦的感受，也容易让对方怀疑，你刚刚的赞美不过是违心的铺垫，你最想表达的还是不满。

有一次的演讲实训营上，有个比较年长的学员非常害羞。自我介绍时她就很紧张，磕磕巴巴地说，自己参加这次课程的目标就是做到脱稿演讲。在课程快结束时，我再次请她登台，发表一个即兴演讲。她依然非常紧张，身体出现轻微的颤抖，中间也有几次卡顿。但是我能看出她为了登台所克服的心理障碍，也看得出她在努力对抗那个想要蜷缩在角落的自己。所以我在点评她的演讲时，非常诚恳地赞扬了她与早前登台相比的进步。虽然我给其他登台学员都会提一些改善意见，但对这位严重缺少自信的朋友我什么都没提，只是认真、充分、热烈地赞扬。下课之后，我们互加微信时，我再次认真地肯定了她的进步和了不起的勇气——不是谁都愿意在即将退休的年纪还突破舒适区的。她非常开心，虽然还是不自信，但整个人看起来都是容光焕发的。

很久之后，她给我发了一段她在某个场合的演讲视频，并且附上了长长的一段话，感谢我课上对她的肯定，她感觉到了极大的善意，并且深受鼓舞，回去之后一直在持续训练，寻找机会登台演讲。现在她可以比较自如地站在舞台上，就某个专业话题发表看法了。当然，她做到了脱稿。

这件事让我再次意识到，纯粹的、无条件的赞美可以给人带来多么愉快的感受和意想不到的力量。

也许有人会说：我真的看不到对方身上有什么可以赞美的优点呀。好，如果你真的发现不了，那就不要编造理由去赞美，违心的赞美可能让对方觉得别扭，适得其反。

但是，另一方面，没有人真的一无是处。如果我们看不到他人优点，一定要问我们自己是否有发现美的眼睛。我们平时可以有意识地训练自己去探索、挖掘他人身上的优点。欣赏他人的优点虽然可能是人性格的一部分，也可以通过后天训练习得。从今天开始，从你身边的人开始，每天认真寻找对方的一个优点，然后诚恳地去表达出来，无论是当面，还是对第三人讲都可以。

除了前面这三种显著因素，还有很多具体的方法可以使人喜欢你，比如卡耐基的名著《人性的弱点》提道，要发自真心地关心别人，微笑是打动别人最好的敲门砖，要懂得倾听，要谈论他人感兴趣的事……只要有心观察，且真诚地关心对方的感受，获得多数人的好感并不难。

本节小结：

➢说服过程中最大的障碍是观众的感情问题。不管说服者多么有道理，如果不能赢得观众的喜欢，也很难说服他们。

➢人们的很多决定都是基于感情和直觉作出的，在作出之后再用理性去解释、正当化这个决定。

➢发生这种现象的原因在于人脑的三部分分工。

➢因为镜像神经元，人们可以通过自己的行为、感受去影响对方的行为、感受。

➢让观众喜欢的办法有很多，常见的有注意自己的外表与形象，展示自己与对方的相似性，真诚又有技巧的赞美。

➢赞美可以关注对方隐秘的优点，符合对方自我意象的优点。

➢将赞美与你期待、鼓励对方去做的行为相关联。

➢赞美应当发自内心且无条件，不要在赞美之后再说"但是"。

第六节　说服等于操纵吗

说服的障碍一个个搬得差不多了，还有最后一个，最不起眼但又最不容易搬动的一块石头：我们自己。有人认为，说服听起来太"厚黑"了、太有心机了，甚至有人说，说服就是操纵，就是控制，就是PUA。如果我们自己觉得说服是没必要的，那么我们就不会认真对待这个话题，更不会有意识地去训练、提升自己的说服能力。

虽然好些朋友反对我选择说服作为主题，但我最后还是选了，主要原因有这几个：

1.不管承认与否、喜欢与否，人的思想、情感、行为、决定，都会受到他人影响，反过来，每个人也在以这样或那样的方式影响着他人的思想、情感、行为、决定。事实上，围绕着这样的影响，还产生了一门科学——社会心理学。否认一门科学的存在，或者假装对其熟视无睹，不仅无助于我们理解真实世界，也不能帮助我们理解自己。

2.方法本身并无善恶之分，如何使用取决于使用它的人。说服方法就好比火，好比刀，坏人可能拿它们去杀人放火，但更多的人拿它们砍柴做饭。既然每个人每天都面临着说服的场景，我们升级一下自己的说服工具，跟切菜之前磨磨自己的刀又有什么区别呢？

3.说服不等于操纵或洗脑。在韦氏词典中，"操纵"指的是"运用狡猾、不公、伺机欺骗的手段，控制或利用某人某事，尤其为了个人利益；通过狡猾或不公的方式改变别人，以满足自己的意图。"从意图来讲，操纵者只关心达成自己的目的，实现自己的利益。但说服不同，尤其是本书中的KOTA说服法，是通过给观众提供其关心的利益，来打动他们，让他们做出自由自主的选择。在此过程中，说服者可能会实现自己的目的，也可能完全没有个人目的或隐藏的利益。

除了目的不同，过程和方法也不同。操纵往往通过见不得人的方式隐蔽地进行，最怕的是为第三人知晓而导致操纵失效。而说服，尤其本书倡导的说服，是开放的、坦诚的、透明的，没有任何欺骗、威胁、恐吓在里面。本书第五章，专门讲要尊重观众的自主选择。

正因如此，有效的说服可以促进说服者与说服对象之间的感情。比方说，还在读幼儿园的小朋友晚上兴奋地满屋乱窜，玩具丢得遍地都是。你需要让他尽快上床，这样不至于被楼下邻居投诉。当然，你也想他快点"关机"，自己早点喘口气。有两种方法：

"宝贝，你是现在上床睡觉还是20分钟后上床？现在上床的话可以讲三本绘本，20分钟后上床可能就只能讲一本了。"

"你瞧你那嘚瑟的样，上体育课不行，到晚上就猴儿一样。赶紧上床睡觉去，不然我不爱你了。"

第一种是本书倡导的说服，第二种，或多或少就是我很反对的操纵了。经常用第二种方式管教孩子，不仅很难持续有效，还容易让孩子失去基本的安全感，导致系列的心理问题。

说服也不等于洗脑。

我喜欢万维钢打的比方：说服有点类似于市场经济，我用我的理论去跟别的理论/你脑中固有的理论公平竞争。而"洗脑"则是强制性的，是抹去你脑中固有的理论，用垄断的方式不让你接收任何新的信息。

4.本书虽然以说服为主题，但出发点和落脚点都是解决现实中的问题，比如怎样做一场有效的演讲，谈判中怎样与对方尽快达成共识，撰写的文案怎样直抵人心。这不是简单的"术"或具体的"话术"，而是将"说服"作为一个项目来对待。我们每个人都是项目经理，管理这个项目的经验是可以迁移的，同样可以用于解决其他问题。

哪怕在家这样小小的生态环境来说，利用本书提出的KOTA说服也大有用武之地：关注家庭成员的需求，而无须滥用父母权威，或夫妻争吵。可以看看以下两种简化的场景：

场景一

周末早上，我和先生想去吃广式早茶。孩子不愿意："那家我都吃腻了。"我知道她的"弱点"，于是说："我们只吃过他家的几种点心而已，还有很多菜品都没尝试过呢。比方说，菠萝油面包啊，面包冰淇淋啊……"听到这儿她马上双眼放光："还有冰淇淋？我可以吃吗？"我不失时机地说："因为是冬天，这些菜之前我们都没点过。今天我们可以在菠萝油面包和冰淇淋面包之间选一个，因为它们都是高热量食品，糖分和脂肪都很高。""我选冰淇淋，我只要冰淇淋就可以了！"瞧，不要三分钟，就非常和平、文明地解决了一起小型冲突。我能想象有些家长可能说的话："哦，你不愿意吃就自己在家吧，我和你爸爸去吃"，或者："瞧给你挑剔的，我小时候连馒头都吃不上。"

场景二

"老公，明天咱们去逛街吧？"逛街是个苦力活，我知道他每次陪逛完全是尽义务，自己本身并不热爱。

"明天我没空哎，好几件事要忙。"我虽然不想耽误他事情，但也不认为逛街两小时能耽误他多少事。要他陪着不仅是因为自己不愿意开车，也是希望多一双眼睛帮我把把关，免得衣服买回来他事后诸葛亮地品头论足。

"马上就过年了，这是回老家之前最后的逛街机会了。一年到头你从来没给老人家买过什么东西，我想着过年给你爸妈买点新衣服带回去，你不去万一我买了他们不喜欢怎么办呢？"

结果怎样？当然是他麻溜殷勤地陪我去了，一句也没提被耽误的工作。

5.学习一种知识、理论大致有两种功能：解决问题或解释问题。即使我们不打算有意识地使用说服技术，阅读本书也有助于解释我们自己的一些反常行为：为啥这个人说啥我都买账？是我喜欢这个人还是因为他说得真有道理？为啥我看到促销广告就买一大堆不需要的东西回家？为啥同样的课程不同的人讲出来的效果完全不同？唯有理解之后，我们才能有意识地调节自己的行为，免受他人处心积虑的影响。

学习本书也有助于我们察觉到操纵的存在并且努力反操纵。《操纵心理学》一书提道，很多被操纵者是没有察觉自己的处境的，而几乎每个人都可能是操纵行为的受害者。当我们违背自己意愿而顺从时，是不是已经陷入不知不觉的操纵中？唯有察觉，才可能摆脱。

6.高效说服，节约自己和他人的时间是大善。相信你我都认识这样的人：只要迎头碰上他，你恨不得立刻遁地逃走，能躲多远躲多远。

我有一个前同事，说话非常"蜿蜒曲折"，一件简单的事，他可以滔滔不绝跟你讲上一个小时，你还完全不知道他想说什么。加上他讲话音量低，语速快，又极平，没有任何变化，每次被他揪住谈事情或者拉住开会都是极大的酷刑。屡遭折磨之后，我与隔壁办公室同事约定，只要这位同事到我办公室找我，一旦超过五分钟，隔壁同事就找个理由前来"解救"我。

如果这位前同事能学习一些关于说服的方法，如果他知道说服的第一步是了解被说服对象，也不至于让那么多同事反复遭受他的折磨，他自己也可以省下更多时间去做有意义的事。

假使我们每个人都能做到高效说服，不仅节约自己的时间，还节约对方的时间，在时间比金钱还宝贵的今天，堪称大善之事。

说服的方法有很多，步骤也可以无限拆解。但在我看来，只要做到这四步，就算得上非常不错的说服了：了解你的观众，给观众他们想要的东西，讲好故事，尊重观众的选择权、自主权。我们可以将这四步称为说服的四个步骤，也可以视为说服的四个要素。英文分别是：Know Your Audience，Offer Something，Tell a Story，Autonomy Matters，取各自英文字母大写，就成了本书的关键词"KOTA"。

一场说服中，如果这四步都做到了，说服者一般都能取得不错的说服成果。但这并不意味着任何一次说服都需要做到全部四步。有些简单的说服，可能你刚 offer something，对方就答应了。KOTA 四步是"大套餐"，各位可以根据自己的需求和实际说服场景自行选择"小套餐"。

本节小结：

➤ 说服与影响是一门科学，否认这门科学的存在无助于理解真实世界，也不能帮助我们解决问题。

➤ 方法本身无善恶，取决于使用者。

➤ 说服不等于操纵或洗脑，其中最大的区别在于是否关注对方利益，是否尊重对方的自主选择。

➤说服的出发点和落脚点是为了解决现实中的问题，而且这种解决问题的能力是可迁延的。

➤学习说服也有助于我们理解一些平时不理解的现象，包括自己的反常行为。

➤高效说服可以节约自己和对方的时间，是一种"善"。

➤本书将说服的方法和步骤概括为 KOTA，即，了解你的观众，给观众他们想要的东西，讲好故事和尊重观众的选择权、自主权。四步可以自由组合。

第二章
了解你的观众
Know Your Audience

要尽可能多地掌握观众的信息：他们是谁？他们的知识水平如何？他们有怎样的期待？他们关心的问题是什么？过去的演讲者都讲了些什么？只有面对正确的受众，你才能把思想植入他们的内心。

——克里斯·安德森[①]

---

① Chris Anderson，TED公开演讲的创始人。

> KOTA 四步说服法的第一步：
>
> K，Know Your Audience，了解你的观众。

想要让自己所说的话产生预期的效果，想要说服观众，最重要的一件事就是了解你的观众。

首先要了解你的观众是个人，是人就有人的共同特点，比如容易喜新厌旧，比如注意力有限，比如离不开手机。洞察人性中的满足、快乐正面向上的部分固然重要，但了解人的恐惧、贪婪、虚荣、懒惰、欲望更重要。了解人类作为一个群体的人性固然重要，了解说服对象的特性更重要。

因为每个人都是独特的个体，可能有着不同的背景、身份、性格。甲之蜜糖可能恰是乙之砒霜，指望一套台词演完各种戏是不现实的，所以说服之前要为你的观众做个画像。

在了解观众的背景、身份、性格之后，最好还要预判观众的立场：他们是你的支持者、反对者还是中立者？不同的立场决定着不同的说服方法。

还要往深处挖掘，找出观众的需求。只有解决对方需求，对方才可能对你有兴趣，才可能有动力解决你的需求。

如果对方什么都不要，那要想想他们恐惧、厌恶什么。

"说服"虽是一个词，但却包含两层意思：说明白，且让对方有所行动，即说而"动"之。只有关于观众的一切你都弄明白了，你说的都是对方关心的，你讲的都是对方能听进去，你才有机会说"动"观众，才可能改变对方的行为。

第一节　你的观众首先是个人

时刻记得，你的观众是个人。这不是笑话，这是说服的前提。你的观众是个人，说的是他是一个活生生的人，而不是与集体相对的"个人"。

你的观众是个人意味着，他不是个物体，比如一张桌子。

你对着桌子说话，说得再糟糕，桌子也没法反驳，没法逃走。但人不一样，他是自由的、有选择的。你讲得不好，他要么可以拔腿离开，要么可以左耳朵进右耳朵出。比这个更糟糕的是，人是会评论的："那个人讲起来不知所云""那个人演讲就是在推销""那个人讲话罗里吧嗦，毫无时间观念"。这样的标签一旦被贴上，你不仅失去本次说服的观众，你可能失去了更多的观众，失去更多的机会。

有一次我参加一个行业活动，提前公布的大会议程话题多样且独特，对我非常有吸引力。我早早地到了活动现场，带着笔和纸准备记笔记。然而从早到晚，多数演讲者的内容都与标题严重不符，不仅如此，多数人的演讲风格也很无趣。其中有一位在自己的演讲部分大讲特讲自己公司产品也就算了，到了圆桌部分，探讨一个国际合规话题，他竟然还绕回到自己公司的产品，简直让人愤慨。后来再有什么活动，如果我看到他的名字，就自动将这活动归为"推销活动"而不是一场真正的研讨会或峰会。一场糟糕的演讲，不仅损害的是演讲者的形象，也影响着整个活动的品牌形象。

观众是个人意味着，他的时间是有限的、宝贵的，我们必须珍惜他们的时间。

我经常见到一些大型活动上，演讲者在台上不知所云，台下观众各干各的。更有甚者，演讲者开头就说："不好意思，因为工作太忙，这次演讲我准备得很不充分，我就随便说几句吧……"每每此刻，我都会为演讲者感到羞耻：没准备好不如别讲了！假设他的无聊演讲费时20分钟，台下200个人，他的一场演讲就浪费了4000分钟。浪费掉这些人这么多时间，跟盗窃没什么差别，应该被判刑。

正是因为观众的时间是宝贵的，演讲的时间是有限的，演讲的全部内容都应该紧扣主题，少说废话。那些开头花费一两分钟与观众寒暄的做法不仅不是对观众的"重视"，反而是对观众的不敬：

"尊敬的大会主办方，尊敬的领导们，现场的同行们，非常荣幸受邀来到今天的大会，谢谢你们对我的信任。我是××，我来自××，今天的演讲主题是××。"

这些既不能服务演讲主题也不能带来信息增量的套话都可以砍掉。如果演讲优秀，你即使不说名字，大家都会想尽办法去加你的微信。如果你讲得很差，你说再多的客套话，也无法取悦观众。

正是因为正式演讲中时间有限，为了确保最短时间内最高浓度、最高效的输出，我个人的演讲习惯是，每次演讲之前都认真准备逐字稿。逐字稿对我最大的意义并不在于整理思路或提词，而在于怎样将演讲精炼到"减一字则少"。一份讲稿出来，我往往改上一二十次甚至更多，这些改动往往都是"删减"，将没必要的废话，可以省略的表达，重复的意思，通通删掉。

即使不是公开演讲，其他的说服场景下，简明扼要地表达自己也是对观众的尊重。我的德国老板是个惜时如金的人，我们一个在中国，一个在德国，一年也通不了几次电话。偶尔有特别重大的事要商量，我会约一个三十分钟或一小时的电话会议。但实际上，不管多大的事，他总能在10分钟之内结束会议。而多数会议，我们可能只聊三五分钟，剩下的就是分头行动，最后互相发个电子邮件同步一下对方。

受他的影响，在商务场合下，我对自己的要求是与任何人谈正事，都将他想象成是我的老板，时间宝贵，不容废话。三言两语说明白，换频道，切到下一个话题。

因为自己习惯了长话短说、精说，所以对其他人也有同样的期待。有时候收到会议邀请，一个小小的话题约了两个小时，那样的会议我就会提前给会议召集者打电话，问问是不是还有隐藏话题或者特殊情况，如果意识到这是个冗长且无价值的会议，我就会拒绝或者建议缩短会议时间。

正是因为观众的时间宝贵，现在长视频都日渐式微，短视频迅猛发展。短视频已经不满足于几分钟，而是逐渐短到几十秒，十几秒甚至更短。想想我们的口头表达，能做到像短视频那样短小精悍、直击人心吗？

你的观众是个人意味着，他的注意力是有限的。

英国劳埃德TSB银行多年前资助的一项调查显示，人们的注意力持续时间已经从1998年的12分钟缩短到2008年的5分钟，如今又十多年过去了，我怀疑可能连3分钟都不到了。不信你回忆一下，近期你什么时候完整地读完过一篇微信公众号文章？花了多长时间读完的？

如果说成年人的时间是宝贵的，那么他们的注意力就更宝贵、更稀缺，因此还产生了一个专门的英文词汇"Limited Attention"（有限注意），甚至还有了"注意力经济"这样的说法。也正是因为注意力不是随便获得的，关注某事的英文表达才会是"pay attention"——花费注意力就像花钱一样。如果我们推己及人，就知道我们的观众和每天的自己一样，面临着各种各样的"诱惑"，电脑上的电子邮件，手机上的微信、视频。这些干扰因素非常强大，以至于我们经常看到好不容易凑成的朋友聚会，却变成各自捧着手机在微信群里聊天。和爱人难得有个二人周末约会，两人却频繁地各自接电话、回信息。亲密关系尚且如此，演讲或其他说服场景下，你的敌人可就更加强大了。如果你的内容不能与之对抗，不能抓人，不好意思，你很快就会失去观众。

如果你在演讲或者讲课，想要搞清观众对自己的话题是否感兴趣，或者自己是否在正确的方向上，方法很简单：看看多少人在看手机，"摸机率"是检验说话效果的最好指标。如果每个人都在看手机，我建议赶紧调整讲话策略。

怎样才能抓住观众的注意力呢？不妨参考一下美剧。也许你看官方新闻会无聊，看文章会无聊，读书会无聊，但看网文、美剧、娱乐新闻很难睡着。为什么？因为它们设计之初就是用来抓取你的注意力的，里面要么充满故事，要么充满惊奇，甚至还有一个"三分钟定律"：电影、美剧基本每隔三分钟，就会有个小坎坷、小困难、小高潮，让你就像坐在过山车上，而不是坐在高速公路上匀速行驶的汽车上，很快就昏昏欲睡。

不仅说的内容要有用、相关，说的方式、表达的形式还要有趣，让观众随时被"抓住"，时刻感觉到新鲜和意外。我在"合同相对论"对谈过的嘉宾里，来自香港国际仲裁中心的副秘书长杨玲女士就给我留下了特别深的印象。她说话很快，像机枪一样扫射，满是激情。不仅如此，她的思维清晰，说话又特别有趣。短短的两个小时给观众带来了普通人三四个小时可能都讲不完的信息量，而且大家全然不觉时间流逝，纷纷留言请她继续讲下去。

《这才是营销》的作者赛斯·高汀是个抓人注意力的高手。在TED演讲的时候他说道，我们选择太多而时间有限，所以会对习以为常的东西视而不见。打比方说，一路开车，看到很多奶牛，你不会为之惊奇或停留。但是如果突然出现一头紫色的奶牛，你准会好奇地停下来看一看。然而，如果所有奶牛都变成紫色的了，你会再次感到无趣。一件事是否与众不同，决定是否会被人关注。关于如何抓住观众注意力，我会在第四章继续展开。

你的观众是个人意味着，一旦意识到你有说服他们的意图，他们的防御机制就会启动。

你或许可以用语音给你家的智能家电发指令，但你不能这样对你的观众，你不能冷冰冰地要求他们去做什么，甚至不能干巴巴地给他们讲道理。他们期望看到你也是个人，是个真实的人，有人的情感，有人的烦恼，有人的脆弱，而不是经过包装的榜样、楷模。他们希望听到的是以人类语言讲述的故事、家常，而不是空洞的语言，满篇的道理，或大量的数据。

只要观众意识到你和他们不是同一条船上的，不是同一类人，只要意识到你有说服他们的意图，他们的防御机制就会启动。那么怎样关闭他们的报警系统呢？前面说过了，努力启动他们的本能脑、情感脑，而不是逻辑脑。

你的观众是个人意味着，他们忍不住要挑你的毛病。

"这个演讲者有口音""这个演讲者穿的西装不合身""他刚刚说的这句话语法有问题""不对，他刚刚提到的数字明显与我之前看到的不符""我倒是要看看你如何白话"……

首先，不要害怕被观众挑毛病，因为这是人性。观众挑毛病说明他们对你是有兴趣的，至少还愿意观察你、听你讲。

其次，说话时不要有重大毛病。重大的毛病包括：政治不正确、冒犯观众、欺骗观众等。

政治不正确的话题很多，主要有妄议国事、歧视类言论等。冒犯观众的形式可谓五花八门，如某位律师在公开场合暗示，没出息的法律人才去公司做法务，就让我挺不舒服的。欺骗观众也是各种各样，前面提到的演讲标题明明很有吸引力，内容却是营销，这就是一种欺骗。明明是广告，偏偏伪装成干货文章，也是欺骗。更过分的是，有些说服者为了达到说服目的，编造数据、事实来诱使观众作出他想要的决策，这更是重大欺骗。这样的重大毛病，说服中要坚决避开。

那要不要让自己表现得无所不知，完美无瑕？也不用。如果你将自己武装到牙齿，挑不出半点毛病，一样不妙——观众不相信那是真实的你，可能认为你在说谎或者演戏。即使他们相信你就是完美的人，他们也不喜欢你，就像前面提到的，他们会觉得你跟他们不是一路人。有些书甚至特别提醒，在沟通过程中有意识地暴露自己的弱点、缺陷更有助于获得对方的信任。

有调查表明，当年的美国总统约翰·F.肯尼迪是民众心中的完美总统，他出身好、体育好、人缘好，刚写了书，有漂亮优雅的妻子、可爱的儿女、幸福的家庭。后来，肯尼迪在入侵古巴一事上犯了决策错误，很多人以为他会失去民众的喜欢，没想到民众反而因此更喜欢他了。可能的解释是，太过完美的人不仅让人觉得不真实，还会让人对自己产生怀疑，觉得自己很糟糕。这大概也是张岱说的"人无癖不可与交，以其无深情也；人无疵不可与交，以其无真气也"。

社会心理学家们做了实验，证明了如果有的选，人们最喜欢的是略有弱点的强者，其次是不犯错误的强者，再次是不犯错的普通人，最不喜欢的是总犯错的普通人。所以如果你为自己的演讲、课程做了万全的准备，不妨允许自己有点小瑕疵，或者展示出某些脆弱性、小不确定性，让观众有毛病可以挑，觉得你和他们没什么不同，还是个人类。

你的观众是个人意味着，他们希望你多关注他们，而不是关注你自己。

美国第34任总统艾森豪威尔说："如果你想说服别人，你必须体现出你对他感兴趣，而不是你多聪明。"

不考虑单方"倾倒"，如演讲、上课等情景，一场真正的双方或多方沟通中，多数人都有争夺发言权的倾向。在家里，你和配偶正聊天，孩子不停插话；你和同事谈工作，他不停地说，"你先听我说"；饭桌上一位刚讲什么趣事，立刻有人忙不迭"接腔"，将话题引向自己。

大家表达的欲望多数强烈，所以经常忍不住去打断别人。同样地，因为各自都愿意表达，自己说话被人打断，也会感觉不悦。那些全程夸夸其谈，不给别人说话机会的人，也很难招人好感。我一直提醒自己不要打断别人说话，也经常被朋友夸善于倾听，但即使如此，回看某些对谈节目，还是会发现有时候不知不觉地抢话，将话题引向自己。

"初入职场的年轻人一定要注意文书细节……"嘉宾刚说到这，我觉得很多共鸣："是的是的，我特别赞同。记得我第一份工作时，我的带教老师经常提醒我注意中英文标点切换，英文文书逗号后空一格，句号后空两格。有一次，我在英文邮件里用了中文括号……"嘉宾修养很好，一直笑盈盈地跟着我的话题。事后想想，如果我自己说话兴头上被打断，而对方接话不过就是为了将话题引向自己，我可能有点烦这样的聊天对象。

如果在上面这样的对谈场景中，我必须要对嘉宾说的话有所回应，怎样才是合适的呢？当然是将话题"锁定"在对方身上，轻轻顶一下球，让它弹回到对方手里："哦？比如说哪些细节呢？能不能讲讲您刚入职场的经历？"

每个人都有被关注、被理解的需求，如果沟通中你满足了这种需求，说服也围绕着对方需求，说服的过程将会顺利很多。

本节小结：

➤在任何说服之前，都记得你的观众是一个人，而不是个物体。你的观众是个人，所以具有人的各种特性。

➤你的观众是个人意味着，如果你讲的不好，不仅会失去观众，还会失去未来的机会。

➤你的观众是个人意味着，必须珍惜他们的时间，不要肆意占用、浪费他们的时间。

➢你的观众是个人意味着，他的注意力是有限的，要想办法抓住他们的注意力。

➢你的观众是个人意味着，你不能生硬地要求他们做什么不做什么，那将激起抵抗。

➢你的观众是个人意味着，他们爱挑毛病。不要犯重大错误，但也不用表现得完美，免得对方觉得你太"假"。

➢你的观众是个人还意味着，他们希望你多关注他们，而不是你自己。多倾听，而不是抢话说。

第二节 为你的观众画张像

说服话题的难度、范围不同，对观众的了解程度要求也不同。比如，针对几亿人群的广告、针对100人的演讲、针对30人的培训和针对特定一个人的求婚，对说服对象所需的了解程度自然不同。

在说服之前，应尽可能地根据现实条件，给观众进行画像，勾勒出观众的基本风貌。比如：今天演讲的观众是多家外资公司的HR，准备发布的奶粉广告对象是0—2岁宝宝的妈妈，下周的谈判对象是客户公司的采购人员和法务。

在此基础上如果可以更进一步，则可以努力搞清这一群人的更多共性，包括他们的**年龄、性别、专业、背景、身份、知识结构**等。虽然没办法确保每个人都有着完全一样的背景、身份、知识结构，但能抓住大多数人的最大共性，取其最大公约数，不至于跑偏。

了解观众的年龄、性别、专业、背景、身份、知识结构，是为了首先解决对方"能听懂"这个问题，因为"能听懂"是说服的前提。

这好比一个法律人去小学普法，你或许可以讲讲"图说民法典"，但你不可能跟他们讲怎样进行数据等保评定。这个提醒是非常必要的，因为说服者非常容易忽略观众的背景、知识结构，自顾自地说一些自以为对观众有用但观众听不懂的话题，也就是我们在第一章说的"知识的诅咒"。

我参加有些活动时，听到过一些非常冷门的话题，我以为是自己外行，掉头看看会场其他观众，大家都一副懵懂的样子。然而话题冷门就算了，演讲者满嘴的专业术语与缩写，观众根本没办法跟得上。这样的发言，就是说服者忘记了解自己的观众，不了解他们的认知水平。

说了演讲，再说说培训。你给销售和采购培训合同条款，能用一样的课件吗？当然不能。给销售讲合同的时候，我们是乙方，销售为了达成业绩，很容易什么条款都答应客户。这时候要提醒哪些条款是重大风险，哪些红线必须守住，哪些情况必须进行怎样的审批。给采购讲合同的时候，我们是甲方，我们通常可以使用我们的合同模板，所以要让采购同事知道，模板怎么用，某些空白处怎么填写，如果供应商对条款有异议怎么处理。不仅合同这种专业技能培训需要定制，哪怕是演讲、谈判这样的通用课程也一样需要根据观众的情况定制。

我在公司内部和对外都讲谈判课，但公司内部的参加人群都是非法律人士，他们缺少法律思维，对规则、文本的概念不是很强，所以我给他们讲的谈判课名字叫《像律师那样谈判》，让他们具备一些基本的风险意识。

我有时候还会应邀去给律师讲谈判，那么律师们的问题在哪儿？谈判中他们的主要问题在于风险意识太强，这也不行，那也有风险，所以很多时候业务不愿带律师去谈判，生怕他们搞黄交易。所以我给律师的谈判课名字叫《像没学过法律那样去谈判》。这门课的主要关注点就是启发律师通过更加灵活的商业方案来打破谈判僵局，不要轻易否掉一场交易。

再比如，我主持的"合同相对论"节目，为了更好地了解观众需求，我专门做了一个观众调查。问卷包括观众的年龄区间、身份（法务还是律师）、平均观看节目频率、时长、转发意愿、希望听到的话题、希望对谈的嘉宾等等。调查结果还是挺出人意料的：观众构成，法务竟然比律师还多，而我一直以为律师会占大多数。35—45岁比例竟然最高，我之前一直以为中年人晚上时间会更紧张，年轻法律人会占比最高，因为他们进步的需求最高。

这个调查使我充分认识到，我们对观众的了解不能停留在"我以为"阶段，而是想办法去做更深入的调查。这个小小的调查成为我们之后节目的一个"锚点"，每一场对谈都要考虑：本次的主要目标观众是谁？法务还是律师？年轻律师还是资深律师或合伙人？我们希望观众从中获得什么？什么样的主题他们可能关心？什么样的标题会吸引他们预约、观看？我经常收到观众私信，大意说，听过的对谈节目挺多的，法律人对谈也有不少，但不知为什么就是觉得"合同相对论"最"好看"。我想，虽然整个节目通盘无妙手，但背后别人看不到的、却不能无视的原因之一就是我们将观众放在了第一位。我们真正关心观众的需求、期待，而这一切都从为观众画像开始。

如果说最有必要为说服对象画像，且这画像像素越高越好的，商业谈判应该是一个典型场景。首先，商业谈判往往复杂、费时、艰难，但这偏偏又是很多职场人躲不掉的场景。其次，谈判的目标性比其他说服场景更强，失败的成本往往也更高。因此，在谈判之前，可以通过各种渠道去搜集与对方相关的资料，以期"知己知彼"。在我的谈判课上，我会建议学员至少要做以下几方面调研：

1. 了解交易的宏观背景，比如政治环境、法律制度、商业习俗。吕立山先生的书《国际并购游戏规则：如何提高中国走出去企业成功率》提到，2016年中信泰富以4.5亿美元收购了一家澳大利亚铁矿。收购之初，商业前景似乎非常不错。然而项目开工延迟了5年，而且投资总额最后超出总预算三倍。其中有一个原因竟然是对当地劳工法律的不熟悉。该项目当时计划使用中国劳动力，但之后才发现，根据澳大利亚法律，外籍工人的英文水平必须达到6分以上，且得通过当地标准专业考试。即使条件都符合了，外籍员工也得与当地工人同工同酬。仅是这一条没注意到，就导致了大额超支。

2.了解对方的基本情况：在商业谈判中，这条指的是对方机构的基本情况，比如对方公司是否具有签约资格，是否具备履行合同的资质，是否具有实际上的履行能力。具体可参考以下摘自《合同起草审查指南三观四步法》的表格：

类型	细分/说明	可能的应对措施
主体错列	合同主体与实际上要交易的主体不一致	调整合同主体
	非标的所有权人或非有权处分人	调整合同主体（与有权处分主体签约）； 增加授权
	个人还是单位承担责任不明 （例如借款、保证等关系中，究竟是公司还是法定代表人个人承担责任不明）	调整、明确合同主体； 一方作为合同主体，一方担保
主体少列	未将有直接权利义务关系的主体列为合同主体 （例如股权激励协议未将要让出股权的股东作为主体）	调整合同主体
主体多列	将无须作为本合同主体的主体列为合同主体	调整合同主体； 由相关主体出具声明、文件
主体与合同类型不吻合	当前合同主体与该交易、合同类型不符合 （例如退休人员返聘不应签订劳动合同）	一般是调整合同类型，有时也会调整合同主体
主体签约能力欠缺	无工商登记或主体登记	调整合同主体； 停止交易
	被吊销、注销主体 （严格而言被吊销主体未必不能作为合同主体，但至少很可能履行不能）	调整合同主体； 停止交易
	限制行为能力人、无民事行为能力人	由法定代理人代理签署

续表

类型	细分/说明	可能的应对措施
主体履约能力欠缺	信用有严重问题	调整合同主体；增加担保；停止交易
	缺乏授权许可	调整合同主体；增加授权；停止交易
	缺乏特殊资质、政府许可	调整合同主体；停止交易
相关主体风险	共有人、用益物权人、担保物权人、标的物占有使用人、优先权人、配偶、家庭成员等可能影响合同履行	作为合同主体；对交易表示同意；放弃相关权利等
其他特殊主体审查	合伙企业	调整主体；由全体合伙人一致同意

3. 了解交易的基本情况，比如是否存在权利瑕疵，是否存在违反法律或公序良俗原则的可能。

4. 了解谈判人员。

5. 了解组织需求与谈判人员需求。

6. 了解对方的谈判期限。

7. 了解双方的谈判地位。

其他几项我不在此处多展开，下面重点说说了解谈判人员，也就是这场说服中的观众。

首先，我们要了解坐在谈判桌对面的人是谁。对方要来几个人？来的是对方的采购人员还是法务？如果是采购的话是普通采购专员还是采购经理，或者采购总监？如果是法务的话，是什么时候加入对方公司的？对业务熟悉吗？

其次，我们要了解对方是什么风格的，保守、厌恶风险型，还是开放、促进交易型？不同风格的对手，决定我们派什么样的选手上场，怎样组建团队，怎样制定说服策略。

再次，我们可以了解对方大致的权限在哪里。虽然得到对方精准的内部授权有点困难，但经常打交道的对手，可以通过对方人员的级别心里大致有个数。采购专员来谈价格，或许他的权限上下浮动只有5%，如果换经理的话也许有10%，采购总监的话20%也未可知。

最后，我们可以试着了解对方谁是真正的决策者，进一步深挖决策者的真正需求和痛点，同时关注有没有隐形的影响者。

　　假设你们公司拟收购一家前景非常不错的私营企业，你现在代表公司与对方谈判。你了解到公司的创始人，也是最大的股东，年纪大了且近期生病需要持续治疗，而他的独生子虽然一直在公司工作，但不善经营，且游手好闲挥霍无度。所以创始人才有出售公司的打算。你知道创始人是迫于无奈才出售公司，对公司的员工和品牌具有极强的感情。于是你在谈判过程中，为了打消创始人最后的一点犹豫，可能会主动提出，收购公司后，公司的品牌形象不会调整，也不会"清洗"老员工。为了让他不至于立刻斩断与自己一手创立的公司的联系，你甚至提出，欢迎创始人继续担任公司顾问两年，公司会为此支付非常体面的薪酬。当然，这么做对过渡期的你们也有很大的好处。

这样就是完美的说服了吗？可别忘了创始人的那个独生子。虽然创始人恨其不争，但舐犊情深，如果独生子天天在自己的老爷子跟前嚷着不让卖公司，创始人会不会动摇？那你在制定说服策略时要不要考虑一下这位纨绔子弟？你知道他一直想要买一架私人飞机，还知道他曾不死心地想去地产行业碰碰运气。那么，对他来说，这个交易带来的高额现金和快速交割可能就是他无法拒绝的甜食。如果考虑到他更高层次的自我实现的需求（下面我们会单独讲到），你不妨暗示，早日离开他不擅长的行业，早日获得自由，他或许可以在新的行业大显身手，让病重的父亲对自己刮目相看。

思考：

假设创始人的妻子手里也持有公司的一些股份，而你听说她并不打算卖出自己手中的股权。你又有什么说服策略？你打算对她做哪些调查？

当说服对象具体到个人时，粗线条的画像可能就不够了。想要获得更加高清的"相片"，还需要拉近镜头，去了解你的观众的立场、需求和情绪。

本节小结：

➤为你的观众进行画像，先从中观上了解他们一些基本特性。

➤如果可以，尽可能了解观众的年龄、性别、专业、背景、身份、知识结构，这么做是为了让对方"能听懂"。

➤在演讲、培训、谈判中，可以通过不同的方法去观察、了解观众的特性。

➤以谈判为例，想方设法了解观众的各个侧面。只有关注到每个观众，包括那些没直接参与谈判的隐形利益相关方，才能更大程度地保障谈判成功率。

第三节　了解观众的立场

假设你是某公司的HR负责人，刚刚结束的管理层会议上，CEO提出过去一年公司支付的加班费过高，导致年底财务数据非常不好看。CEO问你，有没有可能将所有白领人员都改为灵活工时制，这样基本工资最高的这群人，之后就不用再发加班费了。

虽然那么多数量的灵活工时制可能没法获得当地管理部门批准，你经过评估，觉得少量不通过也不影响内部执行，于是硬着头皮推行这个项目。

这可是关乎员工切身利益的事项，按理需要全员表决。你知道一定会有很多反对的声音，你该如何下手？

根据观众的立场，我们大致可以将说服对象分为三种：支持者、反对者、中立者。对不同立场的观众，我们需要采取的说服策略自然是不同的。

支持者

支持者也分两种，一种是基于对说服人的信任而产生无条件支持，无需任何观点、语言，你说什么对方都信，你提议什么对方都愿意做，你卖什么对方都愿意买——这就是俗话说的"死忠粉"。这大概是每个人梦寐以求的说服场景——如果全世界都是这样的支持者，你根本不需要任何说服技术。

天然的支持者不需要你多费口舌，因为这样那样的原因对你的观点表示赞同，对你的提议表示顺从，或对你的产品比较信任。比方说，我买了戴森的吸尘器、吹风机，用着非常满意，所以戴森推出卷发棒的时候，我不需要任何广告语或博主测评，毫不犹豫地买了。又比如，曾经上过我演讲课的学员，或者听过我"合同相对论"对谈的朋友，得知我计划开谈判课，在没看到课程大纲、课程介绍的情况下，立刻提前排了号要报名，这都是无条件的支持。

还有一种支持者，是因为你的观点、提议完全符合对方的期待，说出了他自己相信的道理，"一拍即合"，也不需要多费口舌。比方说，你举办了一个小型圣诞派对，想要邀请对门的单身姑娘一起活动。如果碰巧她对你有好感，一直在等你采取行动，那么你原本准备好的邀请词，如派对的食物多美味，游戏多好玩，通通可以省下了。

这时候，支持者不需要花大力气去说服，因此可以将重心转移到**强化已经存在的说服效果**。比如采取措施让支持者进一步相信自己做了正确的选择，让他们在情感上、行动上对原本就支持的话题更投入，利用承诺与一致原理，引导他们在更多事项上对你表示支持；等等。

强化对支持者的说服效果案例很多。比如小米鼓励自己的员工参与管理决策，发表对产品的改善意见。一旦员工的建议被采纳了，在手机功能上得到了体现，员工除了产生荣誉感，对产品的认可也将大大增加。再比如，我因为坚持在"得到"APP签到、学习、分享，持续得到各种徽章、得到贝。读电子书看到自己喜欢的段落，也可以轻松生成非常适合分享的页面转发。而我的转发不仅可能为我带来朋友的谢意，又能给我带来邀请好友的奖励。如此往复，正向强化了我这个原本就很忠实的支持者更大力度的支持。

对于支持者不可忘记的一条是，我们不可因为他们的支持很容易得到，就辜负了支持者，或滥用这种支持。因为信任一旦被破坏，支持者转化为反对者，则很难再次将其说服，可能比原始的反对者更难被说服。

假设我在经常去的某家餐馆吃饭，看到一句广告："闭着眼睛点，道道都好吃"。回想一下，哎，好像还真是，之前吃过的每道菜都很对我的胃口。于是我相信了这句广告，进而尝试了更多的菜式。发现果然如此，没有踩雷的。于是下次更加大胆地点菜，也很有信心地将这家店推荐给与自己口味相近的朋友。然而，假设有一次，我发现他们的某个菜水准下降了，或者某个新菜做得很糊弄，或者他们没有做到"不好吃就退"的承诺，那么我之前对这家菜馆的好感和信任可能瞬间荡然无存，不但自己再也不去了，还警告朋友们都别去，甚至可能在点评网站留下差评。这种"由爱生恨"可能比一开始的冷漠还要更加无法挽回，造成的伤害还要大。

中立者

黄执中先生将中立者分三种，一种是对说服话题一无所知（"无知中立"），一种是对说服话题无感而不关心（"冷漠中立"），一种是对说服话题摇摆不定，在支持和反对之间犹豫（"犹豫中立"）。相对于支持者不需要费力去说服，反对者需要花大力气去说服，中立者是说服"效能比"最高的人群，因而也是最值得关注和争取的一部分说服对象。

对于无知中立的观众，我们要做的事情首先是使其"知"。只有具备了基本认知，才能创造出说服的可能性。

你们有没有注意到一个现象，我们这代人的父辈，尤其那些生活在农村的父辈，虽然不下馆子、不喝奶茶，但体型特别瘦的并不多，比如我的父母、公婆，并不太舍得在食物上花很多钱，但BMI①都超过了25，达到了超重标准。超重带来很多问题，高血脂、高血压、高血糖这常见的"三高"不说，心脑血管疾病、癌症的发病率也与体重呈明显正相关。

---

① Body Mass Index，身体质量指数，用来衡量人的胖瘦程度。

在我自己研究体重控制的过程中，我意识到老人体重超重的一个主要原因是他们进食了大量的碳水化合物。于是我一直劝老人三餐少吃主食，多吃点肉类、豆腐、蔬菜，增加"菜"在一顿饭中的比例。他们虽然嘴上次次都答应，但显然没太放在心上，也没见采取任何行动。

怎么办呢，如果不能让老人明白高碳水饮食与健康之间的因果关系，就没办法让他们从内心认可我的建议，自然也谈不上执行。后来机会来了：我们家有一位走动频繁的亲戚，平时生活条件优越，看起来白净富态，在50岁出头的时候，突然检查出患上了糖尿病。我妈唏嘘不已——关于糖尿病我妈别的不知道，只知道一个不慎就可能导致截肢或者眼睛瞎掉（农村时常有这样的例子）。后来这位亲戚开始了糖尿病病人饮食，不吃白米白面，很快肉眼可见地瘦下来了。我趁这个机会跟我妈说："你看，白米白面是导致糖尿病的主要原因，只要一少吃就能马上瘦下来。"这次我妈总算相信了，虽然没办法一下子戒掉，但会有意识地减少进食量了。不仅如此，她因为自己相信了这背后的因果关系，还会成为我的"下线"，帮着劝说我的公婆、舅舅们少吃主食多吃菜。

因此，对于无知中立者，第一要紧事是填补其关于说服事项的认知空白，再视情况采取相应的说服措施。

对于冷漠中立的观众，我们要做的事情首先是使其产生兴趣。

相信很多家长都有这样的经历：假期在家，无论怎样催促孩子写作业，正在玩耍的孩子充耳不闻。他的一举一动都散发着"别打扰我，没见我在忙吗"的气息。我怎么做呢？我一般不会直接对孩子发指令，而是在她玩耍的时候故意跟她爸爸说："晚饭后咱们去看电影吧，迪士尼刚刚上映了一部贺岁动画片，我看六点一刻正好有一场。咱早点吃晚饭，早点去，应该人不多。"记住，此刻不要透露出任何说服你的说服对象的意图。

每个孩子都是耳听八方的，就看你有没有说到他们关心的话题。听到了关键词"动画片""电影"，她的注意力已经主动给你了。而你又没提到要带她去，已经激活了她的某种情绪：兴奋、焦虑、失落。按照心理学的理论，说服对象情绪稳定的时候，是最难被说服的时候。想要产生更好的说服效果，就应先在他们平静的"心湖"投下一颗石子，或者扔下一块石头，趁着涟漪四散的窗口期，赶紧说出你的要点。孩子此刻往往主动开口："看电影？我也要去！"

是时候送出你想要派发的包裹了。当然，如果你想要更加戏剧化，让说服对象的情绪更强烈一些，情绪之弓拉得更满一些，你还可以假装继续与她爸爸说话："今天晚上在家吃还是去饭馆吃呢？电影院旁边那家粤菜不错，要不要我订个位？"相信我，孩子现在会离开她的玩具区，走到你的面前更大声地说："妈妈，我也要跟你们去看电影！"

此刻，不是你要抓住你的说服对象的注意力，而是相反。所以是时候说服了："哦，你也想去看电影啊？可是你作业还没写完哎。"孩子可能会说明天还有时间，也可能乖巧地表示此刻就去写，但无论如何，你已经改变了她"冷漠中立"的状态，掌握了说服的主动权。

犹豫中立最需要的是有人推一把或者拉一把，帮助他们作出决定。

犹豫中立往往分两种：一个是是非问题，比如这个商品买还是不买呢；一个是彼此问题，比如说买A还是买B呢。

对于是非问题的犹豫中立者，可以采取"植入"策略，即调动其五感中的一种或多种，推动其偏向你希望的选项。因为是非问题而犹豫中立者，无论最后他听从你的建议，选择了"是"或者"非"，都会认为是他自己的选择。假设饥肠辘辘的你正好路过肯德基门口，有点想进去吃点啥，又觉得垃圾食品会破坏自己正在进行中的30天瘦身计划。这时候你碰巧看到门口张贴的香辣鸡腿堡海报，图中撕开的鸡腿的纹理，浓稠到流淌不了的酱料，以及新鲜的生菜让你立刻想象出它在你齿间的味道。犹豫间你又闻到了刚出炉的烤蛋挞的香气，这是最后一根稻草：你决定暂时忘记减肥，进去饱餐一顿。

事后你即使后悔，你也会将这个过程归咎于自己，而不会想到这其实是商家的说服不知不觉间起了作用。

"植入"法不仅可以用来促成说服对象做某事，也可以用来劝阻说服对象。假设你的太太非常爱买衣服，此刻她看上了一件价值几万元的貂皮大衣，正在左右摇摆要不要买。很显然，如果你劝她别买，可能适得其反，还影响感情。于是机智的你说："你穿着挺好看的，好像保暖性也不错。就是不知道会不会像你去年买的皮草背心一样掉毛。你还记得吗，你第一次穿那件背心，也是唯一穿的那一次，咱们在咖啡馆跟 Tina 聊天，没一会儿整个咖啡馆空中都飘着浮毛。咱们旁边桌的客人疯狂咳嗽，你害怕人家发现是你衣服掉毛的原因，咖啡都没喝完就赶紧逃走了。"这个惨痛的教训历历在目，你太太立刻联想到，这件貂皮大衣如果掉毛可就足以将衣柜的全部衣服都覆上一层"小雪"了。于是，她决定不买了，而不会觉得是你不想让她买。

对于是非问题的犹豫中立者，还有一个说服策略是利用时间压力。特别典型的是直播间购物，一套两三千元的护肤品，如果让你冷静思考，你可能会因为价格犹豫。但是主播在那说："天啊，说话间十万套只剩下5000套了，1000套……"你脑子一热，不管了，先买了再说，立刻抢了一套。某件加入购物车很久没下单的商品，突然收到短信提醒，本品即将断货，于是你立刻去付了钱。

再来说说"彼此问题"的犹豫中立者。对犹豫的人，最佳的说服策略是为他们减轻认知负荷，减轻决策难度。可以用的方法有：

第一，利用排除法，去掉干扰项。这在商业广告中非常常见：突出自己独有的显著优点，劝阻顾客选择竞品。记得前面说的安飞士租车的广告词吗，"因为是第二"，所以"我们的柜台排队更短"。如果你是个珍惜时间的人，在其他条件相同的情况下，你当然愿意选择排队更短的租车公司。同样地，某火锅说的"服务不过度，样样都讲究"如果戳到了你，让你回忆起在某火锅店被热情服务的不安感，同时让你对它家的品质产生了基本信心，你选择火锅店的时候可能也容易很多。

第二，当现有的选项各有利弊，你的说服对象没法做选择时，如果你能跳出来给一个完全不同的选项，说服成功率会非常高。

假设在公司的管理层会议上，人力资源总监与销售总监就销售经理大力的去留产生了争论。销售总监认为，大力过去半年业绩完成率不到50%，应该以不胜任工作为由解除劳动关系。人力资源总监则认为以不胜任理由解除劳动关系举证义务过高，还要经过一定的培训期、观察期，最后还要支付补偿金，不是一个好选择。再加上大力在公司工作十多年了，如果仅仅因为今年业绩不好就解除劳动关系，可能让很多老员工寒心。两人争执不下，总裁一时也没有发话。如果你此刻提出："哎，我记得物流部有个经理岗位空缺，大力平时跟供应链部门打交道挺多的，做事仔细，沟通协调能力也不错。如果给他调岗去物流部门，是不是可以同时解决你们两位的问题？"大概率这个方案会被举棋不定的老板采纳。关于设计选项的技巧，更多内容请见第五章。

以上说了支持者、中立者，下面要啃一块硬骨头：怎样说服那些反对者。

反对者

或许我们自己没意识到，但事实上，多数人都比自己想象的要敏感、易受伤。一旦收到负面反馈，或碰了钉子，我们很容易生出挫折、气恼、愤怒等情绪。说服反对者最大的难题不在于说服的有效性，而在于如何处理我们自己的情绪。

宾夕法尼亚大学的认知神经科学家埃米尔·布鲁诺在《大脑的共情鸿沟》

（The Brain's Empathy Gap）一文中说："我们遇到敌人时，大脑会产生'共情鸿沟'。它会削弱产生共情的信号，进而阻碍我们设身处地地为对方着想。"这句话既说明了说服反对者的障碍何在，也提供了一个重要的说服方法：设身处地地为对方着想。

假设你是一位经理，你的团队里有一个非常优秀的年轻人大兵。他是你一手培养起来的，你不遗余力地为他争取各种机会，并优先给他升职、加薪。他也一直对你非常尊重，你们相处愉快。然而某一天，你无意听到一位猎头朋友说，大兵正在看外面的工作机会。想象一下你是什么心情？被背叛的感觉？自我怀疑？愤怒？

你很想立刻去当面问他为什么要这样，甚至想主动让他走算了。可是仔细一想，他确实是团队最优秀的人，不仅是干活好手，你还一直将他作为继任者培养。再三思索，你决定找他谈谈，看看能不能劝他留下。

如果你打算与大兵谈这事，最好先冷静一下。如果你没仔细预想过他想要离开的原因，如果你还感觉到背叛、愤怒，如果你没办法像平时那样和颜悦色地跟大兵谈话，还是先等等。因为你所有的负面情绪不仅影响说服的效果，还可能使事情变得难以收场。

面对反对者，我们首先要认识并且接受一个现实：没有人可以控制他人的行为或看法，有人反对我们是很正常的事。我们需要弄清楚的是，他们为什么反对？是情绪性对抗，还是经过深思熟虑的理性反对？反对是因为不喜欢我这个人，还是不赞同我的观点？如果不喜欢我这个人，是因为我曾经做了什么事情让他不舒服，还是纯粹看不对眼？如果不赞同我的观点，是因为我的观点本身站不住脚，还是伤害到了他的利益？如果伤害到了他的利益，会是什么利益？我有没有什么办法弥补他的损失，或者让他获益大于损失？这世界一切现象都是某一个原因或多个原因的结果，反对者的反对一定有原因。我们不能因为对反对者存在天然的敌意，就失去探究反对原因的动力。反对的原因往往就是解开反对之锁的那把钥匙。

大兵，这个受你器重，但却在找新工作的年轻人。你非常希望他留下来，于是你在找他谈话之前，提前和人力专员商量挽留他的方案。人力专员说，虽然大兵是个优秀的年轻人，也很想留下他，但公司也有自己的章程和规矩，打破规矩不利于之后的管理。人力专员去请示了人力总监之后，回来给了你以下几个方案，你可以选择一个来挽留大兵，但没办法兼得：

1. 虽然刚刚过去的这年你给他加薪了20%，但你可以再给他加15%。这已经是公司历史上从来没有过的加薪频率和幅度了；

2. 虽然他是团队里相对年轻的一个，去年你给他从助理工程师升为了工程师，只要他能待到今年年底且没啥掉链子的表现，就升为主管，给他带两个下属；

3. 让他参与一个公司层面的项目并担任项目经理，他有更高的曝光机会，项目成功结束还有项目奖金。

你了解到他为什么要看外面的机会，才能更好地提出挽留方案，一击即中。如果他是因为需要钱还房贷，你的第一个方案可以满足；如果他在寻找管理职位，想要带团队，你的第二个方案可以满足；如果他想要更好地挑战自己，实现自己的潜能，你的第三个方案可以满足。

我一个女性朋友是个成功的商人。她离婚了，自己带着一个上小学的女儿生活。离婚后，她觉得无论事业还是家庭都比之前顺心很多，唯一一条：她女儿特别讨厌她喝酒。但因为做生意，完全不喝很难。每次她喝完酒回家，女儿都会大发雷霆，跟她冷战好久，用各种办法也没法改变这个局面。

有一次我们带娃聚会，我试探性地说："今天过节，要不我们开瓶红酒吧？"朋友还没来得及说话，她女儿立刻跳着说："不可以！绝对不可以！我妈妈一点酒也不可以喝！"我一直听说她反对妈妈喝酒，但还是被她强烈的情绪惊到了。于是我拍拍她的背，非常平静地说："每个大人都有能力为自己的行为负责，你为什么反对你妈妈喝酒？""因为喝酒伤身体！""偶尔喝，少喝点又不会醉，没事的呀。""喝了酒开车容易有危险！""咱们今天住酒店，晚上不开车。""喝了酒妈妈心情会不好！""不会呀，今天我们这么多人一起聚餐，怎么会心情不好？""喝了酒身上很臭！""不喝白酒的话不会有很大气味，而且你妈妈会刷牙洗澡的呀！"眼见说不过我，小姑娘眼睛红了："我就是不要妈妈喝酒！妈妈再喝酒，跟爸爸有什么不同？"我一下子心软了，也立刻明白问题的关键所在：我这位朋友离婚的一个主要原因就是前夫嗜酒。离婚前，他经常出去应酬，半夜三更醉醺醺地回来，衣不解带，有时候就在沙发睡了，有时候甚至躺在房间门口就睡了。我朋友先是担心他喝酒成瘾，伤身体，后来又担心他酒驾（有时候到半夜找不到代驾，他会冒险开车回家）获刑。为这事经常吵架，有一次前夫喝多了不耐烦，还动手打了我朋友。这些事小姑娘都看在眼里，多半将一切不愉快与父母离婚都归咎于喝酒了。正是因为这个过往经历，小姑娘很担心妈妈喝酒，担心她会像失去爸爸一样失去妈妈。酒在她眼里是一个掠夺者，一个破坏者。

所以这个问题就从我朋友能不能喝酒变成了怎样才能让小姑娘确信，妈妈不会像爸爸一样，妈妈不会离开她。这样的话小姑娘就不再是一个说服对象，而是一个抚慰对象，一个需要大量安全感的抚慰对象。

短线说服反对者需要制造窗口期

在说服反对者之前，我们要知道，当人们对现状比较满意时，是没有动力改变的。处于动荡不安中或变化过程中的人，对变化持有更开放的态度。这是心理学家研究得出的结论，也就是**平衡和认知一致**理论。根据这个理论，想要说服一个持反对意见的人，首先要引入不平衡感，这种感觉可能是好奇、意外、厌恶、害怕、焦虑、怀疑，为了重获内心的平静，获得平衡感，此刻人们就有动力接受新的观点，或者采取行动。如果将反对者的心比作湖水，那么要说服者要做的就是不管用什么办法，先往里面制造出波澜或涟漪。而反对者为了恢复湖面的平静，会在波澜、涟漪的窗口期接受或考虑接受说服者的观点。

这个方法在当今世界随处可见：那些拿"震惊！×××"作为文章标题的，那些放着超重人士图片来卖减肥药的，那些通过讲述被虐待动物的故事来呼吁人们关注动物权益保护的，那些用"折扣仅限今天，错过再等一年"来促销的，无一不是通过拿利器"戳"一下观众，扎出一个洞，再递上个待说服事项作为解决方案："来，我这有创可贴，快来补一下"。

有些说服手段叫人不齿，可能存在伦理问题。比如国外有个汽车广告是这样的：一个开豪车的妈妈去幼儿园接孩子，一个孩子在众人注视下上了车。结果驾驶车辆的妈妈转头一看：这不是自家的孩子呀。原来上车的这个孩子因为虚荣心作祟，上了并不是自家妈妈的这个车。这个广告引起了不少争议，因为它挑战了一种普世的价值观，可能也伤害了一些对号入座的人。

我们不提倡用这样的内容去说服，但是可以借鉴"方法"，这个通过制造不平衡感来说服的方法确实管用。我清楚地记得，我人生的前22年都是一个胖妞，我从没觉得做一个胖妞有什么不好，因此也从没想过要减肥。转变发生在我读研究生的时候。一个暑假我去亲戚家玩，在房间换衣服的时候，他们家一个三岁的小女孩正好也在。在我脱掉裙子时她突然冲上来抱着我的大腿，亲热地说："小猪，小白猪"。那一刻我感受到了巨大的羞愧和屈辱，立刻开始了饮食控制，在一个月之内减了15斤。如果没有这个刺激，我很难有动力去改变常年养成的生活方式。当然，快速减重具有健康风险，此处也不推荐。

说服反对者的长线策略

我们必须承认，很多反对者并不是那么容易被说服的。我们不能指望所有的说服都一蹴而就，而是要有耐心、逐步来。比方说，如果我们发现孩子龋齿，往往大惊失色，要求他们立刻戒掉含糖零食。这几乎是不可能的事——戒糖可不容易。不信看看多少成年人一边嚷着减肥，一边喝着奶茶。

那怎么做呢？不妨采用**"登堂入室"**策略。先让孩子从每天无限量吃糖到定量，然后每天减少一颗糖果，直至每天吃一颗，然后两天吃一颗，一周吃一颗。当然，你还可以与他们商量规则，比如在什么样的节假日或者做了什么值得褒奖的事，可以额外获得糖果。

记得这个过程，要尽可能地让说服对象参与进来，最好他们能参与制定规则。因为人们普遍抗拒命令，讨厌被剥夺自主性。人们一旦从反对的态度转为配合，哪怕只是小小的配合，之后他都为了保持一致性，而逐步加深这种配合。

说服反对者还有一个长期策略，那就是**重复暴露**。根据心理学家罗伯特·扎荣茨的理论，人们越多暴露在一个事物面前，就越可能偏爱它。

记得当年第一次听到脑白金广告"今年过节不收礼，收礼就收脑白金"和恒源祥广告"恒源祥，羊羊羊"的时候，我几乎是一脸鄙夷：这是什么弱智广告？既没说出产品是什么，更没突出产品的特点。然而，某一天我去看望一位老人不知道买啥的时候，脑中竟然突然冒出了脑白金这个选项。虽然最后没选择它，但它显然已经领先于同类竞品，抢占了我的选择号码牌。

当然，除了上述几种方案，本书的任何一种说服策略、方法都值得在反对者身上单个或组合使用，包括但不限于对无知中立者的告知做法，对冷漠中立者的激起兴趣做法等等。

搞清楚说服对象的立场有什么好处呢？当然是为了有针对性地制定更加适用的说服策略。我们回到本节开头的案例：

你作为HR，需要说服公司全体白领实施灵活工时制。经过思考和访谈调查，你将这些同事分为三类：支持者、中立者、反对者。

支持者大致包括这几类人：原本已经是灵活工时制的人、那些因为各种原因早上没办法准时打卡的人、那些希望可以自由安排工作时间的人，以及"政治觉悟"较高的人。

反对者主要是加班较多，且一直领加班费的人。当然，这些员工的主管可能因为理解、同情自己的下属，随之对政策持反对态度。

中立者包括这几类：不清楚灵活工时制意味着什么的人，即使采取灵活工时制也不会影响其出勤时间或加班工资的人，有点担心灵活工时制弊端但又不想给老板留下坏印象的人，以及那些完全不想参与讨论的人。在对不同全体员工进行分类之后，你就可以有技巧、有针对性地各个击破了。

本节小结：

> 根据立场不同，可以将说服对象分为支持者、中立者、反对者。

> 支持者所需说服力气不大，更多的是强化他的选择。

> 中立者分为无知中立、冷漠中立和犹豫中立。

> 无知中立最重要的是让说服对象获得认知。

> 冷漠中立的关键是让说服对象产生兴趣。

➤犹豫中立，如果是"是非"犹豫，可以"植入"策略和时间压力；如果是"彼此"犹豫，可以通过减轻观众认知负担来实现，包括排除干扰项，或提出第三种解决方案。

➤面对反对者，我们要提醒自己不要产生敌对情绪，心平气和地找出他的反对原因。

➤平衡和认知一致理论可以制造出说服反对者的窗口期，这是个瞬时的短线策略。

➤反复暴露也是说服反对者的一个好办法，这是个长期策略。

第四节 了解观众的需求

　　知名互联网产品经理俞军有句话："你的用户不是人，而是需求的集合"。了解观众的需求，是了解用户的基本和根本。每当我陷入说服困境时，都会拿出破局"大棒"提醒自己：记住，每个观众都有他的需求。说服的过程就是找出观众最迫切、最在意那个需求的过程。

　　根据马斯洛的需求层次理论，人都潜藏着五种层次的需求，这些需求正是人每天忙忙碌碌不停歇的动力。每个人在特定的时期对各种需求的迫切程度是不同，满足**当下**最迫切的需求是人**当下**行为的主要动力。但是，只有未被满足的需求才能起到激励作用，已经满足的需求不再是动因。同时，只有较低层次的需求基本得到满足之后，更高层次的需求才变得迫切。但是每个类型的需求都可能出现、减弱、再次出现，各类型的需求也可能同时出现或交替出现。

生理需求

　　位于金字塔最底层的是生理需求，也被称为基本需求（basic needs）。生理需求指的是人们为了维持生命、生存所需的最基本的东西，比如空气、食物、水、睡眠等。基本需求是如此基础，以至于有些人有时候忽略了它的存在，比如那些衣食无忧的人。基本需求是如此基础，以至于还有些人将其当成人的唯一需求，比如那些终生只知道埋头赚钱的人，比如那些只知道拿金钱利益来说服别人的人。

图2 马斯洛需求层次

安全需求

金字塔的第二层是对于安全的需求（needs for security）。安全需求指的是免受侵害或进入某种不稳定状态的需求，既包括不受身体侵害、健康，也包括心理上的安全保障，比如稳定的收入、数据和隐私不被侵犯、对居住环境或政治状况的信心等。

社交需求

也被称为归属或从属的需求（belongingness or affiliation needs），指的是在与人交往过程中希望得到某个群体的认同，具有归属感。比如作为Toastmaster演讲俱乐部的成员，比如作为孩子家委会的成员，比如律师成为律师协会的一员。我创建的法律合唱团法律人俱乐部，正是因为满足了法律人一部分社交需求，发展速度和影响力超出我自己的想象。

法律合唱团主要以微信群的形式存在，和之后开办的"合同相对论"节目结合，聚集了五千名中国法律人。我们日常在微信群互问早安，分享学习资料，八卦热门事件，互通资源。很多群成员都跟我表示，加入这个俱乐部感觉到自己不再孤军作战，哪怕他在十八线小县城。

为了进一步深挖法律人的社交需求，增进彼此的互动，我们除了群里交流，还组织了一些线下活动，让成员不再单纯地停留在线上沟通，而是线下建立可触摸的连接。参加过线下活动的群成员，对俱乐部的归属感明显强于其他彼此没见过面的成员。

著名心理学家阿尔弗雷德·阿德勒认为，人际关系是一切烦恼的根源，但也是一切幸福的根源。我想找到自己气味相投的群体，并感受到归属感，可能是幸福的原因之一吧。

尊重需求

也称为爱和尊重的需求（love and esteem needs），说的是一旦我们的基本社交需求得到满足，新的更高一层的需求就会出现：希望自己得到所属群体的重视、尊重，或者感觉到自己被需要、被欣赏、被崇拜。这需求大概也是人类虚荣心的孪生姐妹吧。

从这个意义上说，如果将追求金钱仅仅定义为满足基本需求也不准确：有了大量金钱，也能带来一部分人的尊重。不仅如此，一掷千金的花钱方式可能也给说服对象带来更好的自我感受，带来他人对待他的方式的改变。不信看看普通百姓谈论首富们的方式——他们当真每个人都了解首富们是做什么的吗？他们了解首富们为社会作出什么贡献了吗？他们是不是单纯因为他的巨大成功而对他仰视？而这成功，简单粗暴地衡量，就是财富水平吧。

自我实现需求

自我实现需求（self-actualization needs）处于金字塔的顶端，也暗示着这是最难实现、较少实现的一种需求。马斯洛将自我实现定义为个体的全部潜力或能力的完全发挥，而这，往往以前面四个层次的需求都得到满足为前提。

了解马斯洛的需求层次理论对说服你的观众有什么帮助？

第一，说服就是发现并满足那些未被满足的需求的过程。如果说服对象的基本需求尚未满足，不妨优先关注并满足他的基本需求。

前百事可乐总裁约翰·斯卡利的市场能力闻名于世。1983年，乔布斯为了让斯卡利加入苹果，说出了这句至今仍被人津津乐道的话——"你是想卖一辈子糖水，还是跟着我改变世界？"乔布斯太清楚，约翰·斯卡利不缺钱、不缺尊重，唯一可能打动他的就是更崇高的目标和使命：改变世界。果然，这句说服典范当真打动了约翰·斯卡利。

再看一个例子，当年国民党军队和红军招募士兵的传单。国民党的传单写的是"国家兴亡、匹夫有责"，红军的传单写的是"老乡，参加红军可以分到土地"。这个例子可以用来从多个角度分析说服策略，比如说服时需要怎样提出利益，比如怎样用对方听得懂的语言来说服。不可否认的是，红军的传单非常精准地定位了多数目标对象的需求：在生存都成问题的日子，你跟我说自我实现，是不是有点空洞？对多数普通老百姓来说，基本需求得先满足了才能顾得上其他。

第二，如果你不知道从哪里探究、分析观众的需求，不妨逐层检视验证。

假设你是一个猎头，你的甲方委托你去接近一个特定的候选人。这个候选人是某个细分行业的顶尖专家，你此前只听说过，但对他一无所知。想要说服他离开现在的单位，加入你的委托人，你们一定得开出一个令他心动的待遇。这意味着你得知道他最迫切的需求。那么你怎样分析他可能的需求？

首先，以你对他这个级别的专家薪资的了解，他的年薪大约在200万元。所以基本需求应该不至于是他当前最迫切的需求。

再往上一层，看看他的安全需求。如果他现在的单位业绩很好，短时间不存在经营不善的风险，基本的安全感是有了。那么有没有可能他与自己的直接领导不和，导致经常为朝不保夕焦虑？如果有，这可能就是你的机会。

如果这些因素都不存在，就继续向上一层分析。他在现公司跟同事们人际关系怎么样？有没有价值观上的冲突？有没有归属感？他是周末加班都甘之如饴，还是恨不得天天居家办公？更进一步，他那个层级的专家，有没有得到与之对应的荣誉、尊敬？

如果前面四级需求在现单位都得到满足了，那几乎算是无懈可击了。你只能想想，你的委托人能不能给他创造自我实现的机会，就像乔布斯说服约翰·斯卡利那样。当然，假设这位候选人的五级需求在现单位都得到了满足，也有办法——再回到基本需求去撬动：给你双倍的薪资，给你单位自建的房屋，给你解决太太的工作，给你孩子安排上本市最好的私立学校……

总之，马斯洛的需求层次理论可以为你分析说服对象的需求提供一个基本框架，以及无计可施时提供一个基本的公式。

第三，按照马斯洛需求层次理论分析说服对象的需求，有助于精准定位，从而提高说服效率。

第四，说服过程中，如果照顾到说服对象的需求类型越多，说服的成功率越高。

2022年"时间的朋友"跨年演讲中，罗振宇讲了五十多个故事。其中第二个故事堪称说服的经典。为了方便，也为了保持故事的完整性，我直接摘录讲稿原文：

下面这个故事，是在一个小区里发生的。这个小区，就离北京最繁华的CBD三站地。

这个小区的物业管理不错，居民满意度很高，在北京有点名气。但这不是重点，重点是价格。你猜猜，这小区的物业费得多少钱？我先给你一个参考：全国小区物业费的收费平均数是每个月每平方米2元左右；这个叫劲松北里的小区，距离北京的CBD这么近，那是什么房价水平？但这里的物业费只有0.43元，全国平均值的1/5。

没错。你算算：一套50平方米的单元房，一个月只交21.5元，一年258元。

那为什么这么便宜呢？因为不能贵。

这里就是中国城市很常见的那种居民区。一般建成于三四十年前，那时候人们喜气洋洋住上了单元房；但现在，居民老了，小区旧了，成了大家说的——"老破小"。

今年，我听说一家公司就专门做这种小区的物业改造和服务，好奇心就上来了。我不要听好人好事，我想搞清楚的是：这能挣钱吗？

这家公司叫愿景。

我替它算算账。收入，就是0.43元的物业费，再加上一些停车费，一些闲置空间改造后的商业租金；但投入呢，是动不动就几千万元的改造费用。据说十年才能回本。

你可以判断一下，十年才能回本的生意能干吗？即使能干，又能有多大发展前途？

愿景的董事长陶红兵说："确实可以挣到钱，也可以做大。就是慢点。"

0.43元的物业费，就不能请那么多专职清洁工了。在北京雇一个清洁工，月工资起码得三四千元，20万平方米的小区，大概需要20个人，那每个月就是六到八万元的人工成本。请不起。

怎么办呢？

愿景发现，这种老社区里不是有不少捡纸壳、捡矿泉水瓶的人吗？他们有些就是附近上岁数的居民，子女反对他们干这个，换不了几个钱还没面子。可是没办法，这属于一种"生活方式"，人人都需要点儿事儿干啊。他们不光捡，还闹矛盾、抢地盘，给小区治安增加了不少负担。

愿景把他们给组织了起来，解决了小区清洁工的问题，分五步：

第一，先分地盘，这三栋楼的纸壳子、矿泉水瓶归你捡，那三栋楼的归他收，每个人把片区的卫生包了。这下，他们的责任感有了：这是我的地盘啊！

第二，每个人发一件工作服，背后写上"社区清洁志愿者"。这下，荣誉感有了——志愿者，正经事！子女们也不那么反对了。

第三，专门在楼下给他们搭了小棚子，他们在垃圾里扒拉出来的纸壳子有地方放了。这下，主场感也有了。

第四，不光要把楼前楼后的卫生搞好，还要负责指导居民垃圾分类。这下，工作的价值感又上升了。

第五，每人每月再给发500块津贴。这下，收入也提高了。

0.43元的物业费，还能把社区的清洁搞好，谜底就这么简单。

原来，还能这么干！

在这个故事中，愿景作为高明的说服者，几乎满足了说服对象的各个层级的需求：

1.虽然津贴只有500块，但总比攒纸壳、矿泉水瓶收入稳定。这满足的是说服对象的基本需求。

2.通过划分地盘定分止争，让原本闹矛盾、抢地盘的人安分守己，满足了说服对象的安全需求。

3.这些老人被组织起来做一件事，有了一个小小的圈子，社交需求也得到了满足。

4.他们并不是清洁工，而是"社区清洁志愿者"。这种荣誉感使他们可以在子女、邻居间昂首挺胸，不会有见不得人的感觉，"有面子"。这一条，满足的是他们爱和尊重的需求。

5.最难得的是，这些老人原本是无所事事的，可能感觉不到人生的意义。这样的安排使得他们感觉到被需要，感觉到自己还能发挥余热，不再空虚——这不就是最高层级、最难得的自我实现的需求吗？

一个精巧的安排，照顾到了说服对象的五种需求，怎么有人能拒绝呢？

思考：

美剧《生活大爆炸》有这样一个场景：一向古怪又有洁癖、怕死的谢尔顿因为害怕细菌感染，而不愿意去医院探望自己的朋友。在洗衣房里，佩妮先对他说，哪有朋友住院还不愿意去看的人，但这招对我行我素的谢尔顿丝毫不起作用。佩妮不愧是人精，她瞅了眼谢尔顿身上的超人服，对他说（大意），就你这样胆小怕死的人还想学超人解救世界？你连去医院看朋友都不敢。谢尔顿竟然罕见地语塞，老老实实地跟着佩妮走了。在这个说服过程中，佩妮抓住了谢尔顿的什么需求？有没有用更高层级的需求去"降维"打击谢尔顿的低层级需求？

在具体的说服情境下，马斯洛的需求理论还可以细化或扩展出一些衍生需求：比如永生的需求、性的需求、掌控的需求。掌控的需求我们将放在第五章单独来讲，其他的需求我们在第三章再谈。

本节小结：

➤了解观众的需求并有针对性地满足他们，是说服成功的基本和前提。

➤根据马斯洛的需求层级理论，人的需求可以分为五级：生理需求、安全需求、社交需求、尊重需求、自我实现需求。

➤人们往往都是低层级的需求实现了，才会产生更高层级的需求。

➤说服的过程就是发现并满足观众那些尚未被满足的需求的过程。

➤如果无从分析观众的需求，可以按照马斯洛需求理论逐层检视、验证。

➤按照马斯洛需求理论分析观众的需求，有助于精准定位，提高说服效率。

➤说服过程中，照顾到的说服需求类型越多，说服的成功率越高。

第五节　了解观众的恐惧

女儿有一天问我："妈妈，你看起来非常勇敢，是不是什么都不怕？"

在她问我这个问题之前，我从来没仔细想过自己怕什么，也一直给自己心理暗示：你是个强大的人，没什么可以害怕的。可一旦认真去想，发现自己害怕的东西还真挺多：害怕失去所爱的人、害怕失去自由、害怕衰老、害怕死亡、害怕失败、害怕丢脸、害怕让人失望、害怕一无所有……从这个意义上，我是一个全身软肋的人，并没比孩子勇敢到哪儿。

刚意识到这点的时候既震惊又羞耻，震惊的是自己竟然不仅没有想象的强大，甚至称得上懦弱。羞耻的是，我的这些恐惧是不是说明了我是个贪生怕死、爱慕虚荣的人？冷静想了之后，我意识到只要是人，都有自己恐惧之事，再强的人也都有其"阿喀琉斯之踵"。"害怕"没有什么好羞耻的。

Keep健身App在2019年推出一个广告片深得我心。这个广告片的主题是"怕就对了"。片中有好多角色，但每个角色都说了一段以"我怕"开头的话：胖女孩害怕做瑜伽，视障者跑步没有安全感，冠军骑手害怕失败，跳水女孩害怕10米跳台……这个广告非常动人，除了拍摄得非常有感染力之外，打动人的更在于非常坦率地承认了自己的恐惧。

了解观众的恐惧，是为了更好地提出说服方案：观众恐惧之事，则有动力采取行动以阻止其发生。从这个意义上说，各国刑法大概是最好的利用恐惧来实现目的的案例了——

几乎所有的刑法都在说："不要做××事，否则你会失去一些东西"。失去的东西可能包括生命、自由、名誉、金钱、爱和尊重，更可能是前者的总和。

有意思的是，刑法中有两种犯罪也是利用人的恐惧：敲诈勒索和绑架。前者利用被害人失去某种东西的恐惧来达到自己的目的，比如你不答应我的要求，我就暴露你的秘密，你将身败名裂。后者利用的是被害人失去生命或自由的恐惧，从而实现自己的目的。

当然，以胁迫、暴力的方法实现自己的目标，肯定算不上"说服"。说服建立在平等、互惠和尊重对方选择的基础上，任何使用权力、权威或绝对优势来实现目的的行为都称不上说服。

在说服中了解观众的恐惧，当然不是为了使其胆怯而不做某事。更在于，如果你能设法缓解、解决观众的某种恐惧，他被说服的可能性也将大大提高。

那些共同、普遍的恐惧

1.失去生命与健康的恐惧

我有个观点：人的各种烦恼、痛苦、纠结，可能都源于生命短暂、时间有限。假设一个人的生命足够长，他就不必为选择发愁，不必为决定悔恨：走错了路没关系，有那么多的时间大不了从头再来；爱错了人没关系，有那么长的时间可以一个一个考察；贪心一点没关系，想读的书、想做的事慢慢做就好，反正有的是时间。

然而，人的一生是有限的，长寿者不过百岁，在这有限的一生中还要时刻面临着疾病、意外的威胁。所以人才会产生各种痛苦、各种焦虑，所以人才不敢停歇。几位社会心理学家写了一本书，叫《怕死》，副标题是"人类行为的驱动力"，不得不感慨果然是学者更善于总结：正是对死亡的恐惧使得人们在方方面面都不得自由，也正是对死亡的恐惧使得人们不甘坐以待毙。

其实一切生物都有着强烈的生的欲望和对死的厌恶：那些长了刺的植物，那些有毒的花，那些提前囤积过冬食物的小松鼠，那些碰到危险就迅速伪装自己的变色龙，都在长期的进化中发展出独特的生存技能。而人类，因为会思考、会讲故事、会共情、会联想，对死亡的恐惧要比其他动物更强烈，更挥之不去。为了逃避或者延缓死亡，人们愿意为之付出各种代价：古代帝王服用丹药来求长生不老，即使明知他的前辈已经很多人失败，甚至死于这一过程。现代人为了治病、为了健康，谁又不是倾其所有？

正是因为这样，我们可以假设这世界上多数人，都对失去生命和健康怀着深深的恐惧。所以，做某事可以降低死亡的可能性／风险，或者不做某事可能增加死亡的可能性／风险，成为很多说服常用的办法，比如，"漏种一次疫苗，增加一分患病危险"会不会比"人人接种疫苗，共筑防疫长城"听起来更容易让人行动？

"司机一杯酒，亲人两行泪"，这句话从说服上来说非常直接：不要酒后驾车，因为酒驾可能导致事故。而发生了事故，伤心、受累的是你的亲人。然而还有一句利用人的恐惧的广告语，"癌症专治吸烟"，比前一句更加巧妙。它并没直说吸烟导致癌症，那样的话就有点平淡无奇了。它用的是乍听反常识的结论来勾起人的兴趣，引发思考：咦，难道不是吸烟导致癌症吗，怎么癌症还能专治吸烟呢？再想一下，恍然大悟：确实，得了癌症的人可不就有动力戒烟么，不戒也不行啊。再深想一步，这句广告的作者真是洞察人心，"别等得了癌症才想起来戒烟"这句劝告被埋得真深啊，就像春笋，你得耐心地剥掉一层一层皮，才能看到洁白的笋心。但只有自己动手剥皮了，这笋心你才会珍视，才会觉得有意义。

同样的，那些有助于改善健康、延长寿命的提议，或危害健康、缩短寿命的恐惧，也将促使人采取行动。很多文案都是利用了这一点："怕上火，喝王老吉"。据说在此之前，凉茶品类一直影响力非常小。这句广告词广为人知之后，凉茶一下就进入了公众视野。这句文案洞察了中国人的养生观念，什么事都能跟上火相关。利用对失去健康的恐惧，一下子抓住了需求点。同样抓住人对健康需求的产品很多，比如无添加的食物，不含苯和甲醛的玩具，不刺激娇嫩皮肤的面巾，无涂层的炊具；等等。

2.失去财富的恐惧/损失厌恶

"天下熙熙，皆为利来；天下攘攘，皆为利往""人为财死，鸟为食亡"，多少故事、谚语、俗语都在讲述人对物质、金钱和财富的天然追求。比起取得财富，失去已经到手的财富更让人恐惧不安。

诺贝尔经济学获得者丹尼尔·卡尼曼指出丢钱的肉疼，远比挣钱的喜悦要强得多，这就是大名鼎鼎的"损失厌恶"原理。有一本书叫《坏影响力：负面效应如何统治我们，我们又如何管理它》对此提供了一种解释，损失是一种"负面效应"。书中指出人类天生更关注、更容易看到负面的东西，比如危险、威胁等等。科学家认为，这种直觉有助于我们的祖先在野外保持警觉，更好地保护自己。经过进化，那些对危险格外警觉的人类基因流传了下来，因为这些人存活率更高。

这种对损失、坏事和负面效应的厌恶，也会反映在大脑的神经层面。在处理人类情绪的杏仁核脑区，三分之二的神经元用来搜寻坏消息。那些负面的经历也会更快地被储存在长期记忆里。正因为如此，科学家提出一个原则，叫"Rule of Four"，说的是发生了一件坏事，需要四件以上的好事才能对冲坏事的影响。

了解这一点，有时候我们不需要改变说服方案，只要转换一下说服措辞就会实现不同的说服效果。

我女儿经常问能不能看动画片。每天提要求、讨价还价搞得我非常头痛，想着不如制定一个规则，将看电视的时长与她的表现关联起来。于是我跟她谈判："如果你表现好，每天可以看20分钟动画片"。"20分钟也太少了吧，我想要看40分钟。"

其实40分钟也在我可以接受的范围，但这种谈判哪能没有对价地退让："40分钟可以，但是你有一次行为不好就扣五分钟，比如吃完饭不及时刷牙就扣5分钟，玩具乱扔、自己不收拾扣5分钟，过了10点不上床扣5分钟，但每天至少可以看20分钟……"还没等我说完，她大声抗议："不要不要！"

这时候我拿出了方案二："还有一个办法，你每天有20分钟看动画片的额度，每做一件'好事'，就增加5分钟。比如吃完饭立刻刷牙，加5分钟。自己收拾玩具，加5分钟。10点前上床睡觉，加5分钟。但每天看电视最多不超过40分钟。"她就兴高采烈地接受了。

作为一个理智的成年人，你一定发现两个方案并没有本质差别。其实同样的故事还有很多。比如，"做这个手术5年内，100个里面大约有10个人死掉"和"做完这个手术5年内，100个里面大约90人会生存下来"，这两种说法并没有差别。但前者会让很多人选择不做手术，而后者则会让更多人选择做手术。这是《助推》这本书讲到的案例。书中还提到一个非常经典的案例：节能宣传运动做了两条标语，一条标语是"如果采取节能措施，你每年将节约350美元"，还有一条是"如果不采取节能措施，你每年将浪费350美元"。结果证明，第二条的效果远远好于第一条。

同样地，你去买房子，如果房屋销售说房款一次性付清就是500万元，贷款的话520万元，多半你会觉得520万元太贵。但是如果销售改变报价顺序，告诉你房款520万元，如果一次性付清可以享受折扣，减免20万元，那么你虽然遗憾自己不能一次性付清，也不至于有强烈的损失感。

20世纪70年代信用卡刚刚兴起时，信用卡购物要加收3%的手续费，所以很多零售商不开心。如果零售商将这笔手续费转嫁给消费者，用信用卡购物则价格上涨3%，消费者可能选择不用信用卡结账，如此信用卡公司也不乐意。后来信用卡公司跟商家说，咱俩别吵了，要不这样，你们将信用卡收的钱叫常规价格，用现金的叫折扣价格，而不能说现金付的是常规价格，信用卡付的是额外收费。这两者并无不同，但信用卡公司保住了客户，零售商也保住了客户。

在日常法务工作中我们也经常碰到这样的情况。我们的供应商向我们提供的零部件在刚过质保期时发生故障，按照合同条款，供应商已无法律义务为我们免费更换或修理。熟悉条款的法务此时当然不是义正词严地向对方发函，而是建议采购部同事与供应商联系，"友好协商"一下。供应商平白当然不愿意割肉，那么我们协商的砝码是什么？我观察过很多次，如果我们提议说："你帮我修复这个项目中的零部件，下个项目的主要零部件我们扩大对你们的采购量"，供应商往往不以为然——谁知道这是不是个空头支票。但是如果你说："如果你不帮我解决这个问题，恐怕下个项目和以后的项目，你再也没法参加竞标了"，又或将对方的配合程度与下一次付款相关联，对方会更加在意。

3. 失去名誉、社会地位、优越感或领先感的恐惧

无论是马斯洛的需求层次理论，还是其他心理学家、社会心理学家的研究，都表明人类对归属感和社会认同具有极高的需求。对很多人来说，身败名裂、让家族蒙羞可能比去死还要难以忍受。这也是为什么大多数国家的法律体系里，损害一个人的名誉与社会地位，与肉体伤害同样构成侵权。同样地，对于具有某些先发优势的人来说，失去这些优势、优越感或领先感就像被降级、被侮辱一样难以忍受。这也是为什么古代烈女受到轻微侮辱就上吊投河，即使现在也时不时有人因为负面评价而深陷抑郁。前文提到的Keep广告中，冠军车手郑泽诚说："我怕速度太快，但我更怕被人甩在身后"，便是担心失去领先地位。

拼多多刚兴起的时候，我妈没事就在上面买各种便宜物品，从服装到日用品。回来我是一样也看不上，总劝她买点品质好的东西。两三年之后，当

我发现我信赖的多位博主都在推荐拼多多的"百亿补贴"活动，提到里面的东西品质一样可靠，服务一样到位，就忍不住下载了拼多多App，想着先买点试试。谁知道一发不可收拾：我在上面买过Airpods，买过iPad Pro，甚至还买过一辆电动车。买回来发现真的比其他渠道便宜不少，质量也没啥问题，于是慢慢地在拼多多买各种东西，尤其是蔬菜、水果，比线下便宜很多。

但拼多多让我最讨厌的有两条，一个就是不停地拿各种"返现"来引诱你分享，再一个就是每次买完东西默认公开你的购买记录同步到"拼小圈"，不想发布每次都要记得选择"取消"。有一天我妈问我："你天天买那么多蔬菜水果吃得完吗？"这时我才知道自己的购买记录都被"好友"看到了，感觉非常不适。仔细探究这种不适的根源，除了隐私暴露之外，更是担心给人留下这种印象：她不会穷（抠门）到蔬菜水果都负担不起吧？

这种对他人眼光的忧虑、在意听起来虚荣而好笑，但却真实存在、普遍存在。"违众速尤，迕风先蹶"，我们天然在乎别人的眼光。

很多文案也都是利用了这种恐惧心理："别让你的孩子输在起跑线上""别让人觉得你几万元的包是假货"。旭辉地产的一句文案是"故乡眼中的骄子，不该是城市的游子"，极其狡黠地抓住了人们从古至今"衣锦还乡"的需求，不能失去故乡人眼中"骄子"的形象。丁香园发的一篇文章，叫《你不知道有多少人背着你偷偷努力》，也是抓住人们害怕落后的心理，之后推广公开课就显得水到渠成。

4. 失去爱与性的恐惧

有生物学家说，人体是基因的交通工具和载体，人的各种活动都受基因驱使、奴役。基因的一切活动都为了存续与繁衍，这种动力体现在人身上，就是让人追逐爱和性。然而，基因又是一个自私自利、忘恩负义的家伙，它只关注载体的巅峰表现，当完成繁殖之后，它更换"载体"就无所谓了，没必要使人保持终身旺盛的性能力——这好比乘客不停换乘，才不管上一辆巴士是不是要维修、报废。

尚未尝到爱与性的年轻人，基因不允许他们懈怠，通过各种激素驱使他们本能地追逐。而已经尝过甜头的中年甚至更年长的人，虽然基因已经不在乎，但心理上怎么甘心丢掉手中的糖果。为了保持性吸引力，为了不失去爱，人们宁可付出各种代价，如花费高额费用在保健品、护肤品、美容上。我们不妨看看，这些产值在中国过万亿的行业，它们怎样利用恐惧去说服消费者心甘情愿掏钱的：

- 某护肤品："如果你16年前已经用上了×××系列，那么16年后的今天，你的皮肤依然和16前一样细腻娇嫩。"
- 某楼盘："三房变四房，接来丈母娘。"
- 某美容广告："我动容，你动心。"

还有更直白地利用这种恐惧的，比如"卸妆不干净等于毁容""不涂防晒霜让你比同龄人老10岁"。虽然听着可能让人不适，但对受众的冲击与影响却也真实存在，精准打击的就是人对失去爱与性的恐惧。

5.失去社会认同的恐惧

失去社会认同的恐惧也就是被排斥、被拒绝的恐惧。心理学家做过研究，被拒绝是人类最痛苦的经历之一，这种"社会疼痛"与身体疼痛一样，都被大脑以同样的方式记录下来，给人带来痛苦、创伤，导致各种各样的心理问题和破坏行为，甚至引起攻击性。人们有各种各样的从众行为，并不一定自己真的想做或不做，而是社会规范约束他们去做或不做。违背这种社会规范可能导致自己与自己所属的群体割裂，导致自己被自己所属的群体排斥。这种痛苦太过强烈，所以人们宁可违背本意也要去避免。

前文提到的Keep广告，"胖"女孩的独白是："我怕总被别人盯着看，但我更怕永远做个小透明"，这句话听着心酸，但又精确地扎进了人的心里：谁不想被人接纳、被人喜欢呢？

因为第六章我们还将专门讲社会认同对说服行为的影响，此处且不多说。

6.失去掌控感的恐惧

不少心理学家认为，人生的主题就是追求控制感，因为控制感的核心是对自己的一种相信和尊重，对自己能力的确信。人类用各种方式寻求控制，大到帝王征服世界，小到婴儿用哭声控制母亲。失去控制感会使人产生危机与焦虑，导致很多心理问题，也会影响人的行为决策。

本书第五章将重点讨论自主权与掌控感，此处暂不详述。

7.失去机会的恐惧

也叫错失恐惧（Fear of Missing Out）。是指利用人们对失去机会的恐惧，通过制造稀缺性来说服和促成行动。这点我们将在第五章专门阐述。

那些具体、独特的恐惧

除了共同的恐惧，每个个体还有自己具体、独特的恐惧。这种恐惧可能来自性格、环境，也可能来自经验、往事。有时候那些宏大的恐惧太过无力抵抗，反倒失去促使人改变的动力：不管我做什么也改变不了结局，那还有什么挣扎的必要呢。这时候，某些具体的、细微的恐惧反倒让人有动力采取措施。

比方说，大众传媒一直在宣传吸烟的坏处，例如可能引起癌症、心脏病，这针对的就是大规模、不确定人群对死亡和疾病的基本恐惧。但对具体的个人来说，或许他并不相信："我爷爷、我爸都抽了一辈子烟，也都活到了八十多岁。"又或者，他会说："人固有一死，怎么死都是死，为什么我不能快乐地死。"但这时候，如果你知道他很爱自己的年幼的女儿，不妨试试："二手烟会对娇弱的孩子产生巨大的危害，如引发哮喘、耳聋、智商低下"。这种现实的、具体的、伤害程度较低的、针对其所爱之人的恐惧，往往更容易达到说服的效果。

再比如说，劝邻居不要乱停车，不是告诉他乱停车没有公德，那属于社会评价框架下宏大的恐惧，能起到的威慑比较微弱。如果你告诉他，那个地方停放的车辆经常被剐蹭，而且没有监控能拍到，他多半会挪走。这就是具体的、现实的、高概率的威胁，比遥远的、抽象的、低概率的恐惧更能起到劝说的作用。

恐惧强度并不是越高越有效，适度的恐惧有助于促进人们去行动，过度恐惧会干扰人们关注信息、理解信息和采取行动的能力。

比如说，如果你劝我不要酒后驾驶，说的是"喝进去几滴美酒，流出来无数血泪"，我可能多半不以为然：哪有那么严重，几滴酒甚至几杯酒都不可能让我有感觉。但是如果你说，用了藿香正气水、吃一碗酒酿小圆子都可能在呼气测试时测出酒精，从而构成酒驾，那我可能真的被吓到：昨晚我尝了一口红酒，还好没被抓。

再比如说，如果你对一个爱美的少女说："千万别抽烟，抽烟导致肺癌"，她可能白你一眼：跟看起来酷相比，那么遥远的事我才不管。但是如果你将恐惧具体化："抽烟会让你的牙齿变黄，整个人闻起来臭臭的"，那么大概率你戳中了她的弱点，说服的效果会好很多。

从社会心理学来说，当恐惧过强、过遥远，则超出受众的掌控能力，那么不如索性放弃努力。

将人的恐惧发挥到秋毫之地的，莫过于田间的《假使我们不去打仗》这首诗：

假使我们不去打仗，

敌人用刺刀

杀死了我们，

还要用手指着我们骨头说：

"看，

这是奴隶！"

首先，诗人非常清楚人们对"打仗"是心怀恐惧的。如果你想说服一个人上战场，能说"别怕，挺安全的"吗？显然没人相信。那说"去打仗吧，我们照顾好你的亲人"怎么样？多半效果也不好：我活着才能更好地照顾自己的亲人，信你才怪。诗人承认了对失去生命和健康的恐惧的存在，也不试图贬低这种恐惧：说"不上战场的都是懦夫和民族的败类"。

那么怎样说服一个人克服恐惧去做某事呢？此处用的是更强烈、更具体的恐惧。去打仗可能会死，但不一定会死。可是如果不去打仗，"敌人用刺刀杀死了我们"，听起来死亡的概率更高。而"用刺刀"呈现出一种场景感，让读者忍不住有种更具体的代入感。这种具体的恐惧远比抽象的"上战场可能会死伤"更让人毛骨悚然。

诗人并未就此停止，他不仅抓住了人对于失去生命的恐惧，更抓住了人对失去社会认同的恐惧："看，这是奴隶"。如果说打或不打都是死，那光荣地死掉至少还可以不失去做人的尊严。可如果什么都不做，死了还要被贬低，还要被自己所属的群体排斥。如此洞悉人的各层次的恐惧，写出来的作品才会虽然很短，却非常有力。

本节小结：

➢每个人都有一些基本的恐惧：失去生命与健康的恐惧，失去财富的恐惧，失去名誉、社会地位、优越感或领先感的恐惧，失去爱与性的恐惧，失去社会认同的恐惧，失去掌控感的恐惧，失去机会的恐惧等。

➢除了基本恐惧之外，每个人还有一些具体的、特定的恐惧。通过观察去发现这些恐惧。

➢利用恐惧来说服，要注意适度。过强、过遥远的恐惧起的作用反倒有限。

第六节　怎样了解你的观众

　　大学毕业十年了，班长组织了一场同学聚会。翠花非常认真地打扮了自己，因为她听说当年暗恋过她的大壮今天也会来。当年大壮成绩一般，虽然篮球打得好、人缘也好，翠花从来没想到有一天他会那么成功——听说他做的芯片生意，每年几十亿的营业额，而且还供不应求。翠花关心他的生意的原因是，翠花老公的创业项目正受制于芯片。如果大壮愿意帮忙，翠花老公的事业可能很快会有突破。

　　聚会开始了，翠花有意坐在大壮旁边。

　　"翠花，这么多年没见，你一点都没变啊。"

　　"怎么可能嘛，我都变成黄脸婆了。听说你事业非常成功呀，大壮。"

　　"我只是运气好，很多事情并不完全是努力了就能有好结果——除了健身，健身就是你练哪块肌肉，哪块就发达。"大壮一边说一边做出展示肌肉的动作。翠花注意到了，大壮确实体型保持得非常好，确切地说，比读书时更好。

　　"你那么忙，有工夫照看家庭吗？"

　　"也还好啦，我家两个孩子，我基本上每周都能陪他们写两次作业，带他们去游一次泳。他们姐弟俩跟我比跟妈妈还亲呢。"大壮顺手点亮了自己的手机屏幕，"看，我女儿是不是很像我？"

　　"是挺像的，尤其是鼻子。对了，你这几年有回学校看过吗？"

　　"有啊，前年我给学校捐了一座图书馆，不久之前我刚回去剪彩。你记得不，当年咱们去图书馆自习，总占不到座。有一次你还和一个女生因为座位吵起来了，我在你后面差点帮你出气……"

翠花不太记得了，但觉得有点不好意思，再次转移话题："你们公司现在多少员工啊？"

"嗨，我们贸易公司，没多少人。"大壮好像并不想在这样的场合谈自己的生意。

没一会儿，同学们都开始互相敬酒，一直到聚会结束，翠花都没能跟大壮提到自己想要聊的话题。

如果翠花本次同学聚会带着说服任务的话，可以说，这次任务失败了。那么问题出在哪儿？翠花可以怎么做？

本章我们讲的都是了解说服对象的重要性，他们作为人的共性部分，他们的立场、他们的需求、他们的恐惧。但是，没有哪个观众是一本打开的书，你想翻哪一页就哪一页，想重读哪一章读哪一章。想要了解他们，需要带着观察去倾听，并且引领式提问。

带着观察去倾听

我们经常将"倾听"挂在嘴上，但倾听这件事对很多人来说都停留在"我知道很重要"上，至于做到、如何做到，好像很少深究。这也可以理解，一来每个人都有表达欲、分享欲，想要说多过想要听；二来怎样倾听也是一件有讲究的事。

先说说人们对表达的需求。哈佛大学的神经科学家做过实验，发现人们在分享观点时，脑电波与获得钱财或者食物时一样。不仅如此，人们宁可放弃金钱奖励，也要选择与人分享观点。这个实验给了我很大的冲击：我们是不是太低估了他人的表达需求？我们是不是没太检视自己的输出量和频率？换言之，我们是不是不知不觉间与人"抢话"了？如果真是这样，倾听就不仅是礼貌，更是节制自己、照顾他人的慷慨美德了。

从说服的角度来说，如果我们做到很好地倾听，满足对方分享和表达的需求，于对方来说，不啻于赠送了一个礼物。根据本书第六章的互惠原理，倾听这件事本身就可能为我们带来说服优势——你通过倾听给了对方"好处"，对方因而觉得有义务还以恩惠。

但并不是呆坐着安静地任由对方说就是倾听。没有互动和反馈的倾听，对方不如对着桌子讲。从我们自身的沟通意图来讲，倾听不仅仅是礼貌，也不完全是为了回应，更是我们获得关键信息、了解对方需求和说服的重要途径。

那么怎么听才算有效的倾听呢？第一章开头我们就提过，所有的信息传输都是一个"编码 – 解码"的过程，解码的过程当然不能只局限于字面意思，更要探究文本背后的含义、情绪和需求。有句话叫"听话听音"，英文也有句话，叫 read between the lines，也都是在说，不要局限于对方语言、文本，而要努力理解对方的言外之意。

我们来拿翠花的例子来看：

当二人开始寒暄时，大壮主动提到了自己的健身成果，还小秀了一下自己的肌肉。虽然他没有说自己如何训练的，但很显然他希望引起翠花对这件事的注意："看，通过自己的努力，我的体型比年轻时更好。我是不是一个非常自律的人？"我们可以想象一位成功中年男士在自己暗恋过的女士面前的那种心态：看，我其实挺优秀的。这里面可不全是运气，也有我自己努力的成分。

可惜翠花没有领会到对方这种被欣赏被夸赞的需求，直接切换了话题，谈到了他的家庭。如果是普通关系的老同学见面，谈论家庭是再常见不过的事。但对于曾经暧昧过的两人，这时候谈家庭或多或少有点拿现实去戳破少年梦幻的意思。还好大壮并没表现出明显不舒服，接话说自己跟两个孩子的感情好。

这时候绝妙的聊天转折就来了呀，如果翠花读出大壮对家庭的责任感，和这背后的自豪感，她大可以说："那你可真是非典型的爸爸。别说你这生意那么忙，很多没什么正事的爸爸也不过问孩子的事，整个甩手掌柜。你一定将家庭放在事业前面了吧？这也是事业进入稳定期才能做到的事吧？早期是不是得全部身心扑在工作上？像我老公，现在整天不着家，孩子都快不认识他了。"

这些话当然不能一连串地说，而是在有问有答中推进。这不聊着聊着就可以说到翠花老公，老公的生意了嘛。话赶话到那儿，顺嘴一说："我老公每天紧忙乎，不是去这边找人买元器件，就是去那边跟客户解释延期的事。哎，最近芯片太紧缺了，太耽误事了。对了，不知道你们代理的芯片有没有可能适配他们的产品，我能不能把你联系方式给我老公，让他跟你聊聊？真不适配也没关系，跟你长点做生意的见识也好呀。"

不要一下子提出很大的要求，比如能不能让我老公成为你的代理商，能不能匀一万个芯片给我老公之类的，这样子太容易招致拒绝。

但是翠花没有抓住这次机会。大壮于是又拿出自己孩子的照片——又一个绝佳的话题入口。任何一个做家长的人都知道，家长们都有一种普遍的幻觉：自己的孩子永远是天下最可爱、最漂亮、最聪明的。

大壮拿出自己孩子的照片，翠花如果想与他更深地交流，可以就这个话题垂直下挖去聊，比如："你女儿体态真好，一看就有学跳舞吧？跳的什么舞呀？"只要对话继续，自己就可以随时掌握方向。怕的是自己完全不握方向盘，像水中的树叶一样乱飘乱撞。

翠花一次次错过大壮的需求：被曾经暗恋过的人夸赞，夸赞自己隐藏的优点：比如自律地运动，比如对家庭和孩子的责任感，再比如之后给学校捐助图书馆的社会责任心。当然，大壮还提到了当年二人在图书馆的往事，如果翠花接茬，也是很好的"复习"友谊的机会。

翠花看起来对大壮的每一个话题都没有强烈的兴趣，无意深入去了解。她和大壮的聊天过程跟微信聊天时答"哦""好的""嗯嗯"没啥差别，没接住任何一个话题。她太急着转移话题到自己的议程，忽略了观察对方的需求，也没能做到真正的倾听。但实际上，带着观察去倾听，听出对方隐藏的需求点，不停反复地触碰那个需求点，对方的需求得到满足了，自然会回过头来倾听你的需求。太多的浅层话题不仅容易使对方疲倦，也很难建立情感连接。这样的对话谈再多也不过停留在"寒暄"的程度，而谈不上"交流"。

很多人可能像翠花一样，谈话的时候心中有个自己的议程，谈话中想尽办法按照自己的议程走。但沟通是双向的，像一场双人舞，如果不能自然流动，强扭着对方跟随你的脚步，对方会觉得不舒服，会发生磕碰。相反，即使你心中有自己的主题，也可以适当地让出聊天控制权。先让自己对对方产生兴趣，带着观察去倾听，让对方感受到你对他的关注，你们之间激起更深层次的共振，再聊你的主题就可以直指核心，而不需要迂回曲折。

引领式提问

观察和倾听都是消极被动的行为，如果你足够投入，可以发现很多细节，从而更加了解你的观众。但是，如果能加上积极主动的动作——有技巧的提问，观众微闭的大门就有望被你一点点推开，既不会发出吱呀呀的响动，也不会让观众有陌生人入室的惊慌感。

拿之前举过的例子来说，那个受你器重但悄悄在找工作的大兵。现在你想找他谈一谈，看看有没有办法改变他的主意，让他继续留在团队工作。你打算怎么开始谈话？

你会不会上来就是："大兵，听说你在找工作？怎么，是我对你不够好，还是公司亏待了你？"如果是，提前想象一下可能的场面：大兵要么矢口否认，要么尴尬地回避或者找理由。但不管怎样，接下来你很难有一个良好的聊天氛围，想要说服更难了。更要命的是，大兵可能原本只是看看外面的市场行情，既然你知道了而且点破了他的去意，他可能不得不抓紧时间寻找下家。

在说服过程中，你提问的目的有两个：一是通过提问在感情上与对方同步，从而发现对方真实的需求、想法；二是引领对话走向，在不激起对方警觉、排斥的情况下谈及说服话题。

■ 提问不同于采访

采访是为了呈现采访对象的某一方面特征而进行的有准备的问答。大致过程是你问，对方紧扣你的问题逐一回答。作为提问者，你不需要呈现你的人生经历、感受。而说服过程中的提问相反，为了建立信任与好感，为了发现观众最真实的需求和想法，你需要在情感上与对方同步，最好尽可能多地代入自己的经历、感受，展现出你与观众的相似之处。

以往我去某连锁化妆品店闲逛，导购经常过来就问："想看点什么？"我一听就知道她要推销，要么说"我随便看看"，要么直接就离开了。不是我粗鲁，而是类似情况下经历过太多的不愉快：要么被推荐自己完全不需要的商品，要么就是导购就像尾巴一样跟着，让人很不舒服。

有一次我带着女儿又去了这家店，这次的导购策略完全不同。她先拿了一个气球送给孩子，然后问："小姑娘你几岁了？"孩子不习惯跟陌生人说话没吭声，我只能替她回答："她五岁了。""真是可爱的小姑娘，皮肤好白啊，又很懂礼貌。"看，她已经在引领我的情绪了，我莫名的骄傲感就被激发出来了。

然后她接着问："姐姐你皮肤也挺白皙细嫩的，平时都怎么护肤的呢？"我原本没有与导购聊天的习惯，往往一两句话就敷衍了。但被人

"求教"莫名满足了我的"尊重"需求，鬼使神差地又接了话："哎，我是敏感干性皮肤，很多东西都不能用，也没法好好护肤，就只能用娇兰的基础套装。""哎，干性皮肤虽然不出油，但就是特别爱出细纹，而且很容易过敏。我也是干性皮肤，一到冬天脸上不仅干，还总刺痛。"她说出了我们的共同点（记得让对方喜欢你的一个办法吗，相似性），立刻拉近了我和她的距离。她同时还戳中了我的痛点，所以我忍不住对她发牢骚："可不嘛，你看我，现在脸上都是红血丝，空调都不能吹，烦得不行。"

"那我推荐你试试这一款修复面膜，"她一边说，一边挖出一块直接涂在我手上，"我隔三差五地用它急救一下，上次我们公司团建去了三亚。第一天晚上，我的皮肤就被晒脱皮了。涂那么多防晒霜都没用。晚上我厚厚涂了一层这个面膜，很快就不疼了。到第二天，虽然皮肤还有点红，但状态好了很多。从那之后，我就很依赖它，用光了四五罐了"。

就这样，虽然我家里很多面膜，虽然我压根没有打算买面膜，还是很愉快地付了钱买了那罐面膜。

本章一直在强调了解你的观众，如果你怀疑你的观众对你持警觉、对抗、反对态度，那么提问就应该从观众没法拒绝的问题开始，就像上文这个导购。她并没有上来就问可能导致自己被拒绝的问题："你在找什么？"或"要不要试试我们这个新产品？"而是从问我孩子的年龄开始，然后不紧不慢地问到我的护肤方法，借此了解了我的皮肤状况之后，她就可以有的放矢地推荐产品了。而且全程她一直在调动我的情绪：因为她给孩子气球而产生的轻微感激，因为她夸孩子而产生的喜悦与骄傲，以及对自己皮肤状况的不满。她并没有讲道理，而是讲了自己的亲身故事。她的故事充满细节，显得非常有真实感，所以故事本身就足以代替道理。回想起来，她真是一个优秀的说服高手。

■ 提问不同于审讯

关于提问更重要的一条是，提问不是审讯。这意味着你不能预设立场，你没有任何特权，你更不能让说服对象感到不安、警觉。

我是一名法务，同时也负责公司的合规案件调查。[①]多年前我接到一起匿名举报，列了好几条很具体的事实，看起来不太像编造的。但遗憾的是，举报信没有任何证据作为附件，我回邮件询问也杳无音讯。这时候，我判断找出举报人可能是当下最可靠的突破口。以往的经验告诉我，举报人多数是出于个人恩怨才会举报。于是我多方打听，试图找出谁可能与被举报人有过节。

几番周折，我锁定了一个目标同事大正。大正是被举报人的下属，与被举报人起过冲突，而且有机会了解被举报人的不合规行为。按照惯例，我可以启动调查程序，邀请大正进行正式的访谈。按照公司规章制度，他也有义务配合公司的调查。

然而，我非常清楚，举报人不是违反规定的人，我不能像对待被举报对象那样对他们。如果我启动正式的调查程序，非常正式地询问潜在的举报人，多半他们什么都不会说："对不起，我什么也不知道。我没写过举报信。"更重要的是，在案件没有调查之前，我也不应该向第三人透露与案件有关的情况——这意味着我甚至不能提到举报信的存在。

那要怎么办？

我决定放弃常规的三人访谈模式，自己单独上阵。为了让大正感觉放松，我没订会议室，而是将谈话放在了我的办公室。为了不让对方感受到对立感，我提前安排座位的时候不是面对面，而是我俩45°角分别坐在桌子紧挨的两边。这是一场很难的说服，我在不确定对方是否是目标对象的情况下，试图从他那获得关于被举报人的不当行为的证据。

---

① 作者按：本书提到的任何经历，均不指向我曾任职或正就职的任一家机构，请勿对号入座。

谈话一开始，我就跟大正说："谢谢你愿意跟我聊天。首先需要声明的是，今天不是一场正式的谈话，更不是针对某个具体事项的访谈。"为了打消他的顾虑，我特别向他出示了我的手机："我们的闲谈我不会录音，今天所谈的任何事情都不会有第三人知道。所以你不用有任何顾虑。"

说完这些，我感觉大正原本紧张的情绪稍稍放松了些。

于是我趁机起身给他倒水，让他缓缓，重新进入我想要营造的聊天氛围。我一边倒水一边问："大正你加入公司多久了啊？"请注意，这是一个没法不回答的问题，他总不能说"我不知道"吧。他说了之后，我将水递给他："怎么样，你觉得咱们公司怎么样？"场面上，他总得说几句公司的好话，但也能听出一些些牢骚："我在这个岗位都干了五年了，领导换了三四任了，从来没人说过我不好。谁知道今年绩效考核竟然拿了个及格。"

好，有不满就有缺口，在这个缺口处多敲打几次，钢化玻璃也会碎。

"及格和优秀对奖金影响大吗？"

"影响是不大，你知道咱们公司的奖金计算办法的，主要还是跟集团业绩相关，个人绩效只占很小一部分。主要是这事有点不公平，我天天任劳任怨的。"

"那你知道自己为什么会得较低的分吗？"

"知道啊，还不是因为我得罪了我的领导。"

"说起这事，我确实听人说过你在××事上受了委屈。跟我说说怎么回事呗。"

"哎，这话跟你说可能不合适。"他欲言又止，显然很想说。这时需要的是有人推一把，将气氛再渲染一下。

"咱不说了吗，今天闲聊，我不做任何记录。有委屈憋心里不说多难受啊，虽然说了我未必能帮上忙，但至少看看有没有什么公司流程方面的问题，有的话改善了咱之后不就不用受委屈了嘛。"扫除最后的障碍之后，他就开始跟我讲自己与领导之间的过节。你知道，说到让自己气愤的事的时候，人是很难100%管住嘴巴的。他越说越激动，越说也越看得出他对领导的不满。

这过程中他并没有直接提到举报信中所说的违规行为，但我已经100%确定他就是举报人。无论是他形容领导用的词语，还是对某个项目的描述，都和举报信完全吻合。

一旦确信了他是举报人，我的提问策略就可以改变了。我可以直接拿举报信中具体的问题去问他了，比如，"××项目当时是你和你领导一起做的吧？""你领导是不是和供应商老早就认识了啊？"请注意，我的问题虽然开始围绕着举报信有了针对性，但依然是没有太大杀伤力的。最重要的是，我绝对不能说："嗨，我知道是你举报了你领导，快跟我说说你手里有啥证据吧。"我那么说，不仅得不到肯定答案，还可能惊到大正。这后面有几层原因：第一，多数人心里还是觉得举报他人不是一件光明磊落的事；第二，他会担心一旦被人知道自己是举报人，他可能被打击报复；第三，承认自己是举报人，可能会招致更多的合规询问、访谈，太麻烦了。

根据他的讲述，我时不时对他的遭遇表示同情，同时暗示公司对违规绝不手软——情绪上先同步起来。就这样小锤子一点点地敲，到最后那块玻璃完全碎落满地，他直接开始讲领导的违规行为。他讲的就是举报信里指控的行为，不同的是，他讲的每一件事，我都可以问："你怎么知道的？怎样可以求证？"他几乎是知无不言言无不尽，给了我非常详细的线索和查证途径。

因为找对了举报人，这次的案件调查非常高效，是我职业生涯结案最快的一次。出于保密需要，我对案件进行了适当改变，不在此处透露案件细节，也不说明是我哪一段工作经历中的事件，也请各位不要对号入座。

所以在说服过程中，有技巧的提问既是破冰的利器，更是全面了解对方的"大数据"收集过程。

本节小结:

➤想要更深入地了解说服对象，需要带着观察地倾听和引领式提问。

➤倾听时关注对方的需求，深挖那个需求，而不是急着转移到自己感兴趣的话题。

➤提问不等于采访，可以更多地用自己的经历、故事在情感上与对方同步。

➤提问也不等于审讯，创造安全的谈话环境有助于对方说出真实想法。

第三章

我能给你什么

Offer Something

这个世界上，影响别人的唯一方法就是讨论他们想要的东西，并告诉他们如何获得这些东西。

——戴尔·卡耐基

KOTA四步说服法的第二步：

O，Offer Something，我能给你什么。

第一节　对你有什么好处

我为什么要帮你?

我写公众号，刚开始没多少关注的人，为了增加阅读量，我就在文章末尾写上"欢迎转发，点'在看'"，转发自己朋友圈的时候也会这么吆喝。但是这招效果并不太好，响应者寥寥。后来慢慢心态好了，不纠结于阅读量了，只写一些自己确实有感受、有观察的文章，也不再请求大家传播的时候，却发现点"在看"的人数和转发并没有变少，甚至还挺稳定。

这说明什么? 读者的行为并没有受到"欢迎转发，点'在看'"这句话的影响，也就是说，我做的是无效说服。然后我就开始思考，到底哪些因素决定着读者的转发行为? 这个问题我想了很久，直到我在视频号上看了一些视频，又读到一本书。

我自己并不爱刷视频，迄今为止也没用过那些耳熟能详的视频平台。后来因为自己做"合同相对论"节目，偶尔观看一些微信视频号上的热门视频。看了上百个视频之后，我发现自己为数不多的点赞和转发的视频大概分为这几类：

第一类是本身质量非常高，蕴含某种情绪价值的。在写这段的时候，我还专门进自己视频号看了一下赞过的动态。我最早点赞的一个视频，是一个外国女孩在谈怎样对待那些不喜欢你的人。这是个老话题，我自己没被这样的问题深度困扰过。但这个视频吸引我的是，她用了一个比喻：你就是一块磁铁，你的一极吸引一群人的同时，另一极必然会将一些人推开。这个比喻如此新鲜，说法非常生动，所以我不加思考就顺手点了个赞。现在想想，我赞的并不是视频本身，而是借这个视频在对外重述一种态度：我不在乎你是否喜欢我。

第二类是与自己相关且有趣的。比如讲述带孩子悲惨生活的脱口秀，比如B站上两只头摇得像拨浪鼓一样的青蛙，通过搞笑的对话展示人可以多不会聊天。有一个我反复观看的演讲特别有意思，演讲者用画圈的方式，以不同的形容词生动地描绘出不同职业的精髓：

数学技能＋解决问题的能力＝工程师，

解决问题的能力＋与人相处的能力＝管理者，

数学技能＋强迫症＝会计师，

与人相处的技能＋喝酒技能＝销售，

强迫症＋没心肝＝HR。

你是不是以为到这儿吐槽已经高潮了？毕竟底下的笑声已经一波接一波了。但真正的巅峰是，演讲者说，如果你有喝酒技能，又没心没肝，那你是个律师没跑了。这个观察和总结出人意料却又合乎情理，让我忍不住心领神会地哈哈大笑，笑完不仅点了赞，还转发到了朋友圈。大概这个无差别吐槽视频无论是语言、内容，还是表达形式都非常别出心裁，我点赞、转发了之后，看到几十个法律人同行都跟上点赞和转发，而这期间，并没有人大声说："你看这视频多好呀，不转发还等啥呢？"

第三类是可以解决某类问题的，具有实用价值的。比如一个小技巧解决夜间拍照光线不足，怎样让演示文稿瞬间生动，怎样清除油烟机污渍。这类视频我往往不是点赞，而是直接收藏或定向转发，比如将反诈的视频发给我妈，将那些戳穿虚假养生的视频发到家庭群。

那么，这几类吸引我的视频有什么共同点？进一步，那些引起广泛传播的视频有哪些特点？我自己还在思索的时候，就读到了乔纳·伯杰的书《疯传：让你的产品、思想、行为像病毒一样入侵》。这书里中提出了STEPPS原则：社交货币、诱因、情绪、公共性、实用价值和故事。这几个原则我不一一细说，有兴趣的朋友可以找来原书一读。

总的来说，那些让人愿意转发的内容一般至少要有这些特征之一：新鲜有趣，能够成为人的谈资；实用，能帮助到别人；有品位，转发有助于美化自己的形象。

如果我们转发或点赞让人看到一个不怎么美好的自己，或者可能打扰到别人，那么我们一般就不会那么做。比如在饭馆吃饭，商家的推广活动可能是拍照发朋友圈送一道菜或者打折。你犹豫了一下，发了朋友圈。可是这条朋友圈多半吃完饭你就删除了——这条信息不仅对别人没价值，还可能影响你在朋友眼中的人设。

更粗暴地说，如果你想让自己的文章、视频被传播，一定要对读者、观众有好处。这种好处可能是让他们觉得愉快（比如那些脱口秀和搞笑视频），可能是让他们显得有品位（比如对文学、艺术的关注），可能是帮助他们说出自己不方便说的话（比如含蓄地提醒老板该加薪了，含蓄地暗示前男友自己还想着他），也可能是单纯地解决了他们的某个问题（比如如何快速做出早餐，怎样搞定爱拖延的孩子）。

一旦搞明白这件事，咱的策略就不能是："写作不易，多多转发"，也不能是"你看我的视频多好呀，快转发吧"，而是清楚地让观众意识到转发对他有什么好处。比如，"快将视频转发你男友，让他情人节不再送错礼物"或"关注公众号，不错过本故事续集"。

"对你有什么好处"的思路，作为说服者，在每一次说服开始之前就要想清楚。就像在第一章提到的，"你说得对，跟我有什么关系？"在说明白跟我有什么关系之后，我更要你说明白，我为什么要照你说的去做？这么做对我有什么好处？ What's in it for you（WIIFY）？

为什么你最好现在上床？因为早点上床可以多讲几本绘本。为什么你要戴口罩？因为戴口罩可以减少你被病毒感染的风险。为什么要爱护环境？因为你和你的孩子都可能是受益者。为什么要不辞辛苦地上线新系统？因为有了新系统你的工作量会极大地减轻。为什么你应该主动辞职？因为被动离职可能让你未来找工作很难。为什么你今天就应该下单？因为错过今天就涨价了……几乎所有成功的说服，都将对方的利益纳入了说服框架。

比如说某小型公司管理会议上，财务总监提出控制费用的建议。其他各部门负责人可能立刻警觉起来：是不是公司运营出了什么问题？下一步是不是要裁员？即使不裁员，我们会不会成为受害者？是不是食堂餐标要从20元降到15元？会不会像兄弟公司那样，洗手间都不放纸巾？是不是之后饮水机都取消了，自带热水？不行不行，我肯定不能支持这事。

如果CFO不对他的提议进行进一步说明，不指出对在座的人有什么好处，即使这个事项在会议上通过了，之后执行也会碰到这样那样的"软抵抗"。相反，如果CFO时刻记得"WIIFY"，他大可以这么说：

过去一年，我们虽然业绩有了50%的增长，但利润的增长却只有20%不到。财务部门做了分析，发现主要原因在于过去一年的费用过高。除了我们新增了十多位新员工增加了人力成本之外，我们人均的差旅成本从前一年的4887元增加到7500元左右，销售总费用从前一年的1200万元增加到1700万元。大家拼命努力，业绩上来了，利润却上不来，每个人年底的奖金也很难有大幅增长，在座各位的分红也受影响。

我做了测算，只要我们在两个方面做到轻微节约，年底的利润大约可以提高15%，分摊到每个员工身上，至少每人可以多拿一个月奖金。持有公司股权的各位，每股分红大约也能提高15%。第一，我们要减少差旅费用。比如减少不必要的出差，能通过电话会议的电话讨论。必须出差的，也要尽可能采取更便宜的交通工具，提前订机票、订酒店……

将控制成本这件事与每个人的切身利益关联起来，这样的提议不仅更容易被通过，执行起来也更到位。

一个好的说服方案，一定不能是"你这么做对我（说服者）有什么好处"，而只能是"你这么做对你（观众）有什么好处"。我们前一章花了很多时间来谈怎样了解你的观众。了解你的观众的共性、特性，了解他们的需求、喜好、恐惧与厌恶，都是为了有针对性地提出一个说服方案。想明白这事，对各种说服场景非常有帮助，比如说谈判。

在谈判过程中，每一方都带着自己的谈判目标而来。再老练的谈判高手，也免不了将自己的谈判目标时刻记在心头：我要以什么样的价格销售，我要什么样的付款方式，我要什么样的质保期，我要什么样的附加服务。然而，我们比较少花时间去想，对方为什么要答应你的这些要求？换言之，我们不妨设身处地站在对方角度想想：我为什么要答应你的这些要求？答应你的要求对我有什么好处？

假设你现在要租房子，几经比较看中了一间离公司不远的公寓。你希望跟房东协商以下几点：1.房租从5000元降到4500元；2.租期从一年改到三年；3.你希望房东添置一台新空调；4.你希望房东为你重新刷一下墙，并且封一下阳台。

如果你依照自己的直觉，可能这样跟房东讲："5000太贵了，我一个月工资才10000，交了房租就没钱吃饭了。能不能少500？""我在这单位是打算长期干下去的，所以希望一直租下去，租期能不能从一年改为三年？""我看空调已经很老旧了，开起来轰隆隆作响，又费电，能不能给我换一台？""这个墙又脏又黄，能不能给我刷一下？"

我猜你用这种思路去提要求，房东多半给你很多个大白眼：哪来那么多事，要便宜还提那么多要求。结果多半是，他能答应你一两个条件就不错了。

如果你记得WITFY，不妨寻找一下对方的利益点：

"5000元的房租似乎比小区其他的贵，您看能不能4500元？您看我一个单身汉住，社会关系简单，不会给您房子带来什么损坏。您真5000元租给一大家子，最后房子搞坏了，也得不偿失。"

"我猜您来回换租客也很麻烦，每次还要再给中介费。如果房租您答应4500元的话，我可以一次性签三年租期，这样您未来三年都不用操心再去找租客了。再说，现在因为疫情，经济不好，房价也都下跌，之后说不定租金也会普遍下跌。万一您中间空置两三个月就更可惜了。"

"我看空调已经很老旧了，开起来轰隆隆作响，打扰到邻居，免不了邻居又通过物业去烦您，万一再有个安全隐患，还是得您受累。"

"墙挺旧的，能不能趁着现在没人搬进来您给刷一下？您要怕麻烦，我也可以自己刷，到时候费用从房租里扣，但就怕我刷的您不满意，我又没您懂行，刷起来多半比您找的人贵。有了新墙、新空调，下次再出租房子，也能租个好价钱。"

如果你这样去提要求，对方即使不全部同意，也至少不会条件反射地全部拒绝，多少要想想你说得有没有道理。当然，在使用WITFY的时候也要适度，对方不傻，你明明纯粹是为了自己利益，非硬说成为对方好，也可能适得其反。

　　有一次，一个平时关系还不错的同行跟我说："Hi，Timini，最近我们在和律协搞一场活动，需要几位重量级的演讲嘉宾。我想着你平时一直研究演讲与说服，觉得这样的活动有助于扩大你的影响力，就提名了你。目前提名已经通过了，下周三你一定要准时到场啊。"我刚听到的时候还蛮感动，觉得他特别为我着想。然而等到参加活动的时候我才知道，他是活动主办方，为了节约演讲嘉宾的差旅成本才想到在本地寻找演讲者。还不止这样，他同时问了好几位同行，用的都是一样的说辞。听到这话我就觉得不那么舒服了，明明是为了你自己，却硬要"得了便宜又卖乖"。这种情况下，对方非常坦率地邀请效果会更好。

　　说了半天"好处""利益"，或许你会想，这么赤裸裸地将好处摆出来，是不是太俗气、太功利了？张口闭口都谈利益，是不是太现实了？我完全理解这种想法，实际上，我自己也很难跟过分追逐蝇头小利的人成为好朋友。但另一方面，我又很尊敬那些明明白白讲利益、坦坦荡荡谈条件的人。因为在心底我深知，相信你也没法否认，物质是人类生存的基本条件，衣食住行是基本需求，从这个意义上说，物质利益没法不考虑。重要的是对利益的追逐或交换都是在正当、透明的框架下进行的，依照一定规则进行。

　　而且，所谓的好处也不仅仅单指物质利益，还可能是精神上、心理上的好处。比如我们向别人请求帮助的时候，怎么还能考虑到对方的好处呢？还真有，有本书叫"Ask Outrageously：The Secret to Getting What You Really Want"，中文名叫《别输在不敢提要求上》，这书花了不少篇幅告诉读者，向人求助没那么难，因为被求助者会被求助"奉承"到。帮助别人也是人类的需求之一，被人求助有助于感受到个人的价值和意义。

　　说到这我想起黄执中老师说的一句话："你眼中的问题，其实是他人的解决方案。"这句话说得特别妙，类似于前面提过的"癌症专治吸烟"，乍听不合情理，仔细琢磨了又恍然大悟。当然这个说法也呼应了心理学上的一个学说：人们做出各种行为，包括看似反常的、有害行为，背后都有个动机，有个"好处"。这些好处有时候听起来很荒谬，但你又很有共鸣。比如为什么人会拖延？因为拖延给人更长的时间去相信，这事不是我做不好，而是我还没开始做。一旦去做，做不好可就没有借口了。为什么暴饮暴食？因为吃喝可以让人具有基本的掌控感，来对抗心中看不见的虚无。为什么要吸烟？因为吸烟可以解决感到无聊这个问题。为什么青少年会有自残自伤行为？因为自残自伤可以利用身体的痛减轻心理的痛，甚至可以避免更糟糕的自杀。你看，多小的举动都能挖掘出其中的"好处"，而这种好处不见得是客观的经济利益，可能是生理上的舒适，可能是心理上的感受，也可能是两害相权取其轻。

成功的、持久的人际关系意味着，你从别人那得到想要的东西，同时你也给别人他想要的东西，即互惠互利。

你可以给观众的好处，可能是解决他们的一个或多个问题，"雪中送炭"；也可能是使他获得额外的利益，即"锦上添花"。无论是雪中送炭还是锦上添花，没有人会无故拒绝对自己有益的行为。时刻记得让你的观众"有利可图"，而不仅仅是关注你的利益或实现你的说服目标。

投资家苏世民说："处于困境中的人往往只关心自己的问题。而解决问题的途径通常在于你如何解决别人的问题。"如果我们时刻记得设法去解决别人的问题，在解决别人问题的过程中，我们可能也顺道获得了解决自己问题的钥匙。

思考：

你去找老板谈加薪，可以怎样使用 WIIFY 策略？

本节小结：

➤想要观众转发、传播的内容，不能仅提要求，而要说明转发、传播对观众有什么好处。

➤说服他人行动，必须要回答一个问题：这对你有什么好处，WITFY？

➤"好处"不仅仅指金钱利益，还可以指各种好处：某个问题的解决方案，精神上的、心理上的好处都是好处。

➤将解决别人的问题放在重要的位置，自己的问题才有望随之解决。

第二节　你有病，我有药

本章讲的是"我能给你什么"，就是用利益驱动的说服方案来回应观众的逻辑脑。其中最常见的模型就叫"你有病，我有药"——你有问题，我有解决方案。

为什么这种模型行得通？为什么在说服者指出观众的问题之后，观众就愿意听取他随之提出的解决方案？主要因为人类趋利避害的基本习性。

虽说"趋利""避害"是两个方面，但前面提过，人类天生更关注、更容易看到负面的东西，比如危险、威胁等。正因如此，只要人类意识到自己存在某个需要解决的问题，他就有强烈的动机去修复、解决这个问题。问题不解决，他就可能处于持续的恐惧、焦虑、不安，就像一根被拉紧的皮筋，只要一头松掉，它就迫不及待想要恢复原状。

谁都不想有病，谁有病了都需要特效药

假设你是采购经理，你的老板采购总监离职了，公司正在面试外面的候选人。你认为自己的经验、资历、能力都达到了采购总监的要求，想竞争这个岗位。假设你知道你的竞争对手已经面试到CEO那一关了，他的各方面综合表现都不错，至少看起来比你还要再强一点。这时候适合你的策略，也许是略冒险的"你有病，我有药"。你可以跟CEO说：

　　"咱们公司近些年的采购成本增加很快，在我做采购经理的这些年，我注意到问题主要发生在这几个方面：第一，我们在与供应商签订框架

协议的时候过于保守，框架协议期限只有一年。但原材料一直在上涨，下一年就拿不到前一年价格了；第二，我发现很多采购同事缺少价格谈判经验，所以我们拿到的价格整体比其他竞争对手的要高。成本高，我们的产品竞争力就被削弱；第三，我发现生产过程中的浪费比较严重；第四，我们的物流监控不到位，导致运费也高于市场。针对这些问题，我一一准备了对策，对策如下……这些对策之前在我的团队已经过小范围的测试，效果不错。如果我成为采购总监，将这些措施、对策大范围推广，公司每年的采购节约至少可以达到3.7%，大约3200万元。"

根据前一章所讲内容，人们会对损失有着天然的恐惧。丢钱的肉疼，远比挣钱的喜悦要强得多。你指出对方"有病"，还奉上"特效药"，任谁都难以拒绝。你这样说，CEO被你打动的概率会很高。如果你再结合下一节的说服策略，即让你的说服对象"趋利避害"同时实现，必将锦上添花：

"节约3200万元的成本，大概可以让今年的EBIT[①]增加2%，公司全年的KPI[②]有望提前完成。"

人活着就得解决问题

我经常觉得，人活着就是一个不断解决问题的过程。小的问题比如早饭吃什么，楼上太吵昨晚没睡好，脸上又冒痘了。大一点问题的如身体出了状况，需要做个手术；又或婚姻出了状况，需要修补或了结；又或创业受阻，面临经

---

① Earnings Before Interest and Tax，息税前利润。

② Key Performance Indicator，关键绩效指标。

济困难。更大的问题可能关乎生死存亡，关乎国计民生，甚至关乎世界和平。

这么说有点悲观，好像人类就是个疲于应付的陀螺，是解决问题的工具。但某种程度上，我们不得不承认，人类进化、发展的驱动力之一就是解决问题。因为食物不足，所以需要农耕养殖；因为生产力低下，所以开始制造工具、机器；因为人均寿命短暂，所以发展医疗事业……如果没有一个个亟待解决的问题，原始人只要舒服地躲在山洞里就好，没必要打怪升级，一点点进化，直到今天主宰这个星球。

即使不从历史的角度，具体到人的日常生活，人类的很多决策也是为了解决问题，解决具体的问题。我要买一辆车，因为每天挤地铁太麻烦了；我要去上个英语辅导班，因为跟外国同事开会总听不懂；我要封阳台，因为最近小区总有失窃案；我要换一份工作，因为新买的房子贷款月供太高，工资不够花……有没有谁完全没有烦恼，没有需要解决的问题？我想不出来。无论是世界首富，还是政界显贵，他们也一定有自己要应对的问题。

有时候人们清楚知道自己面临一个问题，这个问题很偶发，可以自己解决。比如进厨房被油烟机磕到头了，痛是痛了点，拿冰块冰镇一下，倒也无须去医院治疗。比如垃圾袋在门口撒了，烦是烦了点，但拿起扫帚打扫一下就是了。

有时候人们清楚自己面临一个问题，一时也无法解决这个问题，或者不愿意亲力解决这个问题。比如年轻夫妻天天为谁做家务烦恼，这个长期存在的问题已经影响到两人关系了。比如上小学的孩子体育一直不及格，眼见即将影响小升初考试。

还有些时候人们并不知道自己面临着问题，或即将面临问题。比如从不运动也没体检的人，可能觉得自己身体很好，却不知道自己的血脂血压已经超过临界值了。比如某个砍伐了自家山头种植的金丝楠木的人，完全没意识到自己已经违法了。

说服者应该是灵敏的"问题识别雷达"，不管观众是否意识到他面临着问题，你要更加敏锐地发现他正在面临或即将面临的问题。有些邪恶的说服者，甚至在观众没有问题的时候为他们"创造"出问题，最典型的就是一些不规范的医疗保健广告："你是不是晚上不想睡，早上不想起？这是身体亚健康的表现，快服用××胶囊，让你精神满满每一天。"

怎样识别说服对象的问题？

就像第二章所说，特定大规模人群有一些共同的需求、恐惧，另一方面，特定大规模人群也有一些共同的问题。比方说，多数老人都面临着体力下降的问题，多数家长都面临着孩子的教育问题，多数通勤族都面临着堵车的问题。如果你能针对普遍性的问题提出普遍性的解决方案，这显然是强有力的说服武器。

更多时候，我们面对的是具体的、特定的说服对象。怎么去识别他们的问题？按照问题的深浅、急迫性去采取不同的措施。

你的观众的问题有些很明显，是显性问题，通过观察就能看到。比如你眼见他在你跟前不停打喷嚏、揉眼睛，于是你察觉到他过敏了。比如你眼见他跟人追尾了，有个交通事故需要解决。比如你看到他在朋友圈吐槽小区停车困难，物业不靠谱。

有些问题是隐形问题，需要你费点力气去发现。发现的过程，就是通过各种细节、线索来拆解、分析观众的需求、痛点和决策逻辑的过程。

给迪士尼、麦当劳等巨头做过品牌顾问的马丁·林斯特龙，在他的书《痛点》中提出，要通过"小数据"来发现顾客的需求和痛点。实际上，《痛点》这本书的英文标题逐字翻译应该是《小数据：那些揭示大趋势的小线索》。林斯特龙讲了一个故事，说他在为一家谷物生产商调研印度市场时发现，这家生产商的市场份额正在逐渐缩小。他通过访问印度的消费者发现，在购买谷物早餐这件事上，两个角色可能有决策权：婆婆和儿媳。因为她们是在厨房忙碌的人，决定食品的采购。那么到底是婆婆还是儿媳呢？作者通过很多细节的观察，比如厨房调料的摆放顺序和洗洁精的气味，发现婆婆和儿媳在掌控厨房这件事上各掌半边天。也就是说，两人都有投票权。于是他帮助客户设计出同时讨好婆婆和媳妇的产品包装，重新赢回了市场份额。

书里花了大量篇幅介绍如何获得小数据的步骤，并取名为"7C法"，分别代表搜集、线索、连接、关联、因果、补偿和观念。用这个流程可以挖掘出你的调查对象的真实需求、痛点。有兴趣的读者可以找这本书详细了解7C法。

比如有一家连锁奶昔店发现，有些店铺卖得特别好，有些店卖得不好。他们就去研究，哪些店卖得好，为什么会卖得好。调查下来发现，在高速入口或高速公路必经之处卖得好，而且都是早上卖很好。为什么呢？因为很多顾客都是早上来不及吃早餐去上班的，奶昔既方便进食，又不会像普通饮料一样因为刹车、颠簸溅出来弄脏车。而且因为奶昔比较稠，不会像饮料一样一口气吃完，反倒可以让驾车的人有事没事吸一口，缓解驾驶时的无聊。通过这个"反向调查"，餐饮店铺就能识别他们的客户需要解决的问题：早上没时间吃早饭，需要一个方便的解决方案。

但如果实在识别不到问题怎么办？老话说得好，鸡蛋里挑骨头谁不会？不信想想你自己心情不好的时候，是不是瞅啥啥不顺眼。虽然这不是一个好习惯，但没有问题"制造"问题的大有人在，比如前文提到的将晚上不想睡早上不想起定义为亚健康的。还有很多针对老年人的养生骗局，都是先指出老人这样那样的问题——说啥问题老人都觉得自己确实存在。然后呢？当然是销售一些子虚乌有的"神药""良方""仪器"。指出这点并不是鼓励各位学习这些不道德的伎俩，而是想说明，只要细心挖掘，总能找出说服对象的某个需要解决的问题。

有个英语笑话叫"换一枚灯泡需要多少个精神科医生"。奇怪，换灯泡为啥需要精神科医生？因为你得让灯泡自己愿意才行。那怎样让灯泡自己想被换掉呢？第一步，你要让灯泡意识到身处黑暗多可怕，指出它的问题，打开了它的情绪缺口，它会更愿意、更迫切地想听到你的解决方案。第二步，让灯泡知道，改变黑暗的办法就是让一枚新的灯泡来工作。第三步，要告诉它这个方案代价很小，只需要拧一下就好。

如果一枚灯泡都能用"你有病，我有药"的策略来说服，人一定可以。即使你的说服对象状态平和，你识别不到他有什么烦恼，或急需要解决的问题，高超的说服者也可以拿稳定的状态说事："世界在跑，你要停在原地吗？""别让你的孩子输在起跑线上""稳定的工作，给你的只有缺少想象力的收入"，看，做或不做，都可能是个问题。有时候，心机和关爱只是视角不同而已。

识别问题之后呢？

或许你会说，识别问题当然是为了解决问题啦。对，也不对。

说对，是因为这确实是你的观众的需求。说不对，是因为这不是你的目标。

作为说服者，你的目标是通过解决观众的问题，从而来"销售"你的说服方案。如果你非常善良地解决了观众的问题，却没有与你的说服方案相关联，只能说你做了一件好事，却不是完成了说服任务。

在你识别出观众的问题之后，你要做的是迅速地提出一个解决方案。

这个解决方案可能是你的说服方案的辅助工具，也可能就是你的说服方案本身。也就是说，你的说服方案可以顺手解决观众的某个问题，也可以是专门为解决观众某个问题而设计的。就拿前面不愿意做家务的年轻夫妻来说，如果你是妻子的同事，你察觉到她时常在午餐时抱怨食堂伙食太差。于是就有了下面的对话：

"你这么讨厌吃食堂，为啥不叫外卖？"

"外卖太不健康了，高油高盐的。"

"那也可以自己带饭啊，食堂有微波炉转一下就好了。"

"没人做饭呀，我和我老公都不会做饭。每天下班都为吃啥发愁。"

"哎，那我觉得你们可以找一个钟点工。不仅可以做饭，还能帮忙收拾家务。我家就用了一个，每周做六天，每天三个小时。下午我下班之前，她先去家里打扫卫生，把要洗的衣服洗了，去幼儿园给我孩子接回来然后做晚饭。等我和我老公下班了，桌上热腾腾的饭菜都准备好了，别提多省心了。我俩唯一要做的就是饭后洗个碗，我们还有洗碗机。你俩没孩子，请了钟点工除了家务、做晚饭，还可以顺便让她给你俩的午饭也准备了。这样你俩的中午饭也都有着落了。"

"听起来不错哎，就是不知道我们能不能负担得起。"

"很便宜的，我们家的阿姨给我们做了几年了，每个月才2500元。你想想，2500元帮你节约了多少时间？你的时间用来干点啥创造不了2500元的价值？再说了，夫妻再也不用为家务拌嘴，家庭和谐可比这值钱多了。"

如果你是这位妻子，你多半会动心，是不是？反正我会，因为我就是被朋友劝了之后，踏上了使用家政的"不归路"的。

在这场对谈中，说服的方案是"找个钟点工"，但这个方案原本是为了解决对方没有午饭吃的问题。可是在这过程中，没人做家务的问题也被顺道解决了。因为解决了对方的一个问题，说服方案被采纳的可能性就挺高了。如果同时能解决对方的多个问题，说服的成功率将更大幅地提高。

我们还拿这对不想做家务的夫妻举例，假设某个家政公司通过大数据分析，得知这个小区居住的大多数都是刚结婚的年轻人，他们经常在晚上点外卖——这说明他们大多数是上班族，也不太愿意自己动手做家务。于是家政公司在小区电梯里投放了广告：

> "还在为不知道吃啥发愁？还在为谁扫地、谁洗衣服吵架？不如请个钟点工，你要做的只有点菜和陪太太看电视。每个月2500元，可比外卖还便宜。"

这个家政公司先识别了问题：本小区居民普遍不愿自己做饭、做家务。然后针对性地提出了解决方案：请个钟点工。这个解决方案就等于说服方案，说服的核心就是为了解决识别出来的问题。"识别问题-提出解决方案-实现说服目标"的过程，就是典型的"你有病，我有药"。

你可能会说，我又不是全能的神，观众的问题，凭什么他们自己解决不了，我能给解决？换言之，我即使是医生，我也不是全科医生，为啥他们的病我都能治？这又回到识别问题本身。在识别问题的时候，尽可能识别出更多的问题，更具体的问题。你无须对每个问题都提供解决方案，但问题多了，总有你能解决的。就像一个医生，你的病人有着这样那样的毛病，你或许没办法治疗他的脱发、关节炎，但你完全可以为他的花粉过敏先开点抗过敏药。

假设你是一个房产中介，你的一个客户一直在犹豫要不要卖掉这个小区的房子。经过接触和围观他的朋友圈，你发现了他面临着各种问题。比如在同一天，他就要为以下的事情烦恼：今天下午要开会可PPT还没做；孩子上学要迟到了；阑尾炎加重了，需要尽快安排手术；老婆又吵着要离婚了，得想想到底要不要再努力一把；公司的银行贷款到期了，得想办法……

你当然不可能一下子解决对方的全部问题，你可能也没办法解决他缺钱或感情问题。但是不妨想想你能解决他什么问题？或者你的说服方案能解决他哪些问题？经过思考，你制订了这样的说服方案：

"王先生，我看您天天挺忙的，早上还要为送孩子发愁。确实也是，小朋友的学校太远了，去学校的路还特别堵。您看您楼下的李先生，他们家小朋友就在小区对面的幼儿园上学，每天步行就可以接送孩子，五分钟就足够了。其实依我看呀，如果孩子没法转学到附近来，将房子换到学校附近是个很不错的选择。"好，你的目标是说服对方卖掉本小区的房子，现在已经在对方的心门轻轻地按了门铃了。

你知道他现在很缺钱，如果能解决或者哪怕缓解他的资金压力，也会加大你的说服成功率。于是你继续说：

"您可能不知道，咱小区的房价这两年涨不轻了。刚刚您隔壁栋跟您同户型的房子，卖了×万元，比他们购入的时候翻了近三倍。房东拿到房款，立刻去园区新开的楼盘买了两套小点的房子，还有余钱去买了一辆保时捷卡宴。"记得，这时候不要直接戳人家伤口，傻愣愣地说"你不是缺钱吗，卖了房子就有钱还贷款了呀。"用别人的故事让他自己去代入、想象就足够了。

我相信这会儿他已经非常动心了。如果你还想加码的话，继续死抠他的痛点：

"咱们这小区虽然房价高，但质量其实并没那么好，楼板、窗户都用的很一般，很多人都深受噪声困扰。物业说，每天晚上都接到很多业主投诉楼上太吵的，根本处理不过来。现在很多新小区建设的时候都采取了更好的隔音措施，很多人装修的时候也会安装隔音棉，换上静音窗户。据说有些隔音措施做得好的，同一楼的装修声音都听不见。您如果睡眠不好呀，下次装修的时候我可以给您推荐一些降噪解决方案的供应商。"

一个说服方案解决对方的三个问题，足够动摇对方的意志了。如果你再想办法让他领会到，现在处理掉这套房子，可能有助于他之后处理离婚财产分割，那么他更找不到拒绝的理由了。

当然，你提的解决方案可以很长、很具体，也可以很短、很概括。很多优秀的文案本身就是一边识别问题，一边提出解决方案，比如我们反复提到的经典文案："怕上火，喝王老吉"。再有"困了累了，喝红牛""百度一下，你就知道"。

除了这些耳熟能详的广告，我们自己在写文章、做视频的时候，也可以将"你有病，我有药"用于标题，来提高点击率和转发率。

前面提过的《秒赞》那本书里举了两个例子，用最短的文案诠释了如何利用"你有病、我有药"来说服。如果你想做一个视频，讲的是小物件收纳，怎样用标题吸引观众？是单纯、朴素地用"小物件收纳"，还是用"治愈出门找不到钥匙的你"？显然你会选择后者，因为后者不仅诊断了问题——你出门容易丢三落四，还同时提出了一个解决方案：看我的视频，可以解决这个问题；如果你要讲怎么养护多肉，很普通的主题，打开的人可能不会很多。但如果标题是《这样养多肉，绿植杀手变身绿植高手！》，很多观众马上对号入座：哎，绿植杀手不就说的我吗？赶紧让我看看怎么治疗这病。

很多书的书名也是，直接指明你有病，而药就在我这本书里。比如有本书叫《让孩子不发烧不咳嗽不积食》，就通过为问题提供解决方案来销售，卖得很好。同一个作者还有一本书叫《救命之方》，也是一样的道理。

无处不在的应用

有做内容营销的人研究了"得到"上课程的全部发刊词，发现发刊词几乎全部用了"你有病，我有药"的结构。竟然有这等事？我怀疑地随手打开一门课程，刘润的《5分钟商学院》。一看，岂止啊，简直是完美呈现KOTA四步说服法嘛。有心的你可以打开这门课的发刊词跟我一起来看一下：

了解你的观众（目标学员）：重提阿里那四个因为抢月饼被开除的员工，来激发观众的恐惧感：谁敢说自己能稳稳当当地捧着饭碗？谁敢说组织一定可靠？

给观众他们想要的东西：好，你有个问题要解决（你有病），那么怎么办？我有办法（我有药），像经营公司一样来经营自己。具体怎么做？来学这门课，我是你的"CEO私人教练"。

讲好故事：开头就讲了他艺术家朋友的故事，到底在音乐还是在绘画上精进。中间提了阿里员工的故事，之后讲了罗胖约他开课的故事。通过这些故事抓住观众的注意力，调动他们的情绪，获得他们的信任。

尊重观众的选择权：如果你自己这家无限责任公司已经成立，你给自己的战略目标是什么？

过程中，他还用了其他的影响说服力的因素（我们将在第六章开讲），如"权威"这个影响力武器：我上过复旦商学院，我在微软接受过全球最好企业"商学院"的苦修，我自己成立润米咨询，当过海尔、百度、恒基等大企业的战略顾问，所以我有资格来讲这门课。

好吧，刘润已经是行业大咖了，其他人呢？他们又是怎样通过"你有病，我有药"的思路，说服你购买课程的呢？

我又随手点开了一门相对来说没那么知名的课程《跟程广见学做大客户销售》的发刊词。

这个更直接，上来就提到大客户销售很重要，却很难搞。难搞在几个点：拿单难，因为不知道谁是最终决策人；说服对方选你难，因为你跟竞争对手比，并没有明显优势；即使好不容易拿单了，回款也难，得罪不起，不敢死催。说这么多难点，都是在给观众做体检：你有病。

只诊断不给开药的医生可不是好医生，下面讲的就是，我有办法解决你的问题，你的病，我有药：我通过十多年实践，研究出一套实用性、操作性、有效性兼备的销售方法，将搞定大客户细分为六步，教你不仅懂得怎样拿下大客户，还教你怎样继续拥有大客户。

怎么样，医生看出来你的病，还针对性地开了药，你要不要治疗一下呢？我接连看了好几篇课程的发刊词，无一例外都在使用这个结构。

这么说，好像"你有病，我有药"很容易被说服者用来实现自己的说服目标。但实际上，这完全取决于使用者。平时的训练在关键时刻不仅可以帮助他人，甚至可能救命。比如2022年"时间的朋友"跨年演讲中，罗振宇讲了一个特别精彩的"你有病，我有药"故事。为了方便，也为了保持故事的完整性，我直接摘录讲稿原文如下：

怎么劝一个想跳楼的人？这大概是世界上最简单也最难的任务。为啥说简单？因为好多想跳楼的人，往那上面一站，腿就软了，后悔的不在少数。人家自己都不想跳了，你再去劝，是不是很简单？

但是，这事偏偏又是最难的。为啥？就算当事人后悔，架不住底下围观的人起哄架秧子啊。你就想，那么一大群人，里面没准还有人拍照，这要是传开了，当事人以后哪还有脸见人？结果，一来二去，跳肯定不成，不跳又不知道怎么收场，就这么卡住了。

我前段时间，看见一个德国的消防员特别有招。他去劝人的时候，会提前多准备一套消防服，连头盔带衣服全套的。然后跟当事人说，来，你穿上，跟我们一起下去。你放心，有头盔，谁都注意不到你。

就这么一招，那是真管用。谁能想到，把一个人从生死边缘拉回来的，居然仅仅是这么短短一句话。

识别关键问题，提对解决方案，可以这么容易完成一个原本看似不可能的任务。

思考：

利用本节知识，用"你有病，我有药"为以下场景想出1-2个说服方案。

1. 你觉得上小学的女儿每天作业太多，希望劝说班主任适当减负；

2. 你要做一个关于女性权益的演讲，希望你的观众行动起来；

3. 你是资深工程师，觉得自己承担的琐事太多，希望部门总监同意增加一名实习生。

本节小结：

➢"你有病，我有药"就是在回答观众逻辑脑的第一个问题，这个模型行得通的主要原因就是人类趋利避害的天性。

➢人活着就是为了解决各种问题，所以不要担心没办法找出观众的"病"。

➢怎样识别观众的问题呢？可以利用"小数据"。

➢识别问题之后，解决问题并不是说服者唯一的目标。说服者更要想办法将自己的说服方案做成"药"，让观众服下。

第三节 一套房还是一首诗

本章第一节我们提到，说服的时候要让观众明白，做这件事对观众有什么好处，即我能给你什么。第二节"你有病，我有药"是一种好处模型，我能解决你的问题。除此之外，还有别的好处模型吗？在给观众提供好处的时候要考虑哪些因素？哪些才是观众在乎、足以打动观众的好处？是物质利益还是精神褒奖？怎样挖掘观众在乎的好处？

值得借鉴的求偶说服

不知道各位有没有关注、研究过动物的求偶行为，我怀疑动物求偶是世界上最早出现的说服行为。在动物世界里，有的动物通过展示自己的美丽来吸引对方，如孔雀；有的动物用展示自己的强壮来吸引对方，如羚羊；有的雄性用送礼的办法向雌性示好，比如给对方送上一份好吃的食物，甚至像人类一样，给对方送上一套豪华的"住宅"。没错，有一种园丁鸟，会花上几个月甚至几年的时间，为未来的新娘打造一个"豪宅"。这个豪宅名副其实：有新鲜的花瓣、美味的果实，甚至还会用上人类世界的装饰品（不要羡慕，这就是个面子工程，雄鸟完成交配后就拍屁股飞了，雌鸟还得自己重新搭一个实用、能住的鸟窝来养育后代）。

男士需要展示出自己的某项优点，才能更快获得心仪的女生的关注、青睐。到底展示自己的哪方面优点才能更容易成功呢？有没有可能"一招鲜吃遍天"？我们不妨来看下面的故事。

假设有三个女孩：第一个女孩Jane家境良好，美丽迷人，她对未来伴侣的期待是门当户对，让她继续衣食无忧的生活。第二个女孩Elizabeth学识过人，聪慧独立，她希望寻找一个灵魂伴侣。第三个女孩Lydia天真烂漫，对爱情充满幻想。

现在有三位男士用了三种不同的方法去追求这三位女孩：

第一种是写诗、唱情歌、送花和准备各种惊喜；

第二种是送房子、车子、宝石，将自己的百万年薪都交给她保管；

第三种是给她送自己在国外书摊淘到的绝版书，与她谈论哲学、文学、艺术。

你认为有没有一种方法是通行的、可以同时打动三位女生的？我相信你一定会说，当然不会，第一种方法显然适合Lydia，第二种方法适合Jane，第三种适合Elizabeth。你甚至也能想象，如果你给Elizabeth送一套房，她可能会觉得自己受到了羞辱。而你如果给Jane送一首情诗，她可能也会觉得你太幼稚，在玩小孩子过家家。

因为我给你描述了三位女孩的特征，还给了可选方案，所以这题变成了选择题，还是单选题，自然容易得分。但现实生活中，你的说服对象不会将自己的特点用标签纸贴在脑门上，他们的真实需求也不会总是大声告诉你，你需要自己去分析、识别，这就变成了简答题、论述题，难度立刻就高了不止一点点。

我前面举例子的三个女孩其实是《傲慢与偏见》里的三姐妹，女主角Elizabeth鹤立鸡群，男主角达西经过整本书的曲折才无心插柳地打动了她。反倒是"反派"威科姆，非常了解女孩们的特点，所以才能在聪明却嫉恶如仇的Elizabeth面前成功中伤达西，并且花言巧语骗到不谙世事的小妹妹Lydia。

也许有人会说，这是不是太功利了？有没有不关注利益，纯粹、美好的爱情？我敢说，没有任何一场爱情、婚姻是不追求、不考虑任何"好处"的：有的是物质条件，有的是对方的容貌，有的是对方的地位，有的是对方的品行，有的是对方给自己激起的感情，而有些旁观者看起来的诸般坏处，对当事人却是一种好处——还记得我们前面说过的么，"好处"不仅仅指物质利益、生理利益，心理感受也是一种"好处"。比如某位男士看起来一无是处，但某位女士义无反顾地选择嫁给他，她的好处是什么？她的好处可能是觉得自己不贪财慕色，觉得自己具有献身精神，觉得自己具有反抗精神，觉得自己是爱情至上的人。这种心理上的自我肯定，或者对自我意象的强化，就是这位女士作出选择的"好处"。

如果你从心底接受了这种观点，再去观察身边人的择偶行为你会有很多新发现。更重要的是，如果你有意识地将"给好处"用在任何说服的场合上，成功率可能会大大提高。

但那个特别的"好处"是什么？对方想要的到底是一套房还是一首诗？我怎么才能给出能打动对方的"好处"？

我即钥匙

有人说，人和人的差距有时候比人和动物的差距还要大。确实，我们很多时候觉得他人不可捉摸，他人的行为不能理解，他人看我们也有同样的感受。

记得有一个夏天的晚上，我在健身房"撸铁"。虽然只穿着短裤背心，我还是觉得热得快要晕厥。这时我发现旁边的跑步机上有一位女士正在快速跑步，她下身穿着长裤不说，上身竟然穿的是一件厚厚的连帽衫。不仅如此，她还将上衣的连帽衫的帽子戴在头上，整个人裹得像在寒风中逆行。

这个场景给我留下了太深的冲击，很多年过去还是不能忘，直到前几天，我早上起来发现自己脖子落枕不能动了。眼瞅着马上要直播了，我总不能像僵尸一样直愣愣地对着手机镜头几个小时吧。只有下猛药了——于是我联系了一位盛名在外的盲人按摩师傅。

这位师傅手艺很好，我之前多次出现肩颈问题，到他手里都能得到极大缓解。但他的问题是手劲特别重，每次被他治疗过就像被人暴揍过，几天身上酸痛。我抱着赴死的心去了他的工作室。

果然，他的按摩几乎是先打断我的骨头再续接，我全程只有惨叫的份儿。神奇的是，一个小时之后，我原本丝毫不能活动的脖子大概可以上下左右移动30°了。虽然离完全自由还很远，但我已经感动得热泪盈眶了。但这位师傅可不能接受这种程度的改善，不由分说地给我又加了一场刮痧。用他的话说"去掉肩颈脖子的寒气，明天你就能活动了"。

瞧，他太了解我此刻需要什么了：为了第二天的直播我需要快速康复，哪怕付出很高的代价，哪怕这是"饮鸩止渴"。我被他说服了，也刮了痧。两个小时之后，我感觉自己虽然到处生出新的疼痛，但脖子受限的程度得到了很大的缓解，非常开心。除了一个问题：我脖子上的"痧"太明显、太吓人了，就像被严重家庭暴力过。我回到家，女儿看到我裸露的肌肤的淤青，都不敢接近我，我自己也不太敢照镜子。

为了不吓到孩子，在很暖和的日子我用大大的围巾将自己包住。到了直播的晚上，我一反常态没穿衬衫，反而选了一件高领衫。在那么暖和的天气穿上高领衫显得自己像个神经病，可即使这样，有些部位的"痧"还是会露出来。于是我在高领衫上又加了一条丝巾——这下看不到可怕的"伤"了，但对着镜子一看，此刻的我跟夏天健身房里穿连帽衫的那位女士行为有什么不同？穿吊带都不冷的日子里我穿着高领衫，还围着冬天都没围过的丝巾。

在那一瞬间，我才真正理解什么叫"你眼中的问题，其实是他人的解决方案"。我一直想不明白的那位女士，或许跟我有着同样的问题，或许有着比我更加难以启齿的问题需要解决。

人们的每个行为背后一定都有原因。这个原因可能是为了获得某种好处，也可能是为了规避某种坏处。如果我们能理解他们的行为，理解行为背后的动机和好处，就掌握了说服观众的密码。然而每个人都是一座冰山，我们无法看到水下的部分，观众也不会主动将自己翻过来，让你看看水下的部分。此时又该请出我们的镜像神经元了，即利用"人同此心、心同此理"：如果是我，我会怎么做？如果是我，我为什么要这么做？

代入自己的前提是对自己深度观察且诚实检视，完全地诚实。有时候我们的很多行为看似本能反应，看似没用逻辑，但背后都藏着某种驱动力。找出这种驱动力、动机，就可能找出一些隐秘的"好处"。

就拿多数人都做过的事，发朋友圈来举例。咱们可以简单地将常见的朋友圈内容分分类：

1.与财力相关：比如去了某个美丽的景点，收到一个贵重的礼物，去了一家高级餐厅，晒晒一年的账单等。

2.与人设相关：比如半夜发自己工作的照片，每天发自己运动的照片，发自己去做志愿者或者公益事件的照片，时不时讲个俏皮话，转发一篇带有强烈观点的文章。

3.与宣传相关：比如发布自己公司最近获得的新项目，发布客户对自己的赞扬，发布刚刚获胜的案件，发布自己和某位大咖的合影，转发自己的文章或视频等。

4.与所爱的人有关：比如孩子的照片，情人节宣言，结婚纪念日活动，最新拍的全家福。

5.通知：比如我换工作啦，我换号码啦，我要登机啦，我要开庭啦。

6.分享：比如自己看到的有趣的、有用的、新奇的文章，自己最近读过的好书、看过的好剧，自己买过的好用的商品，自己去过的好吃的餐馆等。

7.求助：万能的朋友圈就是个百科全书，问某地的防疫政策，问某地法院立案庭的电话，甚至问一道奥数题，都可能有人帮忙解答。

8.发牢骚：孩子作业又没写完，老板又发脾气了，物业不作为，甲方难伺候，路又堵上了……

9.销售：朋友圈的微商可不少。

这些内容我们可能都发过。发这些内容的动机，或背后的好处我们都能理解：要么给我们带来"社交货币"，比如谈资，比如给自己贴的标签，要么带来某种情绪价值，比如心理上的优越感，要么就是直接的销售或市场行为。

但有些朋友圈看起来非常"莫名其妙"，不符合上述分类的任何一种，看不出想传达的信息，更看不出背后的"好处"。比如一张纯黑的图片，没配任何文字，或者一片天空，连云朵都不见。比如一句没头没脑的脏话，比如一串数字，比如一个地图定位，比如一个单纯的表情。

你对此非常不理解，直到有一天，你也发了同样的内容。原来那张漆黑的图片是在表达自己此刻心如死灰，原来那片蓝天是你被困在家里对自由的向往，原来那句脏话是对某现象愤怒却无可奈何的宣泄，原来那串数字是你失去某个人的日子，原来那个地图是提醒自己不要忘记明年早点去这个地点看花，原来那个表情是你在要求某人闭嘴。我们经历过的，才会明白。我们没经历过的，只能想象。

还有些时候，我们自己也并不能马上明白自己为什么要那么做，这时诚实地剖析就显得格外重要。比如春节前某一天，我毫无预谋地发了一个朋友圈，问大家关于过年的古诗有哪些。这举动对我纯属多余，因为这原本是随手检索就能做到的事，而且事实上我也并不太关心到底有哪些诗应景，也没打算在过年的时候给家人吟诵。发完朋友圈，我收到了很多评论，还有好几位朋友专门私信了长诗给我。在这互动过程中，我才后知后觉地意识到自己这么做的原因和动机。

首先，我近期很久没发朋友圈了，担心自己被朋友遗忘。这种社交需求让我觉得有必要"冒个泡"，刷一下存在感。

其次，我通过求助的方式提问，潜意识里是在追求互动。可能放假的日子太无聊了，又找不到合适的话题、合适的人开始，于是用了这种征集的方式寻找此刻跟我一样空闲的人。

最后，我可能还将这个动作当成了一个测试，测试自己在不同朋友心中的地位，测试自己的影响力。毕竟回复一首完整的诗，无论是网上找来的，还是自己手动输入的，都意味着付出时间成本。

这还是一个测试朋友圈有效性的实验：通过提问、求助的方式发布内容，会不会引起更多的关注与互动，而不再是像机器人一样地点赞？

当我收到很多回复、私信时，我能观察到自己的快乐和感动。这既有"原来，我的朋友真不少"的虚荣，还有无聊得以缓解的满足。当我意识到自己随意的举动，背后竟在追求这些"好处"时，更加确信了几件事：第一，正常人的动作必有动机；第二，"好处"可以是任何形式，可著可微；第三，唯有诚实地观察自己，才能往深处理解他人。

诚实地观察自己，就有了理解他人的钥匙。

自我意象背后的隐秘好处

他人隐秘的"好处"，很多时候跟他的自我意象相关。自我意象一方面是一个人对"我是谁"或"我想成为谁"的回答，比如我是个好人，我很勤奋，我很有同理心，我很有个性等。另一方面，自我意象又是一个人对理想中的自己的想象、塑造和期待，也是一个人评判、合理化自己行为的格尺。在一场讨论中，不同的人对一件事有了分歧。有人斗志昂扬，想尽一切办法去论证自己的观点正确，可能是因为他的自我意象就是"我是个不会出错的人"。而同样的场景，有的人选择回避或者沉默，可能他的自我意象是"我是个不愿意伤了别人面子的人"。此刻，自我意象是论证自己行为合理性的重要支撑。

麦克斯威尔·马尔茨说："要想真正地活着，要想追求到令你满意的生活，就必须有一个适当的、切合实际的自我意象伴随一生。你应该发现自我能为你接受，你必须有一种健康的自尊、必须有一个你能信得过的、靠得住的自我，一个你不为之羞愧，能通过它自由展现自己而不必闪闪躲躲、遮遮掩掩的自我。"而卡伦·霍妮在其名著《我们内心的冲突》将这种自我意象称为"理想化形象"，觉得这是一种病态表现，是病患借此获得优越感和他人认可的方式。在我看来，每个人都有自我意象，倒不见得总是病态，但自我意象确实与获得某种心理上的优越感与他人认可相关。

在美国少年犯监狱里，总有一些刺头不服管教。常见的惩戒措施如关禁闭、减配伙食并不管用，反倒成为了这些刺头吹嘘自己、彰显反叛精神的谈资。越是受罚，这些刺头在狱中的"江湖地位"越高。这也可以理解，这个阶段大多数青少年的自我意象都是"反叛"或者"酷"，越是被罚，越是对自己反叛精神的认可。了解他们的心态后，一个叫戴尔·卡森的人想出了一个主意：不给这些青少年任何身体上的惩戒，而单单是将婴儿奶粉作为他们的食物。如此一来，他们不仅不会因为受罚而长脸，反倒会被其他人嘲笑。就这简单的一招，解决了长久的难题，可谓是四两拨千斤的说服经典。

一个人的自我意象通常是稳定的，甚至可能是终身不变的。所以了解一个人的自我意象非常有意义，越是沟通频次高的人越有意义。

以销售场景为例，如果一位女士非常追求健康的小麦色肤色，你夸她试穿的某件裙子很"显白"，那就相当于劝她别买。同样的，如果某个少年非常追求酷潮和与众不同，你告诉他现在试穿的某双鞋子是本月店里爆款，他可能再喜欢都不会下手。反过来，如果你说这双鞋是限量款，全球只有十双，他可能毫不犹豫地就扑上去了。

在其他关系里，了解观众的自我意象更容易建立"知音"感，而对观众的自我意象理解错误，则可能导致关系疏远甚至破裂。假设我是一个桀骜不驯、目无组织的人，或者我的自我意象是"不逢迎"，你劝我积极参加团队活动，或努力取悦上司来谋求晋升或者加薪，我不仅不会听，可能还因此觉得自己交错了朋友。就像史湘云在劝贾宝玉考取功名的时候，贾宝玉说了句非常经典的台词："林姑娘从来说过这些混账话不曾？"无论是豪迈洒脱的史湘云，还是聪慧细致的薛宝钗，都忽略了关注贾宝玉的自我意象——他从没要求自己成为一个心怀家国天下的人。这种违背对方自我意象的说服，基本不可能成功，除非设法打破并重塑对方的自我意象。

自我意象很多时候是内隐的，需要通过观察对方行为去推测、验证。自我意象可能有时候与一个人给自己贴的标签具有一定的一致性，有时候又需要揭开标签再往深处看一眼，因为同样的行为可能在不同场景下透露的是不同的自我意象。打比方，有一位女律师经常在朋友圈发自己喝酒图片。如果她发的都是鸡尾酒会、高雅的礼服，她试图表现的可能是与自己所交流的圈子比较上层。如果她发的图片多半是圆桌上的觥筹交错，她可能表现的是自己工作很努力，或暗暗地抱怨女律师的生存状况。如果她发的是自己在阳台上、沙滩上自酌，那她的自我意象可能是一个享受人生的人。然而，假设这位女律师发各种场合下的喝酒照片，动不动将约酒挂在嘴上，而且毫不忌讳提到自己喝高了，她的自我意象可能是什么？我觉得一种可能性是"我是个快意人生的性情中人"。

如果你只看到了表面，会简单粗暴地评价她是个酒鬼，甚至可能因此对她的专业能力产生怀疑。假设你需要劝说她处理某件吃力不讨好的、其他律师不愿意接手的案件，你说"之后我天天请你喝酒"，看起来是投其所好，但这就是停留在表面的浅层好处，或者只是你以为的好处。对她来说真正的好处是看到并赞赏她的自我意象，给她机会更接近自我意象。所以你对她的说服方案可能是讲讲委托人的弱小无助，讲讲其他拒绝代理的律师的势利与无情，讲讲案件本身推动社会正义的价值。如果你激起了她强烈的侠义之心，给了她实现自己"路见不平拔刀相助"的理想的机会，那你的说服概率将大幅提升。

自我意象不仅存在于个人，也可能存在于组织。相比个人，组织的行为受自我意象的驱动力更大，因为组织的自我意象更外显，更需要证明自己言行一致。比如某个公司一直强调自己对员工的关怀，并且积极参与"最佳雇主"评选，那么劝说公司建设"哺乳室"或疫情期间的远程办公，不妨利用这种自我意象。

为了"合同相对论"节目，我多次试图约某知名律所的律师对谈。问了好几位，都回复因为律所公关政策原因，没法对外公开发声。我完全理解成熟律所就像成熟的公司一样，需要统一对外发言渠道。我也理解他们的品宣需求没有其他中小型事务所那样强烈。我一直不死心，后来某个场合，我邂逅了这家事务所的负责人之一，再次提起这事。这位和蔼但开放的大佬开始也没展现出强烈兴趣，但当我提到我们的调查结果显示，我们的节目对很多小城市的年轻律师产生较大影响时，他突然就来了精神。因为这家律所具有很强的正统代表意义，他们虽然不热衷普通的公关活动，但一直以业界标杆的社会责任要求自己，长期低调地帮扶偏远地区的律所和年轻律师。如果我们的对谈活动可以帮助到他们想要帮助的对象，就是符合他们自我意象的动作，他们就有了动力行动。

谁都没法抗拒的好处

就像前面反复强调的，人类总有一些共同的关注点，在以前可能是需要更多财富、更安全、更健康，现在可能还加上了更美丽、更高效率、更好的服务、更多的爱与仰慕、更多的控制与权势、更平静满足的内心、更好的名声，还有现在人人都谈的"社交货币"和"流量"。

如果你觉得前文提到挖掘观众隐秘的好处太难，还是不知从哪儿下手，那么不妨粗线条一些，从下面这个案例来寻找灵感。

假设你家有一辆燃油车，开了六年了，车况良好。现在电动汽车越来越热，你想买一辆电动汽车，但你太太觉得现在的车还可以开，反对你的提议。你要怎样通过讲好处来说服她？

（以下所说理由纯属杜撰，不代表我对任何品牌的电动汽车作过研究，更不代表所提优点真实存在）。

H：for husband，代表你；W：for wife，代表你太太。

H：老婆，你看现在电动车那么火，咱们买辆电动车吧？

W：为什么？咱家现在的奥迪不是开得好好的吗？

H：奥迪是挺好的，但是你看现在都是我在开，你上下班还得自己打车，多不方便。赶着刮风下雨打不到车，还总迟到。多一辆车，咱俩一人一辆，问题不就解决了吗？（更高效率）

W：我觉得没必要，太浪费了。打车一年花不了多少钱，养一辆车多贵呀！

H：账也不能这么算，你看最近俄乌冲突，油价飙升，最近加一次油要500元。我上下班路远，三天一桶油，我一个月光加油就要5000元了。

如果用电车，咱每年光油费至少能省下大几万。而且近期这车还有国家政策倾斜，税费又能省下三四万元。（更多财富/更节约）

W：都说现在电车技术还不成熟，要么再等等呗。

H：我最近做了不少研究，现在的电车市场已经很成熟了。比如说ABC牌电车，他们刚刚在电池技术方面取得了突破性进展，单次充电续航已经可以达到1000公里了。而且他们的服务网点遍布全国，任何一个加油站都可以充电，任何一个乡镇都有服务点，而且都是两小时上门服务，完全不用担心。（更好的服务）

W：但是人家都说电动车不安全。

H：那也是以前的事了。ABC牌电车采用了新型材料一体成型，最近的碰撞试验显示它们的安全性能比燃油车的最好表现还要高出20%左右。（更安全）

不仅如此啊，车内新风系统也是做到了极致。只要关上窗户，开启新风，外面哪怕是沙尘暴，车内空气指数还是优秀级别。咱孩子小，又有鼻炎，家里虽然装了新风，但他平时一坐车就打喷嚏。买了电车以后再周末自驾游，他也能少遭点罪。（更健康）

W：我怎么觉得你已经下定决心就要买了呢？

H：绝对没有，你是家里的大脑，这么大的事当然要得到老婆的批准才行。（尊重对方的控制感）我记得上次你打车打到了特斯拉，感受挺好的，还发了个朋友圈。想象一下你开着最新款的电车去上班，多拉风！小姐妹去逛街肯定都要蹭你的车。（社交货币）

W：得了吧，我猜你肯定是看到同事小王买了，心痒了。我可没那攀比心理。

H：怎么会呀，要攀比我也跟咱姐夫比呀，跟小王有啥好比的。姐夫买了新车，我可不想你在咱姐面前抬不起头。我要向他们证明，我也可

以给你同样好的生活。（更多的爱和仰慕）

W：咋说得都是为了我呢？

H：当然不能说都是为了你，咱也是为了孩子。你看你总教育孩子减少纸张浪费，少用洗涤剂，节约能源。咱用电车不就是使用清洁能源吗？这不是身体力行地践行环保吗？（自我意象及更平静的内心）

W：我看你可以列一个优点清单了，如果你能列出10个优点，咱们再来商量这事。

H：这还不容易，20个我也列得出来！

当然，你比我更了解你太太，以上说的这些好处里，一定有她在意的和不那么在意的。如果她在意省钱，你不妨将账算得再仔细点。如果她更在意孩子的过敏问题，不妨加大对更安全、更健康的说服力度。这样有针对性地提供好处，你猜最后你太太会同意买电车吗？

最后值得提醒的是，虽然给对方提供好处是一种好意，但也要谨慎这种好意处理不当被理解为冒犯。比方说，你请一位单日课酬5万元的老师从外地来公司做讲座，老师原本没有收费的打算，但讲座结束后你给他塞了5千块的红包，就可能构成对他的冒犯。再比如，你向一位独立自主的年轻女性求婚（比如本节开头的Elizabeth），求婚时说：相信我会给你幸福的，从明天开始你就不用上班了，我养着你。这样的好处也可能招致对方不快。

本节小结：

➤动物通过向异性提供某种好处来求偶，人类也是：根据对方关心的点向其展示自己的优势。

➤如何发现对方关心的点呢？将自己当作钥匙，"人同此心，心同此理"。

➤代入自己的前提是对自己深度观察且完全诚实，找出自己做某事真正的驱动力和隐秘的好处。

➤了解对方的自我意象，迎合他的自我意象，可以轻松促使对方行动。

➤自我意象不仅存在于个人，还存在于组织。符合组织自我意象的事，组织的动力比个人更强。

➤实在不知道用哪些好处去打动别人，不妨从以下几点考虑：更多财富/更节约、更高效率、更美丽、更安全、更好的服务、更健康、更有面子、更多的爱与尊重、更平静的内心、更强化的自我意象等。

第四章
故事自说服
Tell a Story

> 人类大脑是故事处理器而不是逻辑处理器。
>
> ——乔纳森·海特[①]

---

① Jonathan Haidt，著名社会心理学家，现任纽约大学斯特恩商学院教授。

> KOTA 四步说服法的第三步：
> T，Tell a Story，讲个故事。

　　一个周末，我约了几位朋友带着孩子们去公园里玩。我们刚找到地方铺上野餐垫准备扎营，我女儿惊喜地大叫："大家快来看呀，我找到了一个海蜗牛！"我看了一眼，不过是河边比较大的田螺的壳，刚想纠正她说内陆没有海蜗牛，但孩子们已经一窝蜂地围过去了："让我看看，让我看看。"

　　我女儿于是煞有其事地给小朋友们轮流展示这个"宝贝"，一边展示还一边讲起来海蜗牛的故事："你们知道吗，这只海蜗牛特别了不起，是一个全球旅行家……"她开始讲起一只海蜗牛的历险记，从故事结构来看，这多半是她从动画片或者故事书上看来的，讲得也不算流畅。但完全不影响小朋友们听得兴致勃勃，还时不时提问。故事讲完了，小朋友们不仅没散开，还组成了行动小组，分头去寻找公园里其他的"海蜗牛"。

　　我一边窃喜孩子不缠着我，一边忍不住思考：

　　爱听故事是不是人类的本能？在我女儿还不会讲话的时候，我们只要给她讲故事，她都会睁大眼睛全神贯注。现在上幼儿园更不用说了，每天得机会就要求给她讲故事，或者用手机听书软件播放故事。

　　讲故事是人人自带的基本技能吗？小朋友从来没学习过如何讲好一个故事，但已经可以无师自通地开始讲故事了。虽然磕磕绊绊，但并不影响她表达的热情，也不影响观众的倾听热情。

　　通过故事赋予意义是不是巧妙且高效的方式？明明就是一个寻常的田螺，只要给它一个迷人的名字，讲一个关于它的故事，它立刻就变成了孩子们眼中的珍宝。我们平时购买的很多产品，是不是买的也不过是产品故事？

故事讲述者会因为故事获得哪些好处？更多注意力？更强说服力？天然领导力？我女儿在一群孩子里年纪小，运动能力也一般，我原本担心哥哥姐姐们不愿意带她玩。没想到的是，她在那不紧不慢讲着大人听起来不靠谱的故事，竟然立刻成了小团体天然的"核心"。

更进一步，在说服过程中，我们怎样有意识地通过讲故事，来实现、增强自己的表达目的和效果？

第一节 故事的神奇作用

故事是对生活的一种创造性转化，它让生活变得更有力度、清晰、有意义。故事是人类交流的货币。

——罗伯特·麦基

我们一直知道故事的重要性：讲故事的书，读起来总是比学术书籍容易些；讲故事的演讲，听起来总比数据提神些；有案例的课程，理解起来总比纯讲理论的课容易些。但是为什么呢？

从生物学角度看，故事能极大地调动大脑。

科学家用PET①扫描观察人脑实时活动图像，发现人们在听到不同事物的时候，大脑的发光区域是不同的——这意味着不同的事物激发的脑部区域不同。比如听到一份清单，大脑的A区域会亮起来。听到一首音乐，大脑的B区域会亮起来。然而当人听到一个故事时，大脑的很多区域比如ABCDE都会亮起来。故事越生动，大脑的活跃程度越高。

大脑对故事的反应不是一天形成的。咱可以往回倒带，倒到人类社会早期阶段。那时候，人的大脑尚未发育完全，处于懵懂状态，不知"自我"为何物，完全依靠本能存活，因此悠然自得地享受当下。大脑一天天长大，有一天体积膨胀到某个临界点，数以千亿的神经细胞紧密连接，人开始产生了"我"

---

① Positron Emission Tomography，正电子发射型断层显像。

的概念。一旦有了"我"，有了存在感，人的孤独和恐惧也随之产生：人们意识到"我"和其他人并不完全相通；"我"和其他人、动物一样，有一天会不再存在于这世界。这种觉醒让人类既需要寻找安全感，也需要寻找意义感。

故事就这样产生了：一方面，故事高效地传播生存经验，比如："看到狮子要赶紧跑！""那边的河水很深，掉下去会淹死"，彼此学会避险。另一方面，故事给现实赋予意义，促进了群体意识的产生，比如："我们都是同一个伟大的神创造出来的""那个人非常英勇，带领我们战胜了敌人，我们应该听他的号令"。

以上的独白只是我的想象和猜测，但故事的作用却并没被夸大。历史学家尤瓦尔·赫拉利横空出世的著作《人类简史》，将故事的作用抬高到了一个匪夷所思的高度。在他看来，人类文明的基础就是故事，人类语言最独特的功能并不是表达事实，而是为了传播虚构的事物，即故事。

为什么传播虚构事物比传播客观现实更有意义？了解生存技能难道不比看不见的神祇更重要吗？赫拉利认为，虚构的故事不仅让人类拥有想象，更重要的是可以"一起"想象，编织出共同的虚构故事。这种想象创造出了宗教、民族，甚至现代的国家、公司也只是一种想象。虚构的故事赋予智人前所未有的能力，让人可以大规模合作，从而持续进步。

这个观点给了我很大的震撼，也有不少研究支持着这个观点。《人类进化史》一书中提道，在菲律宾吕宋岛的海边和马德雷山上，生活着菲律宾最古老的居民，也是现存的原始部落之一，阿格塔人。他们与人类祖先的生活方式最为相似，至今仍然保存着依赖狩猎和采集为生的部落形态。人类学家对阿格塔人做了很多调查研究，发现讲故事的能力对阿格塔人具有非同寻常的意义：故事规范行为，协调和促进部落成员之间的合作，传递社会信息，塑造群体社会价值。在族群内部，人们也认为讲故事的能力比狩猎能力还要重要一倍。而他们流传的故事，80%同合作、性别平等、平均主义等有利于群体生存的行为有关。与阿格塔人相比，那些合作故事较少的原始部落群体，合作能力也会较差。

故事天生吸引注意力

春天的午后，你在一个五星级酒店的宴会厅参加一个规格很高的行业研讨会。与会者都是你的同行，第一排坐着本行业鼎鼎有名的大佬们。你正襟危坐，目不转睛地盯着讲台，生怕错过演讲者的每一个字。

先开口的当然是主持人，他客气地介绍了大会的主办方、议程、嘉宾……这都是寻常流程，你既挑不出什么毛病，也没发现有趣的点，开始有点走神。

第一位演讲者是行业协会领导，在大家客气但不热烈的掌声中，他上台致辞。他说的话听起来熟悉而正确，但就是不明白他想表达什么。你的大脑运转速度开始减慢。

第二位演讲者是一位行业媒体负责人，他上来打开PPT，开始发布年度行业报告。"这些数据一定很重要"，你对自己说，于是你打开电脑，准备记笔记。他先是宣布行业用户数量，你听了一下，跟你预计的差不多，于是在电脑上敲下这个数字。他接着又说这些用户的规模、分布、各自的表现，又将今年的数据与前一年对比。渐渐地，你发现笔记有点跟不上了，索性拿出手机对着PPT拍了张照片。"回去再整理成笔记吧"，你对自己说。

演讲者继续朗读PPT的第二页、第三页。你心中开始嘀咕："数据都在PPT上，我们又不是不认字，干嘛要念呢？"又几分钟过去了，你发现观众已经陆续掏出了自己的手机，低头看手机。于是你也心安理得地打开微信，开始刷朋友圈。

"下面我们有请今天的第三位演讲者，来自 Black Horse 公司的CEO Jack Fang，他给我们带来的演讲题目是《我们不要死在春天里》。"一听到这个标题，你身躯一震，赶紧放下了手机，目光跟着演讲者从第一排到了讲台上。你从没见过Jack Fang，但你听说Black Horse恰如其名，是你们行业新兴的但杀气十足的一家新公司。

"很多人以为，我们行业的寒冬已经过去了，一分钟之前发布的行业报告也向大家展现了，我们正处于欣欣向荣的春天。然而，相比较寒冬，像我们这样的初创公司更容易死于暖春。我这不是危言耸听，而是劫后余生的感受……"紧接着，这位演讲者用非常生动的语言讲了他们公司的创业故事。他和另外两位合伙人如何半夜争论一个技术话题，从而产生了创业的打算，如何一步步招兵买马，招揽来自知名大厂的重量级产品经理，如何在收到A轮融资后差点失去控制权，如何在一家与国外竞争对手的知识产权诉讼中险胜，又是如何说服银行提供贷款挺过来的。故事讲得环环相扣，你的心跟着演讲者一会儿提起来一会儿放下来。演讲结束，Black Horse公司不仅存活了下来，还取得了翻番的业绩增长，你才松了口气，仿佛是你自己的公司经历了各种风浪，终于抵达了安全的港口。

"所以，经济低迷固然可怕，但相比较大环境的影响，初创公司更加不能承担的风险是关键决策失误和重大诉讼。希望我们的经验能对各位有所警示。"演讲者鞠躬致谢，全场响起特别热烈的掌声。"这么快就结束了？"你抬手看了下手表，Jack已经讲满了18分钟，会议议程上恰好给每个人的演讲时间都是18分钟，然而你丝毫没感受到时间的流逝。

那么同样一场演讲中，为什么主持人和第一位致辞嘉宾、第二位照PPT念稿的嘉宾让你昏昏欲睡，而第三位演讲者却让你和其他观众全神贯注，完全忘记了时间呢？因为他讲了故事。

第二章的时候我们说过，人的注意力是有限的，且越来越稀缺。甚至有人说，当代社会，注意力会取代信息成为最有价值的事物。在这种情况下，普通的叙事、信息将越来越难抓住观众，只有那些能够激发观众情感的叙事，那些有情节、有冲突的故事才能脱颖而出。

为什么呢？首先因为故事解决了相关性问题。人的大脑每分钟都处理成千上万条信息，但真正被"处理"的可能百分之一都不到，其余无关紧要的信息都交给了潜意识，通通搬到垃圾箱。那些少量的"有幸"被处理的信息，就是与自身相关的信息。

为什么故事能让大脑识别为"相关"？还是因为镜像神经元。认知和脑科学研究专家塔尼亚·辛格做过一个实验：她先通过功能核磁共振找出受试者大脑中处理疼痛的区域，识别承受疼痛时的反应。然后她又让受试者阅读其他人承受疼痛的故事。神奇的是，当受试者读到他人疼痛的故事时，他们大脑中处理疼痛的区域也有了反应，跟自己承受疼痛类似的反应。这个实验证明，故事可以使讲述者和听者的大脑活动同步，使听者可以感受故事中人物的喜怒哀乐。

比如刚刚这个场景下，第一位演讲者发布的数据看起来有用，但却缺少与个人的直接关联，也没有通过讲述调动观众的情感。而Jack讲的故事不同，他虽然讲的是自己公司的故事，但因为是同行业，又包含大量的细节，使得每个观众都能产生代入感，仿佛自己就是那个在创业的浪潮中不停被拍打的人，随着他的挫折而焦虑，因他的成功而喜悦。这种感受不仅是心理上的感受，还是真实的生理感受。

不仅如此，故事情节的推进还很好地利用了"蔡加尼克效应"。根据蔡加尼克的研究，人们对未竟之事会本能惦记，所以无论是影视作品还是小说，一些有意思的广告，往往利用悬念让人们一直牵挂。蔡加尼克效应解释了为什么人看一部电视剧就想一口气看完；也解释了看一部很烂的推理小说，虽然一边吐槽，还是忍不住想要知道结局。故事只要没讲完，观众就一直期待结局。

这种"吊胃口"的技巧也被用到各种文章或视频里，比如《人一生必去的99个地方，第99个你一定没听过》，或者《化对眼妆，大变活人，答应我一定看到最后》。哪怕你明知这是个套路，还是忍不住等到最后，或者直接拉到最后，看个究竟才觉得踏实。

故事让人记住

我想请你回忆一下，你听过的演讲中，能记得住内容、关键信息的有几个？我相信不会很多。如果有，一定是包含故事的演讲，被记住、记得牢的往往也是演讲里的故事。

我认识不少研究演讲、热衷演讲的朋友，但他们多数都是非法律人士。我因为各种原因认识了几千法律人，但特别杰出的演讲者却并不算多。在这少数的优秀演讲者里，常金光律师是我心中尤为杰出的一位。

我听过他四次大型演讲，从未失过水准。我专门研究过他的演讲结构和技巧，也拿他的演讲作为范例在演讲课上给学员点评。然而即使这样，即使是我心中的优秀演讲者，即使是我赞不绝口的精彩演讲，即使是我听过多次、研究过的演讲，你问我他每次讲了什么，我依然没办法完全记起来，更别提复述了。那我都忘光了吗？也不是。他的每一次演讲中的故事我都记得，每个故事携带的观点、传达的信息我也都记得。

比如说，在2021年的合同大会上，他在演讲开头就讲了一个集装箱改变世界的故事。同样的一吨啤酒，通过人工搬运装卸的成本是4美元，换成集装箱后装卸成本仅为25美分，成本降低了94%。"集装箱最大的成功，在于其产品的标准化以及由此建立的一整套运输体系。能够让一个载重几十吨的庞然大物实现标准化……"他讲集装箱与标准的故事，就是为了引出之后法天使正在从事的合同标准的事。如果没有这个故事，他后面谈的合同标准该是个非常枯燥的技术性话题。但因为这个故事，不仅这场演讲被人记住，故事所带出的话题也让人忘不掉。

如果你看过乔布斯在斯坦福的演讲，也就是那个名句"stay hungry，stay foolish"①的出处，我相信你很难忘记（如果你还没看过，建议找来看看）。他整个演讲就是讲了三个故事，自己的人生故事。用他的话说："No big deal, just three stories."三个故事，仅此而已。

但他的这个演讲不仅风靡全球，还让听过的人都很难忘记。拿我自己来说，我不仅记得他的故事，还记得他每个故事试图传达的讯息：第一个故事关于他的出身和辍学的事，说的是做过的事不会白费；第二个故事说的是自己被一手创立的苹果驱逐出去，说的是关于挫折带来的自我发现；第三个故事讲的是自己得了癌症的事，说的是追寻内心的声音，找到自己真正热爱的事。三个故事传达的讯息最后汇集成振聋发聩的传世经典：stay hungry，stay foolish！

乔布斯堪称近现代最会讲故事的人之一，如果你去观看他的每场发布会，会发现他的每一次登台都在讲故事，讲自己的人生故事，讲企业故事，讲产品故事。前面我们举过例子，他说服百事可乐公司总裁约翰·斯卡利加入苹果，其实也是通过讲故事——一个短小精悍的意义故事。我们这本书反复拿乔布斯来举例子，不仅因为他确实是个演讲高手、故事高手，也不仅因为他的演讲风靡全球，网上随处可以找到影像资料，更因为他影响力巨大，我们的读者大概率听到过、记得他的演讲和故事。

故事能让人记住可不是我的个人判断，而是有实验支持的。斯坦福大学的研究表明，相比数据，故事给人留下的印象要高出10倍。

可能正因为故事更容易记住，在文字出现之前，人类的生存经验才能在大范围内传承。《人类进化史》的作者加文·文斯认为，口述的故事是人类集体的记忆库。内容复杂、内涵丰富的文化信息很难复述和传播，将它们概括或抽象成故事，则方便记忆、方便流传。这些故事一代代流传，后来的人们

---

①　大意是保持空杯心态。

不断地将更多、更先进的信息更新到故事里，形成了经验。

作者举了很多例子来说明，为什么讲故事的能力对人类的生存至关重要。其中简短又有趣的一个是这样的：如果你告诉人们，"不要靠近巨石，有危险"，人们可能不以为然，可能记不住，所以可能因此死去。但是如果用讲故事的方法："我表弟曾经坐在巨石旁，结果被睡在那儿的狮子咬掉了脸"，人们就会更警醒，记得更真切，从而保住性命，且将这种经验代代相传。

或许你会说，咱们不是讲说服吗，如果只是记住故事，记不住我们想要表达的讯息又有什么用？这又要说到神经学的一项发现，"赫布律"。赫布律简单说就是，同一时间被激活的神经元，它们之间的联系会彼此增强。也就是说，相关联的两件事，记住了一件就会记住另一件。就像我记住了常律师讲的集装箱的故事，就记住了与之相关的合同标准的事。

这个赫布律你一定感同身受：小朋友玩饮水机被热水烫到手，下次看到饮水机他就会想到烫伤。一个月色皎洁的秋天夜晚，你在桂花树下第一次亲吻了一个女孩。以后每到月亮挂在桂花树上，每当你闻到那熟悉的香味，你都会想起那个女孩。这就是一个神经元激发了附近的另一个神经元，两个神经元的联系被加强，形成了回路。

用故事说服力矩短

我们一直在说，大脑是懒惰的。如果能启动运行速度更快的系统1，即感性系统，就暂不考虑启动费时费力的系统2，即理性系统。故事调动人的本能脑、情感脑，远比逻辑脑启动速度、处理速度要快、效果更好。比如，如果你告诉人们牛群染上了"牛海绵状脑病"，人们可能无动于衷。但如果报纸报道，近期有牛感染了"疯牛病"，人们立刻紧张起来，因为"疯牛病"听起来就很可怕，激活了人的本能脑。

最经典的例子要数那个耳熟能详的故事了：一个盲人乞丐惨兮兮地在街头坐着，他面前的盒子里只有几枚硬币。看起来愿意帮助他的人并不很多。这时，一个看不下去的聪明人在他面前的牌子上写了一句话："春天如此美好，我却什么也看不到。"只是多了这句话，路过的行人纷纷解囊，乞丐不一会儿就收到了很多施舍。

"春天如此美好，我却什么也看不到"，这是一个简短但充满情感冲击力的故事。它比任何"助人为乐"的道理都来得直接、高效。

正是洞察了这点，高明的演讲、营销、传媒广泛地使用讲故事的技巧，来缩短说服路径。

比如"9·11"战争之后，美国媒体反复播放双子塔受袭坍塌的画面，反复讲述受害者亲人的故事，极大地激发了民众的情绪。正是因为这样，伊拉克战争的提案在国会表决时几乎没有碰到反对的声音。研究认为，如果不是这场恐怖袭击，不是这些故事对民众的最短路径攻破，对伊拉克战争的提议很难通过。

你应该看过这样的广告：早上起床男士想要亲吻枕边的女士，却被她推开了。男士赶紧下床用了某个品牌的牙膏，立刻口气清新，女士也面露灿烂的笑容。只要一个故事，不需要解释这个牙膏的功效、口味、用法，只要一个故事。

用故事说服抵抗少

在我们家，甜食、垃圾食品是被严格限制的。孩子有时候会问，为什么别的小朋友可以吃薯片、糖果、巧克力，而她不行。我会一遍遍跟她解释这些食物的坏处，比如对牙齿不好，会导致长胖，还会造成营养不良，等等。有一次孩子突然问我："妈妈，既然这些食物有那么多坏处，人类为什么还要生产出来？"我一时语塞，竟然给不出一个特别有说服力的答案。

你看，这就是用逻辑、道理去说服的坏处，你事实、道理讲越多，越是为自己树立超大的靶子。一个环节站不住脚，就会导致整个说服方案都看起来漏洞百出。

吃糖果这事还没完。有一次孩子在幼儿园参加活动，带回了一些糖果和巧克力，她抢先说了这样一段话：

"妈妈，今天我们在幼儿园做了游戏，我们小组表现好，所以老师奖励了糖果。彤彤、安安他们拿到糖果都马上吃光了，他们说特别甜、特别好吃。虽然老师说我可以吃，我也很想吃，但是我记得你说过的话，所以忍住了，把糖果都带回来了。你说今天过节，我能破例吃一颗吗？就一颗，剩下的都给你吃……"

她说完这段话，我立刻觉得自己像个冷酷的后妈，充满了对自己规则的怀疑，和对孩子的愧疚：我怎么会对这么懂事的孩子那么苛刻？你猜结果怎么着，我不仅给她吃了，还让她吃完了全部带回来的糖果。"偶尔吃一次也不是世界末日"，在她的故事和情感攻势下，我所有的原则、理性都抛诸脑后了。

通过讲故事减少抵抗在销售行为中尤为常见。销售大师凯文·罗杰在他的书《60秒成交术》中说："当客户观察到即将开始销售说辞的瞬间，他们的'心理之门'就会砰然关闭"，但讲故事却不会，因为对故事好奇是人无法抗拒的本能。

所以，如果你走进一家店，店员上来就问："今天想买点什么？"或者"我们店刚刚上了新款，我觉得这几件衣服很适合你"，你会本能地反感。如果店员充满好奇地问："你身上都湿了，外面是下大雨了吗？"你可能马上卸下防备，开始跟他讲起你刚刚的经历。你没意识到的是，销售行为在刚刚已经开始了。我们在第二章第六节举过的例子，导购也是通过类似的方法卸下了我的说服防备，在她讲了个故事之后我就买了自己原本不打算买的商品。

知名作家罗伯特·基思·莱维特说："人们做决定时并不要求获得事实依据。它们更需要一种良好、令人心满意足的情绪状态，而不是一堆冷冰冰的事实"。有的人甚至认为，讲故事提供了一种非对抗性的方法来解决争端。

下次如果碰到一些不宜争论的对话，比如你的上级讲了一个明显考虑不周的提议，你的客户带着情绪指责了，谈判中对方提了一个一边倒的方案，直接反驳、辩解可能都不合适，这时候不如考虑讲个故事吧。

故事增加说服的价值感与意义

你最高愿意花多少钱购买一件二手裙子？1000元？10000元？据说性感影星玛丽莲·梦露著名的白色"地铁裙"在2011年以460万美元的高价被神秘人拍走了。是那件裙子材质不同寻常？是那件裙子工艺非凡？都不是，是因为那条裙子有故事。

为了验证故事对物品价值的影响，两位学者做了一个实验：他们先以很便宜的价格从类似于小商品市场的地方买进一些小物件，然后请作家针对这些物件写一篇小说，他们再到eBay上拍卖这些物件。研究人员一共花了128.74美元买入的这些小东西，在故事里出现过之后，这些物品一共卖出了3612.51美元，足足升值了2700%。

人人都知道奢侈品贵，成本和售价相差巨大。但奢侈品为什么贵？除了常见的理由之外，也是因为奢侈品通过故事给自身增加了价值感。比如Prada（普拉达）的尼龙布包，小小的一只，原材料再怎么贵几百元也够了，但售价却过万元。可是如果你听到下面这个故事，你就容易接受它的标价：

普拉达家的女儿缪西娅（Miuccia）年轻时曾经爱上了一个英俊而有才气的艺术家，他们有一次飞行时，飞机出了故障，据说飞行员背了一个降落伞，抢先跳下去了。但是飞机上只剩下一个降落伞了，缪西娅要和男友同生共死，但男友把降落伞给她套上了，然后将她推出了机舱。缪西娅获救，却从此和男友阴阳两隔。

后来，缪西娅成了普拉达的设计师，为了纪念那位将生的希望留给她的男友，她用和那个降落伞一模一样的尼龙设计了普拉达的尼龙背包……

就这样，20年过去了。某天，缪西娅收到了一封信，信竟是她的那位前男友写来的！原来他奇迹般地生还了，但是已面目全非，而且还成为了残疾人，因此只是给她报平安，希望她不要再找他。缪西娅顿时泪如雨下。她寻找了很多年，但最终也没能找到他。

（摘自得到APP"吴军·硅谷来信"栏目）

这个故事据考证并不见得真实，但这款尼龙包却因此被加入了爱情的元素，很多女人因此竞相购买。

用故事增加价值观、意义感不仅可以用在商业领域，用在激励他人方面也是非常有效。比如一位巴士司机可能觉得自己的工作无聊沉闷又没意义，但是如果他的领导跟他说，对于早上坐上巴士的一位老年女士来说，司机可能是她一天中唯一接触的人。这时候司机不仅感觉到自己工作的意义，也更加有可能对乘客更友善。

上个世纪苹果公司开发麦金塔电脑时，电脑开机速度还很慢。工程师已经用尽了最大努力，但乔布斯还是不满意，要求开机时间再缩短十秒。工程师们纷纷表示不可能，乔布斯于是给大家算了一笔账：假设未来有500万人使用苹果产品（现在看起来，当时的目标是多么保守），假设每台电脑省10秒，一天就省出来5000万秒，一年就3亿多分钟，相当于是10个人的一生。所以为了拯救这十条人命，各位再加把劲吧。

你猜结果怎么样？工程师们被乔布斯打动，最后将开机时间缩短了28秒！

故事本身就可以是个说服方案

我们用故事来说服，很多时候是用故事作为论据。比如：人过了40岁，应该定期做肠镜检查。我婆婆一辈子节约，什么钱都不舍得花。我和老公想了各种办法，才说动她去做体检。谁知道平时看起来健康得不得了的一个人，竟然发现了严重的肠道息肉。医生说再发展个一年半载，80%的概率会发展成肠癌。我们发现得及时，只做了一个息肉切除手术就好了。从此以后，我再让我婆婆去做体检，她再也不"拼命抵抗"了。

但有些时候，我们并不需要用故事这个"糖衣"来包裹说服方案这个"炮弹"，最好的炮弹就是糖衣，高明的故事本身就是一个绝佳的说服方案。

《聊斋》里有一个故事叫《水莽草》。

大意是，话说南方有种叫水莽的有毒植物，人被毒死后会变成水莽鬼。水莽鬼不能超生，要引诱别人也被毒死才能投胎，民间管这叫拉替死鬼。有个姓祝的秀才去朋友家做客，在路上遇到个茶棚，茶棚里有一老一少两个女人，那个少女生得明艳动人。祝秀才喝了茶以后，还忍不住"撩"了少女一下，要走了她的戒指和一撮茶叶当信物。

晚上到朋友家，祝秀才开始心口疼，拿出藏的茶叶给朋友看，朋友惊骇地说：这是水莽草，祝秀才你中了水莽毒了。他见到的那个少女，是本地一个叫寇三娘的水莽鬼。从前是富家小姐，因为误食水莽而死。传说如果知道了水莽鬼是谁，用他生前的裤子煮水喝就能有救，但寇家听说三娘拉到了替死鬼，就拒绝了救祝秀才。于是祝秀才含恨而死。他死后媳妇很快改嫁了，家里就剩下老娘带着个一岁的孤儿，日子过得劳苦不堪。有一天，祝秀才的老娘正在痛哭，忽然就见儿子回来了。祝秀才说，他临死前发下毒誓，绝不让三娘托生，在她快要投胎到官宦人家时，真把她的鬼魂给追了回来。

现在三娘已经做了自己的媳妇，一起回家来伺候老娘。老娘见三娘虽然不是活人，但是美丽贤惠，也就放了心。而此时三娘的娘家闻讯，送来了钱和佣人，还给祝家翻盖了房子。但祝秀才恨他们当初不救自己，所以从来就不登老丈人家的门。

后来，村里又有人中了水莽毒，居然活了下来。原来是祝秀才暗中替他赶走了水莽鬼，祝秀才最恨这种拉替代的行为，不光自己不拉替身，而且专门帮别人驱鬼。从此，凡是中了水莽毒的人，只要到祝家祷告就会得救。

祝秀才和三娘这对鬼夫妻为老娘养老送终以后，又给儿子娶了亲。有一天，祝秀才告诉儿子，天帝因为他积德有功，封他做了"四渎牧龙君"，是掌管几条大河的神。到出发时，院里有架华贵的马车，拉车的四匹马都长着龙鳞。从此，祝秀才和三娘就成神了。

（摘自得到APP"贾行家说《聊斋》栏目"）

许多人读这个故事的时候，读出的是人心的复杂和劝人向善，但贾行家老师却说，《水莽草》是一个优秀的说服案例。假设你是地方官，当地很多老百姓因为误食有毒的水莽草丢了性命，你命令下属张贴告示劝诫大家不要食用，你猜效果怎样？多半不会很好，因为：第一，告示的传播很有限。有人不识字，有人一辈子也不进城，根本没有机会了解；第二，人是有逆反心理的，越是不让尝试的越忍不住跃跃欲试。很多心理学家做过这样的实验，比如让你脑中不要想粉色的大象，你反倒忍不住去想。

但讲故事就不同了，尤其是这么一个曲折、奇幻又带点恐怖元素的故事。因为它激活了人的情感脑，所以对人的冲击要比调用逻辑脑来得直接、强烈。乡村生活原本乏味，一旦听到这样惊悚的故事，每个人都有动力传播——还记得前面提过的社交货币吗？这是绝好的谈资。而这个故事传播了，根本不需要告诉百姓"别吃水莽草"，人人已避之唯恐不及。

高明的故事本身自带说服力，本身就是一条清晰强烈的说服讯息、一个说服方案。

思考：

1. 你怎样讲一个故事，将你5岁侄子的画作以500元卖出去？

2. 你还能想到哪个故事，本身就是包含强烈说服讯息的说服方案？

本节小结：

➤ 讲故事和听故事是人类的本能，既有生理基础，也有进化带来的社会学、人类学基础。

➤ 因为解决了相关性问题，也因为可以激活人脑中的镜像神经元，好的故事可以吸引观众注意力，而有了注意力才可能更好地说服。

➤ 相比较单纯的信息，故事更容易被记住，故事中包含的说服信息也因为赫布律更容易被记住。

➤ 故事调动的是人的本能脑、情感脑，所以力矩更短。

➤ 对于不宜辩论、反驳的场合，或者观众抵抗心理明显的说服场景，故事可以不留痕迹地说服，减少冲突。

➤ 用故事赋予价值和意义，在商业中可以为商品增值，用于激励他人一样具有非凡的效果。

➤ 有些故事本身就是一个完整的说服方案，包含强烈的说服讯息。

第二节　什么是故事

那些会讲故事的人将会统治世界。（Those who tell stories rule the world.）

——美国谚语

按照法律人的思维，谈故事之前，得先说说什么是故事。只有解决了定义问题，才有后面的"故事"。

市面上有很多关于讲故事的书籍，对于故事的定义也五花八门。比如《牛津英语词典》把故事定义为"以娱乐为目的的，关于虚构或真实人物及事件的叙述"。丽萨·克龙则强烈反对这种说服，认为故事是"关于所发生的事如何影响某个人达成艰巨的目标，如何改变他的内心"。另一位专门研究故事的大师，罗伯特·麦基则在《故事经济学》里将故事定义为"一系列由冲突驱动的动态递进的事件，在人物的生活中引发了意义重大的改变。"

我完全认同丽萨·克龙和罗伯特·麦基对故事关键元素的抓取：影响、改变、冲突，这些因素在故事中发挥着巨大的作用。但他们主要针对的是文学故事或特定场景下的故事，如小说、电影，往往篇幅较长、情节复杂。按照这个标准创作的故事，固然精彩、符合人们的习惯，但用于说服则有其局限性：日常说服中，效率非常重要，很多时候我们没时间准备更没时间讲述一个复杂的故事。我们追求的说服故事，最好"字少事大"，四两拨千斤，哪怕为此牺牲掉一部分娱乐性或颗粒度。

关于什么是故事，我听过的最好的辨析是这样的：

"王后死了，国王也死了"，这叫叙事。

"王后死了，国王死于心碎"，这叫故事。

瞧，故事可以很长很长，也可以很短很短。咱们用于说服的故事，尽量不要讲太长，原因前面已经讲过：注意力稀缺，太多的无关的细节会观众的注意力，也会削弱核心信息带来的冲击力。

那么到底怎样称得上是故事呢？我不打算对它下一个封闭的定义，因为任何一种定义都可能是对故事的狭义解读，都可能扼杀你我对故事的创造力。所以与其说故事是什么，倒不如说说故事不是什么，厘清它与一些邻近概念的界限。

故事不是叙事

根据《辞海》的定义，叙事即"对于故事的描述，是文化表达的主要方式之一""作为文学写作用语，叙事指以散文或诗的形式叙述一个真实的或虚构的事件，或者叙述一连串这样的事件""按照一定的次序讲述事件，即把相关事件在话语之中组织成一个前后连贯的事件系列"。

由此看出，故事需要通过叙事实现，但并不是所有的叙事都等于故事。**叙事与故事相比，缺少了对人的情感的调动**。为什么上面说"王后死了，国王也死了"这句话是叙事，而"王后死了，国王死于心碎"就是故事了？因为心碎是一种情绪、情感，而且当两句话这样先后陈述时，人脑会自然地将后面一句理解为与前面一句具有因果关系。当一件事推动另一件事时，就有了情节。

第一节举例的"春天这么美好，我却什么也看不到"为什么也是个故事，而不是叙事？因为其中包含一种遗憾、悲伤，因而激起了路人的怜悯、同情。

明代大文学家归有光写的《项脊轩志》怀念去世的妻子，写的是"庭有枇杷树，吾妻死之年所手植也，今已亭亭如盖矣"。寥寥数字，饱含深情与悲痛，所以不再是简单的叙事，而成为一个动人的故事。

从这个意义上，单纯地举例子也不是讲故事。如果你回过头去重读本书，你会发现我举了非常多的例子。这些例子多数都用来阐释说明一个观点或者一种方法，目的是为了促进读者理解，而不是调用各位的感情，让你们兴奋、喜悦或焦虑、恐惧。用这样的衡量标准，你可以在本书找出5个故事吗？如果你找到了，可以到我的公众号"见我"后台留言告诉我，我将非常乐意跟你对一下咱们各自的答卷。

思考：

有一句文案是这么说的："遥控器里的电池还没换，我却换了三个陪我看电视的人。"你觉得这是叙事还是故事？为什么？

故事不是场景

那是一个春天的下午，在一棵巨大的香樟树下，我亲吻了我的女朋友。摇晃的树影洒在她微笑的脸上，她的笑容比春天的风还温暖。

这是一个场景。场景对于故事非常重要，它不仅可以交代故事的背景，也可以提前引领观众进入特定状态，让观众更容易有代入感。一个优秀的故事要有画面感、场景感，但如果只有场景，没有情节和变化，那也不称其为故事。

那是一个春天的下午，在一棵巨大的香樟树下，我**第一次**亲吻了我的女朋友。

这就勉强是个故事了。想想为什么？因为"第一次"意味着关系的突破，意味着主角身上发生了变化，也给观众带来了遐想和想象的空间。

> 那是一个春天的下午，在一棵巨大的香樟树下，我**第一次**亲吻了我的女朋友。然而她愤怒地推开了我，还甩了我一耳光。

这就是个真正的故事了。为什么？因为这里面有多重变化。先是"我"突破性地亲吻了女朋友，多么开心愉悦的变化。然而愉悦没持续多久，变化又产生了：女朋友不仅愤怒地推开了"我"，还甩了"我"一耳光。这不仅是个变化，还是个让人难过的变化。如果你愿意，故事可以继续往下讲，既可以交代为什么她甩你一耳光，也可以讲讲之后你又怎么做的。

可以说，场景是故事的要素，但如果只有场景，没有变化推进场景切换，则不构成故事。如果你去读古诗，会发现很多古诗都描绘了非常生动的场景："两个黄鹂鸣翠柳，一行白鹭上青天""空山不见人，但闻人语响""大漠沙如雪，燕山月似钩"，这些都是场景。但因为没有变化，没有一件事推动另一件事，所以称不上故事。

而有些古诗，不仅有场景，还有变化，所以就是一个短小精悍的故事。比如："清明时节雨纷纷，路上行人欲断魂。借问酒家何处有，牧童遥指杏花村。"

这就好比看动画片，一幅幅图都是场景，但将所有的图连起来播放，将一个个场景按照一定的先后顺序、逻辑顺序串起来，就形成了故事。故事就像流动的水，由一件事推动另一件事，不停向前发展，不停发生变化。这种变化不是小婴儿慢慢长成儿童的渐进式变化，而是灰姑娘变为公主的转折式变化。

"白雪公主与王子从此以后幸福地生活在一起。"为什么童话故事到这结束了？因为此后没有变化了。那故事正文部分有哪些变化？不妨来看看：

白雪公主的亲生母亲去世是变化（变化1），国王娶了一个狠心肠的新王后是变化（变化2），新王后嫉妒白雪公主的美貌是变化（变化3），新王后命令猎人杀掉白雪公主是变化（变化4），猎人放走白雪公主，白雪公主结识七个小矮人又是变化（变化5），新王后用毒苹果谋害白雪公主是变化（变化6），王子发现水晶棺中美丽的白雪公主，带走她的路上因为绊倒，白雪吐出毒苹果醒过来又是变化（变化7）。

在这个故事里，因为变化1，发生了变化2；因为变化3，发生了变化4；因为变化5，发生了变化6；因为变化7，才有了皆大欢喜的结局。就是这样，一个变化跟着另一个变化，一个变化推动着另一个变化，故事才会前进。而这些变化加起来，就是我们经常说的情节。换言之，**情节就是故事中变化的总和**。

为什么故事中一定要有变化？这又要说到大脑的工作机制了。

假设你正坐在一辆晃晃荡荡的绿皮火车上，有节奏的"咔嚓咔嚓"声让你很有安全感，使你昏昏欲睡。就在这时，你突然听到一阵火警警铃，或者火车来了一个毫无预兆的急刹车，或者突然有人叫你的名字，你都会马上睁大眼睛试图弄明白发生什么事了——因为有变化，所以你的注意力被抓住。大脑的运作过程虽然我们看不到，但跟这场景差不多。人脑每天会接收海量信息，偷懒的它可不想逐一处理，而是一张网先筛掉大多数的无关信息，而将有限的处理能力用来处理剩下的可能只有1%的信息。那什么样的信息会引起关注呢？生死存亡的事当然是大脑最先处理的。哪些信息初筛就觉得关乎生存呢？当然是没在正常运行轨道上的事（"脱轨"），比如意想不到的威胁，或者从天而降的运气。

也正是因为如此，故事中的变化最好具有"戏剧性"，即出人意料。

我印象深刻的戏剧性说服故事要数乔布斯2007年的苹果发布会。在发布会之前，观众的期待是苹果公司会推出三件产品，发布会上乔布斯本人也是这么说的："我们有三件产品……第一件是触摸控制的宽屏iPod，第二件是革命性的手机，而第三件是有重大突破的互联网通信设备。"乔布斯接着又重复了两次："一个带有触摸控制的宽屏iPod、一台革命性的移动电话、一部突破性的互联网通信设备""一个iPod、一台电话和一部互联网通信器"。（"a widescreen iPod with touch controls, a revolutionary mobile phone, and a breakthrough internet communication device""an iPod, a phone, and an internet communicator"）就在观众善意地为他的啰嗦发出笑声时，他咣当一下亮了大招："它们不是三个独立的设备，它是一个设备！我们就叫它'iPhone'！"底下观众发出如雷的欢呼声、尖叫和口哨。这是产品发布会的巅峰时刻，也是说服故事难以逾越的高峰。

故事不是流水账

为什么我们听一些人讲"故事"时，不仅没有被抓住注意力，反而生出无聊、厌倦感？因为他们将故事讲成了流水账。这样的故事往往都是"然后，然后"地往下讲，就像一条直线，或者平缓的波浪线——哪怕有前面说的变化，也都是轻描淡写地一笔带过。

最常见的流水账故事就是企业大事记和个人简历。多可惜，原本是塑造企业形象和个人形象的绝佳时刻。

按理说，每个企业都应该有自己的企业故事，每个人也都有自己的个人故事。但是我们平常看到的是什么呢？

- Black Horse公司，成立于2017年，是世界上第一家生产植树机的公司；
- 2017年底，Black Horse获得第一笔投资，并将公司总部从北京迁至上海；
- 2019年，Black Horse开设了第一家海外子公司，在日本东京；

> ■ 2021年，Black Horse集团在中国设立了其第13家工厂，至此中国主要大城市均有Black Horse的分公司、子公司、工厂；
>
> ■ 2022年，Black Horse赢得××项目，在中国的年销售额达到100亿元人民币；
>
> ■ 2022年，Black Horse向中国偏远农村捐赠2000台植树机，总价值超过1个亿。

看完这个企业故事，你是什么感受？哦，这是一家做植树机的公司，规模还可以，发展也挺快，好像还有点社会责任感——这还是你认真听完介绍才能得出的结论。不知道多少人压根没听进去介绍的任何一句话。这个企业故事还能怎么讲？快快回头去第一节看看Black Horse的Jack Fang是怎么讲的。各位还可以找一些鼎鼎大名的企业故事来看看，如星巴克、亚马逊、苹果、Facebook，学习一下怎样讲好企业故事。

个人故事就更常见了，你去求职面试，你去相亲，你去新公司入职，你去见潜在客户，你去和投资人开会，你去做培训，都得交代清楚你是谁。我们最常见的个人故事怎么讲的？姓名、年龄、学历、单位、职业、婚姻状况、爱好，跟填表一样，看不出任何个性的部分，更别提个人品牌了。比如说，一位企业内训师在培训开场时这样说：

> 我叫王大鹏，王是国王的王，大鹏是大鹏展翅的大鹏。我今年38岁，已经结婚了，有两个孩子，一个8岁，一个5岁。我研究生毕业后，就进入Black Horse公司从事研发工作，现在担任公司的研发经理。我的爱好是打篮球和玩王者荣耀。下面我们进入今天的话题……

好了，一个有血有肉的人，一个掌控全场的讲师，愣是被自己介绍成了一个NPC[①]。那么，如果王大鹏开头时这样讲个人故事呢：

从小到大，我从来没让父母为我的学习发愁过。我自己写作业，自己上下学，哪次考试拿了个99分都会罚自己不吃晚饭。哪怕是在××大学最热门的院系里最受欢迎的机械专业，我每学期也都拿一等奖学金，当然名正言顺地保了研。因为成绩好，科研成果也多，我还没毕业就被Black Horse公司选上，提前拿到了录用通知。

但是，在学校有多得意，进职场就多受挫。我入职的第一天就碰到了至今想起来还非常脸红的事。我到研发部门报道，我当时的经理给我介绍给大家："这是××大学机械专业的高材生，成绩特别好，读书期间已经发布了二十多篇论文了。"这时候一位年纪较大的大姐说："哟，那是我师弟啊，师弟你好，我是97级机械专业的。"我当时不知道脑子哪里抽筋了，脱口就说："那您一定是城市学院的吧？97年的时候城市学院还没和我们合并，我们专业是2005年才有的。"我能看到那位同事的笑容一下子僵住，其他同事也一下子不知道说什么了。这样愚蠢的无心之过我在工作的前三年不知道犯了多少次，几乎给我们同事都得罪了一遍。

有一次年底绩效谈话，我的经理在肯定了我的专业成绩之后，看着我说："小王啊，我知道你是个善良的人，本意肯定不想伤害他人。但是如果你说话的时候能多考虑考虑别人的感受，多包容别人的错误而不是当面指出，你应该很快就能成为不错的组长了。"

说实话，我一直知道自己说话耿直，有时候还为此觉得骄傲。但直到那一刻，我意识到沟通问题可能成为我职业绊脚石的时候，我才明白自己该改变了……

---

① non-player character，非玩家角色。

王大鹏内训开头如果这样讲，可达到三个目的：第一，吸引学员注意力；第二，让学员知道他是谁，干什么的，有什么特点；第三，引出当日的培训内容。

那么第二个个人故事和第一个差别在哪儿？为什么第一个是流水账而第二个就是故事了呢？差别在于第二个故事有冲突和挑战。

如果王大鹏一直讲自己多优秀，不仅容易遭到白眼，也会将故事讲成流水账。可是在前面的优秀之后，突然来了一个挑战，犯了一个这样尴尬的错误，观众可能跟着想：天哪，那不是我吗，我也干过那样的蠢事啊。等他袒露自己内心，以耿直为骄傲，可能又引起了观众的共鸣：我是不是也经常这样呢，明明伤害了别人，还觉得自己有个性？

当然，王大鹏的故事还没讲完，他之后还要讲讲自己是怎样一步步克服老毛病，成为一个合格的沟通者和领导者的，为观众提供一个漂亮的结局。

要讲好一个故事，要想故事吸引人，冲突和挑战必不可少，要克服的难题必不可少。白雪公主最大的挑战是什么？是从坏王后手里活下去。唐僧师徒的挑战是什么？克服一重又一重的磨难，打败一个又一个的妖怪。

如果你不知道如何为故事设计冲突和挑战，不妨从以下几个方面考虑：

第一，物理的限制。比如在两地生活的恋人，不得不被空间分开；想要好好准备考试，但时间不够了；想要出门旅行，突发状况导致交通受阻；开车自驾，突然又爆胎了。这些都可能给故事的主角带来挑战，成为一个个待解决的问题。

第二，来自社会的阻碍。因为长相被人嘲弄，因为职业卑微不受尊重，因为缺钱没法负担律师费……

第三，来自关系的挑战。比如早恋受到父母反对，比如打算单身遭遇催婚，比如遭遇朋友的背叛，比如被深爱的人折磨。前面举例的与女朋友接吻，被女朋友甩了一耳光，这就是一个来自关系的挑战。

第四，来自个人内心的冲突。比如意识与潜意识的纠缠，理智和欲望的斗争，法律和伦理的取舍。

这些各种各样的难题，既是给故事主人公的挑战，也是给观众的挑战。这些难题将讲故事的人和观众拉到了同一条战壕，观众跟着讲故事的人一起为解决这个难题而着急、揪心。也正是因为这些挑战的存在，观众大脑中的皮质醇开始大量分泌，直到故事继续发展，难题被一个个解决，故事迎来结局，观众们才放下心来，重新回到听故事之前的稳定、平静状态。

在故事中设计了各种冲突和挑战之后，记得为故事安排一个结局。为什么人们明明不喜欢一部电影，却硬着头皮也要看完？因为蔡克尼克效应，更因为一个好的故事结局可以刺激人们多巴胺的释放。人们每听到一个故事的结局，都感觉到多巴胺释放的快乐，因此形成了稳定的期待。

这么说起来，讲故事似乎不难：只要有情感、有变化、有冲突，再有结尾，就称得上一个故事了。但事实是，很多人依然没有讲故事的素材，或养成讲故事的习惯。

故事就是将稻草纺成金线

中文的"故事"一词，从字面解释就是发生过的事。所以不要担心没有故事来源——你早上起床跟孩子的一场斗智斗勇，午饭和同事闲聊发生的趣事八卦，下午开会发生的争论、谈判，下班路上目睹的一起交通事故，晚上和伴侣的亲密谈话，假期徒步的冒险经历，这所有的所有，都可以成为故事的素材。如果你不愿意讲亲身经历或者个人故事，各种历史故事、民间传说、影视作品、时事热点，也都可以提取出可以为你所用的片段。

专门研究故事艺术的作者凯特·法雷尔说，讲故事就是将自己支离破碎的经历、各种素材，用一定的方法串起来，也就是她说的"将稻草纺成金线"。

这条金线的两头，一头是讲故事的人，一头是听故事的人。金线上串着的各种各样的彩色珠子就是我们的经历。我们生活中那些快乐的时刻，那些艰难的时刻，那些成功的时刻，那些失败的时刻。

在我看来，在所有的难忘时刻里，我们最应该收集的是艰难时刻。在讲故事时，我们往往不愿意讲出自己窘迫的、穷困的、尴尬的、无助的、犯傻的时刻，因为讲出来可能让我们重温当时的痛苦，也因为我们担心这些事影响观众对我们的评价。然而，刮开生活的表象，没有谁的人生没有这样的艰难时刻。讲故事只讲正面的、成功的、顺利的经历，就好比宴请他人，上了一桌马卡龙，初看漂亮，吃两口就腻到吃不下。

讲出那些艰难时刻，不仅让你看起来更真实、更立体，更容易获得观众的信任，还能让你的故事更有冲突感，更刺激皮质醇分泌，从而具有更加抓人的力量。还记得前面讲过的故事与流水账的区别吗？是冲突和挑战。一个个艰难时刻，就是一个个冲突和挑战，一个个需要解决的问题。能不能熬过这些时刻，能不能解决这些问题，怎样度过这些时刻，怎样解决这些问题？观众就这样被拽着向前，直至故事结束。

当然，讲出艰难时刻不等于故意"卖惨"。我们所讲的一切故事都是为了说服。在挑选故事素材的时候，要将故事素材和你要表达的观点关联起来：故事是为了引出你的观点，还是为了证明你的观点，又或者，故事本身就是观点？

本节小结：

> 说服场景下的故事不同于文学故事，说服故事更强调功能性，更强调效率。

> 尽管如此，说服中的故事也应当具备一些基本要素：情感、变化、冲突和挑战。

➢单纯的叙述不是故事，只有具备了情感和价值才构成故事。

➢纯粹的场景不是故事，只有一个变化推动一个变化，一个场景切换到另一个场景，才可能构成故事。

➢故事不是流水账，而应该包含冲突元素和挑战，比如物理的限制、社会的阻碍、来自关系的挑战、来自内心的冲突等。

➢故事就是将一些时刻、经历串起来，"将稻草纺成金线"，以关联自己的观点和说服目的。那些艰难的时刻，往往更能打动观众，建立信任，也更能刺激观众的皮质醇分泌，使得故事更有张力。

第三节　怎样讲故事

高质量的故事总是能赢，始终如此。

——加里·维纳查克[①]

说服中的故事应该怎么讲？怎么确定故事主旨？应该纤毫毕现、栩栩如生地讲，还是言简意赅，传达关键信息即可？应该讲真实的故事，还是虚构的故事？应该讲自己亲身经历的事，还是讲发生在其他人身上的故事？是一个故事走天下还是需要储备海量故事？讲故事需要文采、表演力吗？对这些问题，我要给出法律人对多数问题的通用答案：It depends（那要看情况）。下面我先讲一个几年前亲历过的故事。

几年前，我独自在台湾旅行。旅程过半的一天，我与台北民宿的住客们拼车，搭乘一辆小巴前往花莲。因为是小巴，车上人不多，很快彼此也就熟悉了起来，大家天南海北地聊天。

过了清水断崖没多久，司机停到一个加油站加油，顺便让大家去下洗手间。大家嘻嘻哈哈下车了，我也赶紧下来透透气。想着不知道下面还有多远的路程，虽然不急，要不我也去下洗手间吧？还没出洗手间，突然

---

① Gary Vaynerchuk，美国著名连续创业企业家，四次荣登《纽约时报》畅销书作者，演说家和国际公众人物。

觉得世界一片清静。我脑中冒出一个让人惊慌的想法：莫不是大家都走了吧？然后赶紧安慰自己：不会不会，这才几分钟啊，而且司机出发之前肯定会清点人数的。我坐那么明显的位置，没上车的话肯定会被发现的。

尽管如此，我还是着急忙慌地跑出了洗手间。朋友们，当你觉得可能有坏事发生的时候，坏事就真会发生呀！我出来一看，整个加油站空荡荡的，既没有我们小巴车的踪影，也没有任何一个人影。

你以为这是很糟糕的事了吗？不，更糟糕的是，我因为原本没打算去洗手间，既没拿手机，也没拿钱包。也就是说，小巴车不仅丢下了我，还带走了我的手机和钱包！

怎么办，怎么办，人生地不熟地，我两手空空没钱没手机。脑中闪过各种可怕的想象，我赶紧让自己深呼吸几次，总算冷静了下来。先观察一下周围环境有什么可以利用的吧。嗯，这是一个加油站，是加油站就有人，有人就能有办法。想到这儿我四处环视，果然发现了一间办公室。于是我赶紧三步并作两步跑过去。谢天谢地，里面果然有人。

我愁眉苦脸地向加油站的工作人员讲了自己的处境，这些台湾朋友非常热心，一边安慰我，一边帮忙出主意：

"你知道司机电话吗？我们可以给司机打电话。"

"不知道哎。"

"你知道车辆是哪家公司的吗？"

"也不知道，是民宿老板帮忙联系的。"

"你有民宿老板电话吗？"

"有，在我手机上，但我手机被车带走了。对了，我记得民宿的名字，您能帮我在网上查查民宿的电话吗？"

人家用电脑噼里啪啦搜了一番："只查到民宿介绍，没有电话哎。"

好了，好不容易生出的一丝希望又破灭了。见我沮丧的样子，工作人员纷纷安慰我。

就在这时，我看到加油站里面有摄像头，灵机一动："对了，你们能回看刚刚的录像吗？能不能看到小巴的车牌号或者公司名称？"

热心的工作人员立刻帮我调录像。运气不错啊，录像拍到了租车公司名字，也拍到了车牌号。于是工作人员又帮我打电话到查号台，问到了租车公司电话。然后打电话到租车公司，要到了司机电话。

几经周折，终于拨通了司机电话。谁知电话一直没人接听！该不会小巴司机那边又出什么情况了吧？听说前面的路非常难开，可别……人在打不通电话的时候就是爱往坏处想。

我们一直打一直打，打了七八次，电话终于接通了！刚跟司机说两句，司机已经主动地说："对不起对不起，刚刚我们也发现车上少了个人，现在我们已经在回去接你的路上了。"什么嘛，原来就算我什么都不做，他也会回来的嘛！原本还为自己的临危不乱和机智骄傲，这会儿又觉得那番功夫白费了。

40分钟之后，小巴终于重新回到了加油站。看到它开进来的那一刻，我开心得咧嘴直笑，加油站的工作人员也特别开心，拍拍我的肩，挥手祝我享受下面的旅程。在我上车的那一刻，车里响起了热烈的掌声，这群可爱的车友们都跟我一样，总算放下心来了。

"我们都以为，你肯定在车站抹眼泪呢，没想到我们老远就看到你笑嘻嘻地站那儿了。"我后座车友后来跟我说。

故事想说明什么

如果我就这么给你讲了上面这个故事，别的啥也没说，也没有前后文，你可能觉得的确有点惊险，但跟我有什么关系？这种感觉跟钓一天鱼，两手空空回家的感觉差不多吧。不传达观点的故事就是事故。

我台湾旅行的故事如果在这样的场景下讲，你看看是否就讲得通了：

我的一个女性朋友一直想独自去旅行，但从未成行，拦住她的主要原因是，她害怕单身女性在外不安全、不方便。

我作为一个爱旅行尤其爱独自旅行的同龄女性，自然希望我的朋友能突破自己想象出来的樊笼，尽情地享受旅行的快乐。为此我已经列了一些治安很好的旅行目的地供她选择，教给了她一些常见的安全意识和防范措施，也跟她讲了独自旅行的乐趣——她已经蠢蠢欲动了。这时候我需要一个真实的、正面的故事再推她一把，于是我就给她讲了这个故事。

讲完故事之后我跟她说："我出过那么多次门，碰到过各种各样类似的状况，但每次都能圆满解决。只要自己遇事不慌，愿意开口求助，到哪都没问题。我跟你说，我旅行中碰到的陌生人都很善良友好，就像台湾的这些人。更重要的是，就是这一件件的意外状况，以及一次次应对意外状况的过程，才构成旅行的美好回忆。"她听了我的故事，终于决定先从国内游开始，迈出了她的第一步。没想到去了云南一趟，她就彻底爱上了独自旅行。

说服中的故事总是为了传达观点，服务说服目的。我给我朋友讲我在台湾的故事是为了告诉她独自旅行不可怕，促使她行动；现在讲她的故事是为了说明，讲故事是为了服务说服目的，切题的故事才能产生好的效果。

某一天，我跟常金光律师通电话。我提到当时的一个选择困境，想听听这个聪明人能给我什么建议。没想到他没正面回答我问题，反倒说："我跟你讲个故事吧"，然后就自顾自地讲了起来。

"很久以前，有一个穷苦的渔夫在海边打鱼。有一天他一网撒下去，没有鱼，但打上来了一个瓶子。他非常沮丧地拿起瓶子，气呼呼地打开想看看里面到底有什么。他刚拔开瓶盖，瓶子里冒出一股白烟。"什么，他不会跟我讲《渔夫与魔鬼》的童话吧？那有点幼稚了吧？

"魔鬼对渔夫说，'谢谢你救了我。作为答谢，我可以满足你任何愿望'。"

咦，这又变成阿拉丁神灯的故事了。但这跟我有什么关系呢？

"渔夫提了好多要求，什么金银财宝呀，豪华的宫殿呀，天底下最漂亮的女人呀，成群的仆人呀，魔鬼都实现了。"好了，也不是阿拉丁神灯的故事。

"魔鬼继续问渔夫：'你还有什么需要我去做的事呢？'渔夫已经实现了自己的全部梦想了，没有要求了。魔鬼说：'那可不行，如果你没有需要我做的事了，我就要吃掉你。'"好，故事应该具有的挑战因素和冲突总算来了。

"渔夫说：'你能不能先别吃我，让我回家跟我老婆告个别？'。魔鬼同意了，渔夫回家涕泪俱下地跟他的漂亮老婆告别。老婆问清了原委，淡定地说：'别担心，我有办法。'于是这个漂亮女人从头上拔了一根长发下来，让渔夫交给魔鬼，要求魔鬼用手给它捋直了。渔夫照做，从此以后魔鬼就有活干了，渔夫也不用死了。"故事到这结束了，但我一脸懵：虽然有漂亮的结尾，出人意料但又满足了人们对美满结局的期待。但是，到底跟我有什么关系啊？这个奇怪的人为什么给我讲这么一个没头没脑的故事呀？

常律师好像在电话那头识穿了我的心思："这个故事说明，与男性相比，女性具有令人惊异的直觉和创新智慧。不知道怎么做的时候，利用自己女性的直觉就是个好主意。"好家伙，说半天，原来就是不想直接给我出主意啊。我在电话这头一边笑，一边惊叹故事还有这种用法。

这个故事给我留下了极深刻的印象，不仅因为刚听到时候那种一头雾水的感觉，更因为这个故事用来支撑的结论。如果他单纯讲了一个故事，没有最后的"关联"环节，这会是一个极其糟糕的故事。听者不仅不明白为什么讲这个故事，还会觉得讲者在浪费时间。

故事的长短详略

功能性的故事，肯定不能做到《红楼梦》那样事无巨细，也不能做到哪怕短篇小说那样注重描写、刻画。不同于追求影视剧里故事的娱乐性，说服中的故事的第一追求是实现说服目的。正是因为如此，说服中的故事最好坚持"最短必要原则"加少量细节，只讲与说服目的相关的事，再辅以少量细节来制造场景感，启动观众的情感和镜像神经元。

"最短必要原则"说的是，不相干的情节、枝节不讲，所讲的一切都为了服务说服目的。"国王死于心碎"，如果这个故事要表达的是国王对王后的爱，这句就够了。但如果想说明且有必要说明国王是怎样心碎的，那就需要细节。

前面提过的善用朴实的话语描写感情的归有光，在母亲去世后写了怀念母亲的《先妣事略》。他说母亲过世，家里请画工来画遗像，因为没有参照，就叫来了归有光和姐姐，对画工说："鼻以上画有光，鼻以下画大姊。"完全是大白话，看起来也很琐碎，但读起来就是非常动人。

我们反复提到的乔布斯在斯坦福大学的那个演讲，全程不到15分钟，他讲了三个故事，三个故事都给人留下很深的印象。这是怎么做到的？怎么可能做得到？我认为其中最重要的原因之一就是详略得当。他开头就讲自己的家庭、自己的成长，这些经历如果不作取舍，讲个三天三夜都没问题，但他两分多钟就讲完了，还讲出了与养父母之间的感情。然而，如果事事一笔带过，就如同流水账，很难启动观众的情感脑，更别提让他们记住了。

那怎么办？辅以适当的细节，来制造场景感，或表达难言的感情。

在第一个故事里，乔布斯在讲述自己辍学后的艰难生活时，描述了这样的细节："我失去了我的宿舍，所以我只能在朋友房间的地板上面睡觉，我去捡可以换5美分的可乐罐，仅仅为了填饱肚子。"寥寥几句，将生活的艰辛毫不遮掩地呈现给了观众。

在讲关于死亡的故事里，他又用到了细节："我拿着那个诊断书过了一整天，那天晚上我做了一个活切片检查，医生将一个内窥镜从我的喉咙伸进去，通过我的胃，然后进入我的肠子，用一根针在我的胰腺上的肿瘤上取了几个细胞。"这个描述听着就让观众感到疼痛，刺激着他们分泌皮质醇。

有很多寻常的小事，因为细节而有了打动人的点。比如，我写书的时候并没声张，只有几个好朋友知道。有一天一个好朋友突然给我发了个书名，然后是长长的一段："自从知道你要写关于说服的书，我就一直在想用什么名字才好。之前想了几个都不满意，就没发给你。今天早上淋浴的时候，我突然想到了这个，头发上泡沫都没冲完就赶紧出来拿手机记下来了。"虽然后来我没用她给我的那个书名，但她的这份心意我可能记一辈子，尤其是她头顶泡沫冲出浴室的情景。

细节虽好，却一定不能多。当整个故事都充斥着细节时，也就没有了细节，没有了重点。

个人故事还是他人故事

对于文学故事，人们从不拒绝虚构，不拒绝想象。因为那样可以"杂取种种人，合成一个"，让人物特质更复杂、形象更饱满，也可以让情节中的矛盾冲突更集中、更具戏剧性。但说服中的故事，打动人更要靠真实和"可触摸"。正是因为这个原因，我建议说服故事优先考虑个人故事。

真实不用说了，因为是自己的故事，所以无论是描述场景还是讲述细节，都可以无限放大，多高清都不会有噪点。像我台湾旅行的故事，只要我愿意，我可以一直往细处讲，直到观众可以清晰地看到一幅画："那是一个很偏的加油站，前后左右都看不到其他建筑。如果你自己开车路过，可能都不敢进去加油。一辆在加油的车也没有，一个站在外面的工作人员都没有。要是晚上，你简直怀疑是个鬼店……"

因为是讲个人的真实经历，所以经得起观众360度提问："你为啥要自己去台湾？""为什么你不留民宿老板电话？""你有后怕吗？"如果讲的是其他人的故事，观众会本能地想要验证真假："你怎么知道她当时没有急得哭？""你怎么知道她没有被人欺负？"

说服中讲个人故事有一个功能：悄悄地塑造你的个人形象。如果你自我介绍时，直接给自己贴标签用上"勇敢""独立""智慧"这些词，观众可能会很反感：可要点脸吧。但是如果你讲了一个充满细节的故事，讲你自己有过焦急，然后怎样冷静下来。讲你有过害怕，然后怎样见机行事寻找解决方案。在故事讲述的过程中，只要你讲得好，讲得生动，观众自然会得出结论：她真勇敢啊，还机智有办法。

讲个人故事还有一个好处：素材无穷无尽。如果我想表达的观点是，旅行的意义就在于将自己投身于未知，感受寻常日子之外的生活，那么除了我讲的这个台湾旅行经历，我还可以讲自己在马来西亚被人跟踪，讲自己在德国火车坏了被扔在无名小镇，讲自己在芬兰被一个工程师追求并邀请去他家……

如果讲的不是个人故事，而是他人故事，那么我们往往会讲谁的故事？名人故事。讲乔布斯，讲奥巴马，讲张小龙，讲可可·香奈儿，讲章子怡。这些名人当然有很多故事可讲，但名人故事有什么问题？第一，真假难辨。我们不知道这些是他们真实发生的事，还是好事者杜撰出来的；第二，名人鲜有新事，你听过的故事多半别人也听过，讲出来没有新意；第三，名人太遥远。观众觉得名人的故事没有典型性，至少没有可参考性：他们的成功我们无法复制，他们的行为我们也无从模仿。

出于类似的原因，我也觉得在说服中个人故事好过他人故事。

故事是主菜还是甜点

说服中的故事有几种用法：引出观点，回答问题，证明观点，或者故事本身就是观点。

如果用故事引出观点，故事要新颖有趣。因为故事是个引子，所以并不需要非常繁复曲折，只要能够"抓住"观众就是成功。我写公众号文章非常喜欢这样，比如《别让好感情败在一句话》里，开头讲了这样一个故事：

> 我弟弟大约三四岁的时候，某个夏日晚上，我们姐弟仨躺在一张凉床上乘凉。突然他对我说："大姐，我掐你的话你也会疼吧？"我一头雾水，不知道他在说什么。这时候我妹妹憋得不行，"扑哧"一口笑出声来。于是我明白了怎么回事：我妹妹掐了我弟弟，但她试图栽赃给我……

我用这个故事开头，感慨一个三四岁的小孩子说话就那么委婉，要完全理解一个成年人话里话外的意思是多么的山水迢迢。然后开始讨论沟通的模式。在本章的开头，我也通过讲一个我女儿的故事来引出本章话题：故事到底为什么有种神奇的魔力？

如果用故事来回答问题，重要的是"升华"价值。比方在面试时，面试官问你的最大缺点是什么。你怎么回答好像都不太好，这时候就适合讲个个人故事，在故事中讲出你受到的挫折、看到的问题和吸取的教训，但同时也能讲出自己在过程中的成长。这就不是一个干瘪的、单维的简单答案，而是既回答了对方问题，又彰显了自己的其他特质。

有些问题虽然不难回答，但直接回答容易平淡无趣，这时候讲个故事，可使得原本普通的答案变得熠熠发光。前文提过的常金光律师在2021年合同大会上演讲，有一段他需要回答这样一个问题：建设合同库、制定各种合同的审查清单不是一朝一夕的事，这得花多久？你看看他是怎么回答的——

> 你可能会想，如此大而细致的工程，岂不是要搞到猴年马月？

　　这让我想起这张图片——有朋友知道这是哪儿吗？亲眼看过它的朋友一定会印象深刻。没错，这就是西班牙巴塞罗那的圣家族大教堂，这是它的里面，这是它的外面……（照片大家可以去网上搜），我亲手拍的，几年前拍的，那时候还没有疫情。大家注意到没有，当时外面还架着施工的脚手架。

　　这个教堂的奇葩在于修了一百多年，一直在修。就在前几天，经历了139年，终于，它封顶了。

　　这个教堂最主要的设计师是高迪，但教堂到他死也还没修完。人们问他，你一辈子都修不完，可怎么办？他回答了这样一句："上帝不着急。""上帝不着急"，所有到过这个教堂里面，被它震撼过的朋友，大概都能理解这句话。

如果他直接说："我们做好了长期作战的准备"，显得非常外交辞令，老套得使人生疑。但是用一个故事，尤其是故事里的一句话来回答，就升华了价值：对于那些真正重要的事，我们愿意花时间。"上帝不着急"，我相信不管过了多久，听过这场演讲的人都记得这句话，也都记得法天使建设合同库的决心。

　　用故事证明观点，重要的是故事与观点具有映射关系。脱口秀大会上，何广智有个经典的段子："吾与城北徐公，孰丑？"这个典故原文，堪称故事说服的典范。这是《战国策》里的一篇，名叫《邹忌讽齐王纳谏》。

　　故事说邹忌照镜子，觉得自己长得蛮帅的，于是就忍不住拿自己跟当世的美男子徐公相比。他分别问了自己的妻、妾、客人，大家都说他比徐公美。后来他自己见到了徐公，自愧弗如，看了镜子更加觉得自己跟徐公差远了。于是跟国君威王讲了这事，又接着说："我确实知道自己不如徐公美。我的妻子偏爱我，我的妾害怕我，我的客人有求于我，他们都认为我比徐公漂亮。如今齐国有方圆千里的疆土，一百二十座城池，宫中的嫔妃和身边的亲信，没有不偏爱您的，朝中的大臣没有不害怕您的，全国的老百姓没有不有求于您的。由此看来，大王您会不会受了很深的蒙蔽呢？"

在这个故事里，邹忌将威王的妃嫔亲信比作自己深情的妻子，将朝中的大臣类比不敢顶撞的妾，将广大百姓类比有求于己的客人，一一映射，从而得出"我的妻妾客人因为各种原因不对我据实以告，不代表我真比徐公美。您的臣子妃嫔和百姓不对您直言进谏，您会不会跟我一样其实是被蒙蔽了呢"？

如果故事本身就是观点，那这道主菜就得够硬。够硬的意思是，不仅要有故事的基本结构，还要情节曲折，包含足够的信息量。

前面讲过的《水莽草》，还有大量的寓言、电影、小说，创作者在写作过程中将自己抽离了出来，不会清晰地加上"我讲这个故事的原因是……"称得上让故事自己去讲道理、表达观点。这类故事，就不宜像本书多数故事那样非常概括地讲，而是让故事本身尽可能地完整，情节丰富且合乎逻辑。

一个故事可以反复使用

很多人为没有可以讲的故事发愁，但实际上，一个故事可以反复使用，用来证明多种观点。准备那么几个经典故事，从中提炼一些观点，基本上就可以"一招鲜、吃遍天"了。

多年前我是全球演讲组织Toastmasters的活跃会员，经常参加各种活动、比赛。我们大区有一位神人，Chong Weikean。几乎每年的演讲比赛他都参加，而且次次拿奖。他最常夺得冠军的项目是Table Topic，也就是即兴演讲。这个即兴演讲不过两分钟时间，选手拿到纸条就开始起算时间。他次次打开纸条就开始讲故事，流畅、自然、动人、激情。我记得我曾经问过他，哪来那么多的故事素材，怎么做到那么信手拈来。他告诉我，只要提前准备好几个故事，就一定有用得上的。经他一说，我发现好像真是那么回事。回想一下，多数即兴故事他都讲的他太太和几个孩子的事，话题都是关于爱。而比赛抽到的多数问题，总有办法关联到"爱"上。如此一来，他任何时候都弹药库充足，时刻可以"开火"。

这么说你可能依然不知道怎么做，我们举个例子。假设聊斋故事你记不住几个，只记得前面讲的《水莽草》，那么这个故事可以帮你在不同场合来证明：

- 警惕那些外表光鲜、芳香的事物，因为有毒的东西往往以诱惑的形式出现（寇三娘给祝生喝的茶"芳烈无伦"）；
- 觉得哪里不对的时候，相信自己的直觉（老妪给祝生的茶有点怪，祝生已经生疑要离开，却因为三娘又留下喝了茶）；
- 防人之心不可无，不要乱进食陌生人给的东西（路人喝下陌生人的茶，才被抓替代鬼）；
- 父母护犊情深，对子女无条件、不理性的爱甚至可能排在良知之前（三娘已死，也不愿用三娘旧衣救祝生性命）；
- 善有善报（祝生帮乡民驱鬼，最终位列仙班）……

同样地，你也能看到本书中不少故事、案例也被我在不同章节反复使用。只要有心挖掘、打磨，一个故事就是一颗钻石，哪个切面都可以闪闪发光。

本节开头讲的台湾旅行的故事，我曾在几个场合讲过，分别用以说明：台湾是个非常棒的旅行目的地，当地的人们很热情善良；相信世界上大多数人都是善良的，重要的是要主动开口求助；旅行的意义就是将自己置身于未知；每一场旅行都会碰到意想不到的事情，就是这些突发状况使得这次行程与其他行程相区分；没有什么解决不了的问题，车到山前必有路……

一个故事素材就像一种食物原材料，不同的人用不同的做法可以做出不同的菜。同样的三个鸡蛋，偷懒的人可以直接白水煮蛋，不想配料的人可以做鸡蛋羹，愿意花工夫的人可以做成舒芙蕾，愿意加点辅料的话可以做成鸡蛋饼、西红柿炒蛋等各式菜肴。

本节小结：

➤ 知道了故事的意义、价值和基本要素之后，还要学会怎么讲故事。

➤ 说服中的故事一定是为了说明观点，如果不揭示故事与观点之间的关联，观众将不明所以，故事的目的也没法实现。

➤ 说服中的故事不同于文学故事，更注重功能性。因此，讲故事时应坚持"最短必要原则"并辅以必要细节。

➤ 说服最好讲个人经历过的故事，不仅真实，也更有普通人的借鉴意义。个人故事还可以承载塑造个人形象的功能。

➤ 不同的故事用法，侧重点各有不同。如果用故事引出观点，重要的是故事新颖，不需要太长；如果用故事来回答问题，重要的是升华价值；如果用故事证明观点，重要的是故事与观点具有映射关系；如果故事本身就是观点，那么故事要够"硬"，完整、情节丰富、包含足够信息量且合乎逻辑。

➤ 一个故事可以反复使用，用来证明不同观点。每个人都可以储备几个经典百搭故事。

第五章
自主控制与选择

Autonomy Matters

可以毫不夸张地说，我们最基本的幸福感在很大程度上正是基于我们对环境的控制能力，以及是否知道自己拥有这种能力。

——巴里·施瓦茨[1]

---

[1] Barry Schwartz，美国心理学家，美国宾夕法尼亚州斯沃斯摩尔学院社会理论和社会活动教授。

KOTA四步说服法的最后一步：

A，Autonomy Matters，尊重观众的自主控制与选择。

第一节 自由与掌控感

从一个人有了"我"的意识的那一刻起，他就开始奋力地抗争。他为生存而抗争，为获取注意力而抗争，也为确立与他人人际关系的边界而抗争。这些抗争有些成功，有些不那么成功。但人类从未放弃的一种抗争就是为自我掌控感所进行的抗争——没有人愿意成为他人的奴隶，没有人愿意失去自由意志。哪怕只是感觉到轻微的失去掌控或失去自由意志的迹象，就足以使他们脑中警铃大作，触发各种排斥机制。为什么会这样？

从进化角度看，人们就是依靠一个个选择才走到今天的。失去选择意味着未知的风险，意味着将自己的命运交给自然或他人。从心理学上讲，自主控制与选择对人意味着人的行为有意义，意味着自由。

心理学上有个词叫"红色按钮综合征"，说的是，假设你生活在一个衣食无忧的天堂，任何愿望都能实现，除了一件事你不能做：千万不要按眼前的那个红色按钮，按了可能有糟糕后果，但你不知道是怎样的糟糕后果。你会按吗？在这项心理测试中，很多人都没忍住，明知道按了按钮，可能失去现有的美好的一切，还是按下了按钮。这个实验有很多种解读，比如人们可能潜意识里觉得自己配不上现有的一切，比如人们普遍存在一定程度的破坏欲，但还有一种解释也很说得通：人们渴望拥有选择权和自由，哪怕为此冒险也在所不惜。这也解释了那首诗"生命诚可贵，爱情价更高。若为自由故，两者皆可抛"。

不给选择权的说服等于强迫

我们前面说过，没有人愿意被说服，一旦观众意识到你的说服意图就会马上生出抵抗。那么怎样在说服过程中卸下对方的防御呢？最基本也最重要的一条，就是让对方知道：不管我刚刚说了多少，说了什么，选择权都在你。没有人可以强迫你，没有人可以忽悠你，你是个聪明人，你是个自由人，你有能力、有权利作出你认为正确的选择。

一个人想要另外一个人做某事或者不做某事，不外三种方式：强迫、说服或乞求。强迫往往利用了强迫者的优势地位，诸如权力、力气或对对方弱点的掌握，实际上是"权力在我方"；乞求则既无优势地位，又无说服能力，真正的"权力在对方"；说服介于强迫和乞求之间，利用的不是自己的强势地位，而是说服方法与步骤，促使对方行动，即"说而动之"。说服相较于强迫，最大的区别就是尊重对方的自由意志。

如果权力交给说服对象，那我们还有机会说服他吗？当然有。任何一种自由都有其边界。说服中的观众虽有选择的自由，但这种自由仍在说服者提供的框架内。

比如某个员工严重违纪，HR跟他谈话，给了两种选择：第一，他自己辞职，本月工资照发，社保照缴，离职证明正常开，未来求职在背景调查时公司也不会提供员工离职的真实原因；第二，公司解除劳动合同，即刻生效，离职证明和员工档案上都体现为开除。人力往往苦口婆心地劝告员工选择第一种，因为这样员工损失最低，公司也省去可能的劳动争议。

权衡之后，员工往往也会选择第一种。那么这种情况下员工是有自由还是没有自由？

但是这种看起来的自由又必不可少：员工自己选择了辞职，之后一般都风平浪静。如果 HR 不提供辞职选项，为了"杀一儆百"直接解除劳动合同，员工往往不服。即使是自己犯了大错，也要去提起劳动仲裁。很多时候员工提起劳动仲裁，并不是真的觉得自己委屈，或者还想继续在公司工作，而是觉得公司单方解除劳动合同冒犯了自己，侵犯了自己的主权。即使是那些第二天就打算辞职的员工，你今天解除了他的劳动合同，他一样会奋起反抗。

控制感对人的意义

20 世纪 70 年代，哈佛大学和耶鲁大学共同做了一项实验。这些研究员在当地的一家养老院，将老人分组进行了研究。

研究人员告诉某一层的老人，他们的生活中具有哪些自由度。比如他们可以自行决定如何布置房间，决定如何打发时间，是否去探访他人等等。如果他们有任何不满，他们可以向养老院反馈，养老院会进行相应的改进。为了强调自主性，研究人员还给老人提供了一些其他的选择，比如问他们是否要养一盆植物，如果要的话选择哪一盆。研究人员又说第二周会安排播放电影，他们问老人希望哪一天看电影。总而言之，研究人员想尽办法让这个楼层的老人感觉到，他们有很大的自主权，养老院尊重他们的自主权。

对比组的另一个楼层的老人收到的信息基本类似，但缺少了自主选择的部分。比如，研究人员告诉老人，工作人员已经布置好了房间，希望给他们带来快乐。研究人员给老人分发了盆栽植物，并且说护士会替他们照看。关于看电影，研究人员直接说了下周哪一天会放电影。总而言之，这个楼层的老人得到的信息就是，你什么都不用管，我们会照顾好一切。

研究人员定时观察两组老人的状态差别。结果非常惊人，第一组的老人更加开朗、活跃和机敏。更久远的影响在18个月之后体现出来了：第一组老人的死亡人数不到第二组人数的一半。

这个实验使研究人员得出结论：拥有自主权和控制感可以让人更健康、更长寿。

伦敦大学还有一项长达10年的实验，揭示了那些在工作中控制权越少的人，压力越大，身体越不健康。比如说，人们都以为CEO压力大，但实际上CEO的助手压力可能更大，因为助手没有决策权，犹如困兽。有意思的是，影响个人身体健康的，并不是他实际上有多少控制权，而是以为自己有多少控制权。也就是说，即使是CEO，如果他觉得做的一切都是身不由己的，他认为自己没有多少自主权，他一样会产生无助反应，一样影响健康。

更多的实验证明，控制感不仅对生理健康意义重大，对精神和心理健康一样非常重要。比如明知电梯的关门按钮不能加速关门速度，但人们还是能通过按压的动作获得掌控感。再比如，很多承受工作压力的成年人喜欢开车，因为手握方向盘可以给他们确定性与掌控感。关于自主与掌控对心理的影响，最知名的实验要数马丁·塞利格曼的"习得性无助"的研究。

这个实验具有一定的伦理争议，因为马丁·塞利格曼把狗关在笼子里，笼子一边设有电击装置，另一边是安全区域，但两个区域中间放置了狗无法跳跃的隔板。实验开始，电击装置连接蜂音器，蜂音器一响，就给狗施以电击。笼子里的狗为了逃避电击，起初会挣扎、蹿跳，想办法离开，但因为隔板阻挡，它一直无法逃脱。

如此多次实验后，实验人员调整了中间的隔板高度，狗完全可以跳跃到隔壁安全区域。然而当蜂音器再响起时，狗已不再试图逃离，反而在电击出现前就倒在地上不停呻吟和颤抖。

狗狗为什么不再试图逃离？因为它断定自己的努力毫无意义，所以只能选择绝望地等待痛苦来临或结束。这个研究揭示，当人们多次尝试控制失败后，就可能认为自己无法改变现状，从而放弃努力，放弃获得控制的尝试。这就是著名的"习得性无助"理论。

总之，控制感对人非常重要，甚至是人的幸福感的重要来源之一，所以人们一旦察觉存在失去控制感的可能，就会本能防御。

听你的岂不显得我很没主见？

在与本书同时出版的《合同相对论：法律人的一千零一夜》一书里我讲了一个真实故事：

很多外资企业的法务部都是向总部直接汇报的，我们法务部也不例外。我的老板是全球总法律顾问，在集团级别算比较高的。但因为法务在国内办公，免不得受到本地管理层的评价，有些公司还会设置本地的虚线汇报关系。在我就职过的某一家公司里，我们法务部新招了一位中年级的法务同事。业务啥的都还可以，就是沟通能力比较弱，说话横冲直撞。为此很多内部客户抱怨、投诉，我也没少跟着收拾烂摊子。没多久，这位同事不知怎么得罪了一位高管，这位高管二话不说一状告到我老板那去了。

这位高管大意说：你们法务部新招的这位能力不行，沟通也不行，我建议不要让他通过试用期了。这位高管级别很高，按照集团职级属于EVP[①]，级别肯定不比我的老板低。即使不论级别，出于同僚之情，我老板

---

① 执行副总裁，同样是副总裁也有级别之分，一般公司都是执行副总裁高于高级副总裁，高级副总裁高于副总裁，即EVP>SVP>VP。

也有理由对他客客气气的，或者至少提供一个合理的理由来驳斥。但我老板怎么做的呢，他也二话不说直接怼回去了："我不会对你的下属指手画脚，请你也别对我的人说三道四。记住，唯一有资格评价法务表现的只有我！"据说那位高管气呼呼地拂袖而去。因为这出，原本无望通过试用期的这位同事，安全通过了试用期。这事给了我很大的触动，也是我将"自主控制"单列一章的最初原因。

为什么呢？按照当时的情形，即使这位高管什么都不说，我和我的老板也会认真考虑要不要让这位同事通过试用期——法务欠缺沟通能力可比欠缺专业知识更影响工作。如果这位高管没有越俎代庖地说"我建议不要让他通过试用期"，而是讲一个与这位同事打交道的故事，让故事自己去讲道理、提建议，效果一定会好很多。然而这位高管强势惯了，忘记尊重同僚的自主权，越过了正常的管理边界，碰了一鼻子灰不说，还起到了相反的效果：你让我开除他，我偏要留下他。

可能失去的控制权尤其宝贵

人们对控制权的重视，不仅在个人生活领域存在，在公共事务方面也存在；人们固然希望拥有控制权，但在意识到控制权可能失去时，反应更为强烈。

2015年，多米尼克·卡明斯成立了一个脱欧游说组织，并取名为"投票脱欧"（Vote Leave）。之后他便开始了极其艰巨的说服任务——让英国人放弃拥有近50年的欧盟成员国身份。卡明斯知道这件事很难，因为大多数公投都以失败告终，更因为脱欧对英国的风险很高——英国的大部分食品、燃料和药品依靠进口，脱欧可能导致物资短缺，还可能导致英镑贬值。

也正是因为这样，当时多数人都认为公投不会通过，卡明斯自己也非常清楚这点。为了高效地说服，他需要向公众传达最简短有力的说服讯息。于是他购买了一辆红色巴士，让人开着全国转悠（这辆巴士也被称为"脱欧巴士"）。巴士的一侧用白色大字写着"我们每周送给欧盟3.5亿英镑，这些钱不如用来资助我们的医疗服务体系"。别看这句话用中文略显冗长，用英文可有力得多："We send the EU £350 million a week. Let's fund our NHS instead."。

卡明斯真是洞悉人性的大师。他深谙人的损失厌恶心理：每周3.5亿英镑平白送出去，这可不是小钱！同时他还利用了人们对健康的需求：这些钱用来资助英国本国的医疗多好啊，受益的可是所有人。但这还不算完，他的脱欧说服还有一个重磅武器，那就是脱欧的口号。

脱欧巴士一开始打出来的脱欧口号是"让我们掌握控制权"，这个口号虽然简洁，也考虑到了控制权对人的重要，但却暗含着一个前提，即"脱欧是一种改变，留欧是现状"。如果能改变人们的脑中叙事，让大家认为"脱欧是理所当然的，留欧才是损失"，那说服效果会强很多。于是卡明斯几经思索，将脱欧口号改为"让我们**拿回**控制权（Let's take **back** control）"。卡明斯自己也在博客里写道："'拿回'是一种强烈的进化本能，我们讨厌失去东西，尤其是控制权。"在脱欧的事件中，人们不仅得知他们失去了每周3.5亿英镑，还得知自己失去了控制权，这种双重失去感会激起他们强烈的行动意愿。①

后来的事大家都知道了，2016年6月英国举行脱欧公投，投票结果出人意料：英国退出欧盟。这是英国人们彰显选择自由的结果。当然，选择的结

---

① ［美］乔纳·伯杰：《催化：让一切加速改变》，王晋译，中国工信出版集团、电子工业出版社2021年版。

果也将由这些投票的人们承担。

尊重对方主权与控制感的说服

了解了自主与控制对一个人的意义，以及一个人在面临失去自主权时可能产生的反应，对我们理解如何说服具有重大意义。其中最主要的一条，要让人们觉得自己不是被说服的，而是自发自主地作出了一个明智的选择。这也就是所谓的"所有的说服都是自我说服"。

二战期间，美国肉类短缺。为了将肉类优先供应战场，政府需要劝说国内民众食用动物内脏。一开始，政府采用了诉诸爱国主义情感的方式来宣传，口号有"肉类是战时必需品，美国人要学会分享""我们少吃点，士兵就会有足够的口粮"，然而大众并不买账。

后来社会心理学家的奠基人库尔特·勒温参与了这场说服战。他采取了多种措施，其中一条就是归还权力给民众。勒温意识到美国政府的口号，其实是在要求人们将优质的肉类献给士兵——这其实是个内隐的命令，美国民众觉得自己没有选择，所以产生了心理抗拒。

那么怎么做呢？重要的当然是化解心理抗拒，让人们相信食用内脏是自己的选择，而不是妥协或被迫。勒温将美国的家庭主妇召集起来，让她们各抒己见，讨论类似这样的问题："身为主妇，你们觉得应该如何克服美国人不吃动物内脏的障碍？"勒温以提问的方式悄悄改变了主妇的角色：不再是被动的接受者，而是有控制权的参与者；不是勒温说服主妇，而是主妇自己说服自己。这样，一旦主妇得出结论，出于"承诺与一致"原则，就更愿意行动。

结果怎样呢？讨论结束后，工作人员做了一个快速调查：哪位主妇打算回去给家人做一次动物内脏？结果在场的所有主妇都举了手。后来，美国全国的动物内脏消费量增长了约三分之一。

勒温在这说服过程中，除了给主妇选择权，还尊重了说服对象的"表达价值"。表达价值是人们对外表达自己身份、喜好和选择的体现，我们吃什么、穿什么，开什么样的车、住什么样的房、读什么样的书，都是一种自我表达。勒温没有说："你们不吃内脏，是不是不爱国啊？"或者将不吃内脏上升到任何层面去评价。因为作为心理学家的他知道，评判可能构成对人主权的侵犯。

"你穿的什么奇装异服啊？"

"你竟然看这么低级的爽文？"

"你这样熬夜、吃垃圾食品，身体会坏掉的。"

"傻瓜才错过这么精彩的电影。"

"是男人一定要穿××牛仔裤。"

不管发言者出于什么样的动机或意图，就算没有命令或建议的意思，这样没有边界的点评，也会构成对观众自主权的侵犯，也会激活观众的反抗雷达。

软广预警和"你有权拒绝"

你兴致勃勃地阅读一篇标题、主题、话题都很有意思的文章，但读着读着发现竟是一个广告，这时候你可能会产生一种被欺骗感。与这种悄摸的做法相反，有一些文章作者非常磊落，在标题就醒目地写明"内含推广"。这个小小的提示让观众觉得很舒服，它前置地将选择权交还给了观众：这是一个广告，你可以自己选择要不要阅读。这种广告往往成交率也会更高，一方面是筛选了有意向的读者，另一方面也因为观众出于自由意志点开的文章，有动力出于"承诺与一致"一直看下去，连广告也不落下。

2010年前后，美国经济不行，各种慈善捐款也大幅减少。但有一个宠物慈善机构收到的个人捐款不仅没减少，还增加了85%。秘诀是什么呢？原来这个组织与一家宠物产品零售商店达成了某种协议。顾客在宠物商店购物结账时，收银台屏幕上会出现一个弹窗："是否为无家可归的宠物捐款？"为了方便顾客捐款，屏幕上有几个可选的捐款金额。但更重要的是，屏幕上还有一个显眼的拒绝选项："不，谢谢"。这个操作不仅给了顾客拒绝的权利，也给了顾客选项，将他们的决策成本降到最低，所以获得的捐款金额不减反增。

异曲同工的设计还有一个调查。研究人员想知道，当陌生人用正常语言和经过设计的话术向人索要车费时，人们给出的金额会不会有所不同。结果证明，确实不同：只要说了一句神奇的话，金额就会是正常的两倍。这句神奇的话就是："你有权接受，也有权拒绝"。这句话的神奇功能在其他多种场合，都得到了验证。

简简单单的"你有权"就卸下了观众的本能防御，消除了他们听命于人或不得不做某事的不适感。我们"合同相对论"对谈时，有些嘉宾有时候会给出一些讯息比较强烈的建议。虽然我明白嘉宾出于好意，但正因为本节所谈的原因，我往往会跟在后面补充一句："朋友们可以根据自身情况自行决定哈"。这句话就是委婉地在告诉观众"决定权在你，你有权拒绝"。

本节小结：

> 掌控的需求是人的基本需求，人也被各种选择塑造。

> 掌控感可以让人更健康，无论是生理上还是心理上。长期失去控制可能导致习得性无助。

> 人们抗拒被说服，就是因为说服给他们的感觉就是自己的控制权被剥夺、被蚕食。所以为了卸下说服对象的防御，让他们知道他们有权选择非常重要。

➢不尊重对方自主权的说服可能起到反作用。

➢比起获得自主权，当人们意识到可能失去控制的时候，行动的动力可能更强。

➢比起给人们建议，让人们参与讨论并自己提出解决方案，他们更有动力去行动。

➢评头论足也可能侵犯对方的自主权。

➢"你有权拒绝"是句神奇的话，具有神奇的效果。

第二节　稀缺、错失恐惧与特权

你在超市试吃某种食品，觉得非常好吃，于是买了一大包回家。可是到家再吃，你发现也不过如此，完全没有第一口试吃的惊艳感。

又比如，看中了一套二手房，正在犹豫间，你听说有其他买家打算付定金了，你赶紧立刻联系中介签了合同。

这些现象，都可以用一个词解释：稀缺，因为一件物品的紧缺而觉得格外可贵，因为担心失去某个机会而觉得可能受到损失。

为什么稀缺起作用？还是因为我们的大脑在偷懒。大脑偷的第一重懒是，根据一个物品是否容易获得判断它的质量或价值，此所谓"物以稀为贵"也。

大脑偷的第二重懒在于，我们讨厌没有选择，或者在拥有选择自由之后再失去。东西越稀缺，获得的机会就越少，我们选择的自由就越少。这就导致越是得不到的东西，我们越想得到；越是有可能失去的东西，我们越要维持对它的占有。而这过程中，忘记考虑的一个点就是，到底我们是否需要这个东西。

正是因为人们对稀缺的非理性反应，很多说服者利用稀缺，或人为制造稀缺，来加强对观众的影响。甚至有观点认为，很多成功的商业模式的本质，就是商家故意制造的稀缺感。比如早些年 IBM 出过两种激光打印机，一种高档的，一种低档的。你多半以为，低档的应该是成本低、质量差，但事实并非如此。两种打印机的配件都是一样的，而且低档打印机还比高档的多加了一块芯片。正是多加的这块芯片使得打印机的速度变慢了。IBM 为什么要大费周章、费钱费力造成低档打印机呢？第一，要给顾客有选择的自由；第二，通过低档款凸显高档款的稀缺，这样高档款才能卖出更好的价格。

那么在各种说服场景下，稀缺是怎样影响被说服者的行为的呢？

限制产生渴望

你新加了一个微信好友，你想查看一下他的朋友圈加深一下了解。可是你发现他设置了"三天可见"。虽然扫兴，但你对他的好奇可能因此增加。如果你知道某个微信好友对你设置了朋友圈屏蔽，你虽然生气，有时候难免想从其他共同好友那了解一下他到底发了些啥。这些都是因为限制带来的渴望，这种渴望可能不是对于内容的，而是对于全权限的渴望。

但是，假设屏蔽了你的这个朋友，不知出于什么原因又对你开放了朋友圈，你随便点开两条之后就不想看了。更糟糕的是，你之后发现他每天都会发好多条动态。如此一来，他的朋友圈状态不再是紧缺而是"过量"，你不仅不想再看，甚至想要主动屏蔽他。

这不是猜测，而是观察得出的结论。如果我连续有段时间没发朋友圈，突然发一条会收到大量点赞和留言，哪怕发的内容并没什么特别之处。如果我在外旅行，连续几天每天发漂亮的照片，会发现越往后点赞数和回复越少。这大概是"多了就不值钱"的一种体现。

所以如果你有意通过朋友圈扩大自己的影响力，打造个人 IP，或推广某种商品、服务，不停地用大量不同的消息"轰炸"并不是一个好办法。

假设你在朋友圈卖水果，那么今天就专门卖西梅，明天再卖百香果。如果今天你连续发了几条，一会儿是西梅，一会儿是百香果，那你的潜在客户不仅可能因为选择多而无所适从，更可能因为你消息发得过于频繁而习惯性忽略。

很多深谙这一心理的人将这个原理用在工作、生活的各个方面。比如你代表某个知名机构邀请一位行业专家出席一个会议，他明明很荣幸、很愿意参加，也知道自己有空，但却故意说："我要先查看一下日程表，我记得那段时间我好像连续几天都排了出差。"这样一来，你会担心请不到他，想要请到他的愿望会更强烈。同时，也会让他看起来非常抢手，潜在地提高了他在邀请人心中的地位。

也正是因为这样，很多妈妈都会教育成年的女儿要"矜持"，即使面对自己非常动心的男士。因为越是不容易得到的，会显得越珍贵。如果此刻还有其他男士参与竞争，那么原本在追求女士的男士可能更加卖力，更愿意花费更多代价去赢取女士的青睐。

马克·吐温曾经写过《汤姆·索亚历险记》。主角汤姆·索亚因为调皮被姨妈惩罚刷篱笆，其他孩子纷纷嘲笑他被处罚，周日不能玩耍。没想到他不为所动，认认真真地刷，刷完以后还退几步看一看，时不时再补两下。看到他这么投入的状态，其他小孩开始动摇：看起来好像是非常好玩的事呀，要不我也去试试吧？但汤姆·索亚拒绝了孩子们的要求，继续乐在其中地刷篱笆。后来孩子们越来越多，个个都想试一下。机智的汤姆·索亚让孩子们拿玩具、吃的东西来交换，才给他们刷篱笆的机会，而且每个人只能刷一点点。结果就是他吃着其他人的东西，玩着他们的玩具，看着其他孩子排队轮流帮他刷篱笆。

只是因为善用稀缺，限制用户和限量，苦差事竟被一个孩子经营成有收益的"生意"。作者马克·吐温也在书中感慨道："他已经不知不觉地发现了人类行为的一大法则——那就是，为了让一个大人或小孩渴望干什么事，只要设法将这事变得难以到手就行了。"

对错过的恐惧使人行动

为什么稀缺会导致人的非理性行动？这又回到第二章我们说过的人们对损失的厌恶和恐惧。根据丹尼尔·卡尼曼的"前景理论"：人们面对收益，往往小心翼翼，不愿意冒险，但面对损失时，都成为了冒险家；同时，人们对损失和收益的敏感程度、心理感受是不同的，损失的痛苦要比同样数量的收益要强烈。

稀缺意味着，如果不采取措施，不行动，人们将会错过。这种错过的糟糕感受非常强烈，以至于人们经常忘记自己是否真的需要这件物品。

正是因为这样，很多营销行为人为制造稀缺，比如一天只接待4桌人的私房菜馆，每天只卖100碗的糖粥。总的来说，常见的制造稀缺方式有：

限量

在商场试衣服，你试了一件大衣很喜欢，但价格有点贵。你有点犹豫，想着要不要多看几家比较一下。这会儿店员说："这是本店最后一件了"，你立刻紧张起来。如果店员继续说："刚刚有其他店铺的人打电话过来调货，我查了一下，全国都没货了"，我猜你多半跟我一样，赶紧埋单。

精明的网店卖家往往据此设置较少的上架物品数量，以至于你经常看到"本商品还剩3件"，于是你打消了原本的犹豫，赶紧下单。同样地，我们组织一些法律人社群活动，如果不说限制人数，大家报名稀稀落落的，不到活动前一天都不着急报名。但是如果在海报上标明"因为场地限制，本场活动只接受30人报名，先到先得"，那么往往消息一发布，报名就满了。如果有人报名之后来不了，临时释放出一个空位，那么排队抢到这个空位的人会有更强烈的满足感，在后期表现也会更加积极踊跃。关于限量还有一个颇为有趣的故事：

> Airbnb（爱彼迎）的三位创始人在创立爱彼迎之前，试了一个"充气床+早餐"的创业项目，但反响一般，一度日子紧巴到还不起信用卡。后来他们想，既然"充气床+早餐"做不起来，要么索性只卖早餐试试。那会儿正是奥巴马总统寻求连任的时候，于是他们生出了卖总统主题麦片的想法。他们找人设计了一个"限量珍藏版"的带有总统头像的盒子，然后买来超市里最便宜的麦片，将这些每盒1美元的麦片装进盒子里，以40美元的价格卖出去。这些麦片卖得很不错。

这个故事说明，人们愿意为了一个"限量珍藏"的稀缺物品，付出40倍的价格。但这个故事好玩的是，后来这三位创始人有了B&B即breakfast+bed的想法后，去面见投资人。投资人觉得他们的主意傻透了，根本没打算投资。就在他们准备离开的时候，创始人中的哥比亚拿出来了他们设计的麦片包装盒，递给了大名鼎鼎的硅谷创业教父保罗·格拉姆。格拉姆以为这是什么奇怪的礼物，但他们讲了自己卖麦片的故事之后，格拉姆说："你们三个就像蟑螂，永远死不了。"就像所有的传奇故事一样，他们三个后来当然获得了投资。格拉姆说："既然你们能说服人们用40美元去买一个4美元的包装盒（虽然那个麦片成本只有1美元，但盒子成本每个4美元），你们就有可能说服人们睡在别人的床上。"

限时

"限时特惠""最后一天""仅限直播期间"，这些词就像有魔力的咒语，让人来不及多想，纷纷下单。

前些年淘宝刚开始"双十一"购物节，11月11号成交量非常惊人。我还记得自己从零点开始就疯狂抢购各种需要的、不需要的物品，下了上百单还担心有遗漏。虽然漏了也没啥大不了，但就是担心错过了那些或真或假的优惠。

这一两年淘宝的"双十一"购物节战线拉长，早在11月1号甚至更早，就开始付定金等活动。这种做法看似给了用户更多购物时间，但削弱了用户的错过恐惧，集中成交的效果并不好。至少我这个囤货狂这两年的抢购紧迫感弱了好多。

所以如果想要用"限时"的方式制造稀缺感，所限"特权时间"不宜太长。

限制用户

凯文·凯利有一个"1000铁杆粉丝"理论，说的是如果你有1000个愿意为你花钱的铁杆粉丝，那么基本就能养活自己了。后来很多创业公司都以1000名用户为第一个里程碑。但在初期，这些创业公司怎样积攒自己的前1000名用户呢？一个常见的办法就是让朋友推荐。

有一个叫车软件Lyft，专门给用户设计了邀请他人的邮件模板，并且在邮件标题写明"VIP邀请函"。这种办法给对方提供了特权感，效果非常不错。那么可以海量群发吗？不，那样就不值钱了。聪明的创业公司给用户的邀请权限都是限量的。全球最大的流媒体音乐软件Spotify创业之初，就限制注册用户。要想注册，必须有已注册用户的邀请才行，而且一个用户只能邀请5个新用户。

有时候，限时限量会同时使用，或者限时和限制用户同时使用，比如"2022年唯一一场合同线下合同实训营，仅有30个名额，仅限老会员"。将人们对稀缺物品的错过恐惧运用到极致的，估计非拍卖莫属。拍卖一般都是在非常短的时间内（可能只有几分钟），将稀缺的物品（往往是独一无二的），对少数经过筛选的用户开放。参与拍卖的人，经常以超出自己计划的价格拍下拍卖物。比如很多人抱着"捡漏"的心态参与司法拍卖房的竞拍，但面对他人的竞争出价很容易失去理智，最后甚至以比市场价还高很多的价格买下并不完美的房子。面对如此大额的交易人们尚且如此，对其他事物就更不用说了。

适当地利用稀缺进行销售当然没问题，但要小心弄巧成拙。比如某店铺今天刚卖出一套"全球独一无二"的球鞋，明天又上架了同样的一双。鼎鼎大名的法拉利就闹出过类似的尴尬事。20世纪80年代，为了庆祝建厂40周年，法拉利生产了一款跑车，据说全球限量300辆，还设置了一大堆购买门槛（限量+限制用户）。结果美国举办了一次车主聚会，一下子来了200多辆车。日本人说不对啊，我们日本还有100多辆呢，这哪止300辆啊。后来统计了一下，发现竟然有1300多辆。为这事，美国人将法拉利告上了法庭。

就在写这段的时候，我打算在山姆会员店下单买点食品。其他加入购物车的东西都没问题，但当我看到鸡蛋后面写着"每人限购5份"的时候，脑中立刻警铃大作：为什么鸡蛋限购？莫非最近鸡蛋供应紧缺？一边想，一边往购物车里加了3盒。下完单我缓过神来，才意识到自己再一次着了"稀缺"的道儿了。但也很想给山姆店出个主意：每人5份的限制太宽松了，很少有人真的一次买满5盒，这种限制感造成的促进作用会削弱很多。如果规定每人3份，甚至2份，那么可能更多的人选择"用尽"采购额度，效果好于5份。

不用高威胁语言

逆反心理

很小的时候听童话故事，总听到这样的情节：一个人给另一个人一个魔盒，告诉他千万别打开，否则会有严重的后果。那时候的我就在心里默默祈祷："千万别打开，千万别打开"。然而只有几岁的我也知道，对方一定会打开。果然，盒子打开了，各种坏运气、灾难随之出现。也有坏人告诉自己新娶的老婆，干啥都行，但千万别走进密室。这个美丽善良的妻子哪里都做得很好，但终于有一天忍不住了，还是打开了密室，发现里面都是坏人杀死的前妻们。

小时候的自己往往一边为主角揪心，一边生气地跺脚：都说了让你别干这事，为啥一定要干？长大了才意识到，越是不让干的事情，就越有种不可抗拒的魔力。

心理学家杰克·布雷姆早在20世纪60年代就将这种现象定义为"抗拒（reactance）"。他说，人们认为自己有权、有自由做某事时，一旦意识到这种权利、自由可能被剥夺，或存在被剥夺的可能性，他就会产生抗拒心理。这种抗拒会增强他进行某事的欲望。最知名的关于逆反心理的案例恐怕就是罗密欧与朱丽叶了。多数人都知道，罗密欧与朱丽叶相爱，但因为两个家族是世仇，所以双方父母反对他们的爱情，两人抗争无望，于是双双自杀殉情。有人说，如果不是因为父母的反对，两个刚刚结识没多久的年轻人恐怕很难产生那么热烈的感情。

逆反心理有时候强大到匪夷所思。2018年，宝洁公司在美国遇到了一件麻烦事——公司投入大量成本的新产品汰渍洗衣球，竟然被人拿来食用。当然，一开始吃洗衣球只是一个无聊的玩笑，有人在网上发起吃汰渍洗衣球的挑战，没想到在社交网站上引起了很大的关注，人们纷纷开始挑战吃洗衣球。

美国各媒体都在报道这一反常事件，医生们也公开露面发表意见。宝洁公司怎么做？当然是劝阻啊，声嘶力竭地劝阻。2018年1月12日，汰渍发了一条推特："汰渍洗衣球是用来做什么的？洗衣服！别无其他。千万不要食用洗衣球……"为了强化劝说效果，汰渍还请来了著名的橄榄球运动员罗布·格隆考斯基（格隆科）。汰渍问格隆科能不能吃汰渍洗衣球，格隆科一边摆手一边说："不能，不能，不能。"屏幕上也打出了"不能，不能，不能"的字样。汰渍接着问："开个玩笑都不行吗？"格隆科回答："不行，不行，不行。""除了洗衣服外，汰渍洗衣球还能用于其他用途吗？""不能。"视频末尾重复了视频的核心意思："洗衣球是高度浓缩的清洁剂，仅可用于清洁衣物。"最后又来了一句："不要吃洗衣球。"

结果你猜怎么着？在格隆科和汰渍警告发出之后，关于汰渍洗衣球的搜索飙升到了历史最高水平。一周之内的搜索量竟然上涨了7倍，青少年摄入洗衣球的事件也极速增加，几个月内的数量就比前两年的总和还多一倍。

这种现象固然有社交媒体的影响，但更深层次的原因是人们不愿意被告知该做什么事，不该做什么事，尤其不愿意被用高威胁语言告知。

了解了逆反心理，有助于咱们确定一个基本说服逻辑：说服这件事，"着力即差"。最好是在潜移默化之间实现自己的说服目的，而不能让观众察觉到我们带着说服意图。

我们在听演讲或者讲课时，会对有些讲者感觉没那么好，就算他们讲得很有道理。其中一个原因就在于他们不知不觉间使用了高威胁语言，比如"必须""一定要"，比如"年轻律师必须牢记……""你们一定要……"这种话语只会激起听者的逆反心理。

社会心理学家做过实验，同样的意思用不同的语言表述，效果相差甚远。比如"任何情况下此地禁止扔垃圾"和"请不要在此扔垃圾"，后者的效果要好很多。

所以除非我们有意激起对方的逆反心理，尽量不使用高威胁语言，而是强化对方自主权的措辞：

"我理解你需要时间考虑，毕竟这是一个重大的决定。"
"我只能提供我的观点和看法，拿主意的只能是你自己。"

我们法律人写合同的时候也是。有些合同用词霸道，"乙方禁止擅自更换服务人员"，看着就非常不舒服。所以法天使的"三观四步法"合同实训营在微观部分以此举例，并强调合同语言的中立，即去掉所有带有强烈感情色彩的用词。

除了说服时不使用过于激进的语言和态度，逆反心理在说服中还有一重作用：故意激起对方逆反心理来实现自己的说服目的。

中世纪的欧洲经常闹饥荒，一个重要的原因就是食材太单一。解决小麦产量不足最好的办法是让百姓多吃土豆。于是，当时的普鲁士国王腓特烈大帝在全国范围内推广土豆。但是让国王没想到的是，老百姓根本不吃，因为他们觉得长在地下的东西与鬼神有关，不宜食用。来强的不管用，怎么办？于是腓特烈大帝宣布土豆是皇家食物，普通百姓不许食用。为了将戏演足，他还派兵看守土豆种植园。当然，这是个形同虚设的把守。周围的百姓对重兵把守的植物非常好奇，于是纷纷去地里偷土豆。没想到一吃，土豆还挺好吃，于是不再对土豆排斥。等到百姓都接受了土豆，腓特烈大帝再解除禁令。就这样，成千上万的人免于饥饿。据说到现在，还经常有人去腓特烈大帝的墓地给他献土豆，感谢他挽救了众多普鲁士人民。

你瞧，拼命跟民众讲土豆的好处，大家都捂着耳朵"不听不听"，但当土豆被列为皇家食物，"禁止"普通百姓种植、食用，百姓反倒立刻对它产生了强烈的兴趣，并且不惜违法去窃取。

有些聪明的商家也会故意使用高威胁语言来"戳"观众，比如法国一个啤酒广告说"美国人少喝点我们的酒"，却引起了美国人竞相购买。陌陌明明是一个陌生人交友软件，却在广告里说："别和陌生人说话，别做新鲜事，继续过平常的生活。胆小一点，别好奇，就玩会的，离冒险远远的，有些事想想就好，没必要改变。"用户会因此被劝退吗？当然不会，反倒因此更加好奇。

善用逆反心理在教育学领域应用非常广。青少年自我意识强烈，普遍存在较强的逆反心理。你不许吸烟？我非要试试。不许早恋？那就偷偷的。不让看课外书？那就晚上熄灯后再看。有经验的家长、教师会利用逆反心理来实现说服目的。

我上小学的时候，我父母告诉我不可以读《红楼梦》，但没告诉我原因。平时非常听话的我，对《红楼梦》产生了强烈的好奇：到底是什么书不能给小孩子读？后来想尽办法从邻居那借来，利用暑假午后爸妈午休的时间偷偷摸摸读完了。说实话，当时并不太能读明白，但因为这种想要一探究竟的心理，不仅让我读完了大部头，还因此对诗词产生了强烈的兴趣。

有个朋友跟我讲过一个故事：他家孩子一向爱打游戏，平时他也不太管束，觉得偶尔打打无伤大雅。但是越是临近小升初，孩子越不愿意花时间学习，越想打游戏（面临可能被考试夺走的时间，倍感珍惜）。家长越是劝诫，孩子越是沉迷游戏（逆反心理）。后来这位朋友勇敢地做了个尝试，他在寒假期间给孩子制定了一个打游戏KPI，比如每天一定要打满8个小时，而且每天要打通几关。晚上要跟家里报告当天的战果，还要总结分析得失。一开始孩子非常开心，觉得总算可以光明正大"奉旨"打游戏了。然而没几天，孩子就不耐烦了，开始嚷嚷"工作量太大，还不如学习"。朋友一边偷笑，一边假意要求孩子继续履行自己的承诺。又过了几天，孩子提出，能不能降低每天打游戏的时间和通关要求。就这样，一个寒假之后，孩子对游戏再也不像之前那么热衷了。

逆反心理不仅在孩子身上明显，对成年人也一样有效。苏联心理学家普拉图诺夫写过一本《趣味心理学》。在书的前言里，他提醒读者千万不要先读第八章第五节，然而大多数读者都因此做了相反的动作——马上翻到那一节。如果你看到我的序言，应该发现我也用了类似的办法：我说哪一章都可以随便看，就是先别看第四章，而不让看第四章的原因在第五章。那么你们能不能告诉我，你有没有先看第四章、第五章？

找到我的方式很容易：到公众号"见我"留言，我就能收到。如果留言非常有趣真诚，我们互加微信探讨也是很愉快的事。

本节小结

➤ "物以稀为贵"，稀缺之所以促使人们行动，是因为人们讨厌失去选择的自由。

➤ 限制产生渴望，也就是俗话说的"越得不到的越香"。

➤ 因为担心错过，因为损失厌恶，人们一旦意识到某个物品是稀缺的，就会忍不住行动。

➤ 制造稀缺的方式有：限量、限时、限制用户。

➤ 逆反心理起作用，一样是因为人们讨厌失去选择的自由。

➤ 了解人的逆反心理，提醒我们在说服时不要使用高威胁语言。

➤ 有时候还可以有意利用逆反心理来实现自己的说服目的，即希望某人做某事，偏以禁止或反对的形式做出。

第三节　被引导的选择

　　晚上九点半，我催孩子上床已经催四次了。她要么充耳不闻，要么一边玩玩具一边说："再等一会儿嘛。"我强忍着脾气，深吸了口气：我不是研究说服的嘛，再拿她试试KOTA说服法吧。于是我按下心中的焦躁，走到她跟前，看着她说："宝贝，现在我们有两个选择，第一是你在客厅自己玩玩具，第二是我陪你去床上讲故事，你选哪个？"我之所以将选项这么设置，也是基于对说服对象的了解：她恨不得每分每秒都有人给她讲故事。听到我的话她立刻抬起头："我选讲故事！"然后毫不费力，她蹦跳着离开了一个小时没挪过窝的玩具区。

　　在这个很小但很日常的示范中，我首先了解我的说服对象"K"，给她提供了好处"O"，虽然没在说服时讲故事，但是以讲故事为"诱饵"，所以"T"也有了。最重要的是，我给了她选择"A"。

　　在劝孩子上床过程中，我开始是"提要求"，这种做法其实是在展现我的"权力"：我是你妈妈，所以你得听我的。这种暗含的意味剥夺了她作为独立个体为自己行为负责的权利，没有尊重她的自主权，所以激起了她的逆反心理。后来我换了策略，给她提供了选项，这本身就是一种姿态：你有能力选择，我给你选择，我尊重你的选择。这小小的转换，对我不过是说服策略的变化，对她来说却非常重要：除了可以满足心愿听故事，更彰显了自己自主权。

当然，提供选项既可以用来鼓励人们做某事，也可以用来鼓励人们不做某事。比如有国家规定骑摩托车一定要佩戴头盔，但还是很多人不戴。于是立法者改变了策略：骑摩托车可以不戴头盔，但不戴头盔需要取得专门的执照。人们权衡了戴头盔和考执照的方便程度，多数人选择了戴头盔。

在说服他人的过程中，如果我们时刻记得将权力交给对方，用给选项的方式替代建议，不仅可以卸下对方的防御，更能通过有技巧的选项设置达到我们的说服目标。

用选择题代替判断题

"你吃不吃胡萝卜？"小朋友多半摇头。"你是先吃胡萝卜再吃排骨，还是先吃排骨再吃胡萝卜？"小朋友毫不犹豫地说："我要先吃排骨，再吃萝卜！"因为他自己答应了待会儿吃胡萝卜，出于"承诺与一致"，他倾向于吃完。

通过提供选项，将自己的说服方案包裹在不可拒绝的那个选项里："一流的炮弹，就是糖衣。"

"女士，要来点甜品吗？""不了不了，我吃饱了。"我要减肥，听到"甜品"两个字，我脑中执勤的小人就开始摇旗警告了。

"女士，今天我们有焦糖布丁、杨枝甘露和巧克力布朗尼，您要来哪个？"想了想，焦糖布丁太甜，巧克力布朗尼太厚重，杨枝甘露不太甜，也很清爽，正好适合饭后解腻："那就杨枝甘露吧"，完全忘记了自己说过不吃甜品的事。

同样的餐厅，同样的服务员，不同的问法，就产生了完全不同的结果。如果想要对方顺着自己的意思做某事，不要给他出判断题"要"或"不要"，而是给他出选择题：你要哪个？选项要么无差别包裹着你的说服方案，要么你算准了他会选择你期待的那个方案。

给选项之所以有效，是因为人们心理上有一种"回答"或接话的义务感。"吃了吗？"哪怕是陌生人问你，你也会回答"吃了"。回答问题给人带来的心理负担要轻于做某事的"承诺"，比如"我要吃胡萝卜""我要吃甜品"。

让对方"回答"和"承诺"是两件分量不同的事，回答他人是一种基本的社会规范和基本礼仪，而"承诺"则是有条件、有对等回报的情况下才做出的，往往意味着后续的行动。那么怎样才能让包含说服方案的选项看起来只是需要对方回答，而不需要对方承诺呢？来看一个精彩的范例：

Hi Timini，

我是来自上海MVC公司的Mike。希望您不介意我以这种方式联系到您。

几周前，我给您发了包含以下研讨会信息的邮件，不知道您收到没？

如果您能将本条信息转给有需要、有兴趣的同事，我将非常感激。

如果您决定参加本次活动，请邮件回复A；

如果您还需要时间考虑，请邮件回复B；

如果您无意参加，请邮件回复C。

中国公司安全与风险管理峰会组委会

（2022年4月26-27日）

注：研讨会将以中英文双语进行。

我相信你平时的邮箱没少收到各种广告、诈骗等垃圾邮件，你有回复过吗？多半你直接删除，或者选择了无视。但上面这一封推广邮件，就让我忍不住想要回复。

因为原件是英文发送的，所以我简单翻译成了中文，多少还有点翻译腔。发信人先用了一个问句，问我之前有没有收到他的邮件。然后发信人接着问我是否愿意参加会议，为了降低我的回复成本，他给我提供了简化版的选择：如果想参加，回复A；如果需要考虑，回复B；如果完全不考虑，回复C。

收到这封邮件的时候，我对发件人油然生出一股敬意：

首先，他用提问的方式触发了我回答的本能，"收到我邮件了吗"就像"吃了吗"一样让人天然想回答，不管收到没收到；

其次，他用有限选择简化了我的回复成本：文字都不需要，只要回个字母就好了。这一举动还体现了主办方的贴心；

最后，如果我回复了A，当然是主办方所乐见，如果我回复了B，他们就会继续跟进，而且也有理由跟进。即使我真的不感兴趣，我回复了C，他们也可以开启新一轮谈话：能不能告诉我你为什么没兴趣？是因为时间不合适吗？是因为话题不对胃口吗？是因为没有喜欢的嘉宾吗？

不管你回答啥，在这过程中你已经不知不觉与他们建立了实质互动。而且根据我们之后的"承诺与一致"理论以及"登门槛"理论，你一旦开始回复了邮件，之后就很难选择无视他们的跟进邮件，甚至没办法拒绝后面的进一步要求。

选项由你设计

我读研究生的时候，曾经做过一段时间"小生意"。我们当时是新校区，周围没什么商业，买啥都不太便利。所以午饭的时候，我就在食堂门口摆摊，卖些学生的日常用品，比如文具、手套、热水袋、小饰品啥的，生意竟然非常不错。然而有一天，一个经常购物的顾客同学跟我说："我认为你的定价有点问题。"我觉得很委屈："我的东西都很便宜呀，全部是良心价，有啥问题？"

她说："问题就出在这儿。你的东西统统都很便宜，让人没法区分和选择。比如你卖的毛衣链，统统一口价15元，我想买点高档的都不行。如果你区分一下，有8元的毛衣链，有15元的，有50元的，那么选择15元的人会更多，买起来也会有种赚到了的感觉。当然可能也有少数人买50元的，你也没啥损失呀，一笔买卖利润赶上其他的好几笔。"我当时没太理解她的深意，不想太麻烦也不想成为"黑心商人"，所以一直还是简单定价。然而在写作本书的此刻才想起来：哎呀，那同学真是一个天生的营销高手啊，我当时为什么不听她的！

这个同学的观点我后来竟然在一本经济学书里读到了。利·考德威尔在《价格游戏》里提道，不管你的产品或服务是什么，你只要给顾客提供选择就好。如果你已经给了三种价格各异的选择，那么别的什么也不用做，因为你已经暗中抛出了"价格诱饵"。然而，如果你现在只提供了两种方案的，那么一定要加上第三种方案，比前两种都贵得多的方案。这是用第三种特别贵的方案来衬托前面两种。如果你目前只有一种产品，那么想办法增加其他两种，凑成三种。他甚至还提出了3∶4∶6法则，如果你现在的产品定价是300元，可以增加400元和600元的选项。

虽然说服时我们将选择的权力交给了对方，但实际上，我们才是出题人和考官。给哪些选项，这些选项哪些是虚、哪些是实，我们期待、预计对方选择哪个，全由我们做主呀。问孩子先吃排骨还是先吃胡萝卜，其实就是在挤走她吃薯条汉堡的机会；将毛衣链定价分为8元、15元和50元，就是在鼓励大家选择15元的。食客可以在粤菜馆点到炸鸡吗？不能，你只能在菜单里作选择。说服对象是在行使自己的选择自由，但实际上更先一步的自主权，早在选择的动作做出之前，就掌握在你的手里了。有学者将这些给人们创造特定决策环境的人称为"选择设计者"。

很多政客都是选择设计者。美国前国务卿基辛格曾担任美国的国家安全顾问，他任职期间，为了说服当时的总统尼克松，总是拿出几个方案，将最极端的方案放在一头一尾，而把自己最偏好的那种放在中间。尼克松几乎毫不例外地每次都选择了基辛格预判的那个选项。根据基辛格自己的说法，总统"总是不可避免地选择'正确'的方案"。

《价格游戏》这本书还讲了一个案例。一家做杂志的出版社，提出了两种不同的订阅模式：纸质版周刊每年120元，电子版每年75元。杂志社希望多卖纸质版，因为可以获得更多的广告费。但电子版也不能少，因为有些用户更想订便宜一点的电子版。

现在如果同时上线纸质版和电子版，出版社怎样引导用户购买更多的纸质杂志呢？出版社增加了第三种选择，推出了一种月刊杂志，定价135元。月刊比周刊更新慢，却还贵了15元。所以相比之下，周刊杂志显然是个好选择。用这种办法，用户订阅120元的杂志的概率增加了10%。

让用户在75元的电子版和120元的纸质版之间选，他们很难决定，因为这是两个不同类的产品。新增加的135元的纸质版选项解决了这个问题，135元的纸质版很自然地衬托出120元的纸质版的划算。

选项不宜过多

既然人们喜欢选择，那么我们就给他们创造尽可能多的选择吧？不要，选择不宜过多。有心理学家认为，更多的选择并不总是意味着更多的控制。选项多到超过我们所能处理的范围，我们感觉到的不再是控制感，而是认知负担。

下面两套选择方案你更喜欢哪种出题方式？

第一套：选项A，选项B，选项C。

第二套：选项A，选项B，选项C，选项D，选项E，选项F，选项G，选项H，选项I，选项J。

不要觉得第二套方案疯了，我们平时可没少碰到。不信你去京东选购一台无人机试试：套餐一、套餐二、套餐三……最多可能有十几个套餐，有的一年质保，有的两年质保。有的带一块电池，有的两块电池。有的含存储卡，有的不含存储卡……更常见的是去餐馆点菜，有的餐馆的菜单包含上百个菜名，光是从头到尾看完一遍就已经快饿晕了。

当有选项但选项过多时，可能产生两个负面结果：

第一，说服对象勉强选了，但事后对自己的决定不满意，从而失去行动的动力。比如餐馆的顾客看到那么长的菜单，就算硬着头皮点了8个菜，但他总觉得自己点错了，剩下的那133个都比他点的这8个菜好吃。如果没有那么多未选选项，他可能觉得这8个菜还不错，不至于一边吃一边心猿意马。

第二，说服对象逃避决定，也就是导致"决策瘫痪"。当人们面临太多选择时，他们身上就背负了太多的认知压力，使他们觉得有必要认真研究每一个选项才能作出正确的选择。然而，"虱多不痒"，他索性消极地放弃行动了。我经常干这事，闲着没事刷购物平台，将自己喜欢的衣服都先加入购物车，留着晚点再挑选。然而等到点开购物车一看，25件衬衫，13件连衣裙，这可怎么选？算了算了，不买了，还是有空去逛街吧。

对选项过多可能导致决策瘫痪这个观点，知名前沿心理学家希娜·艾扬格做过一个实验。她在一家超市摆了一个果酱试吃摊位，准备了多种口味新奇的美味果酱。为了确保人们不被日常习惯影响，她特别从选项里移除了人们最常吃的几种口味。她有时候在摊位摆出6种果酱，有时候摆出24种。按照此前的经济学理论，消费者选择越多，他们越能方便地找到称心的物品，购买的东西也往往越多。但实验结果却出人意料：当摊位只有6种果酱时，品尝过的人30%都选择了购买。当摊位摆了24种果酱时，购买的人只占品尝的人的3%。你猜我在想什么？我在想，如果摊位只摆了三种甚至两种果酱，购买的人会不会更多一点。

我们自己去普通超市购物，也经常有种无所适从的茫然感：买个酱油，分老抽、生抽、自然酿造、有机酱油、淡盐酱油、无麸质酱油等，一整个货架满满的。但有的超市每类商品只提供有限几个选择，反倒对顾客非常友好。

这提醒我们，不要为了看起来好看而提供过多选项，因为过多选项反而使人不行动。

或许你会问，那我真的非常需要提供多个方案怎么办？分类、分步、分模块。

分类、分步、分模块地给对方提供选项，可以适当减轻对方认知压力。比如刚刚那个菜单上有一百多个菜的餐馆，如果真的一定不能舍弃任何一道菜的话，至少可以将菜单这样金字塔式分类：

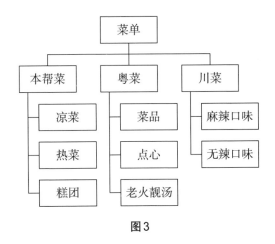

图3

以上分类纯属示意，各位先别管分类是否科学，这里要解决的是减轻说服对象认知负荷的事。

但即使分类、分步，也一样不宜选项过多、分级过多，否则不仅无助于减轻说服对象的认知负荷，反而额外增加了负担。在此附上网上公开的某银行的电话银行菜单作为反例：

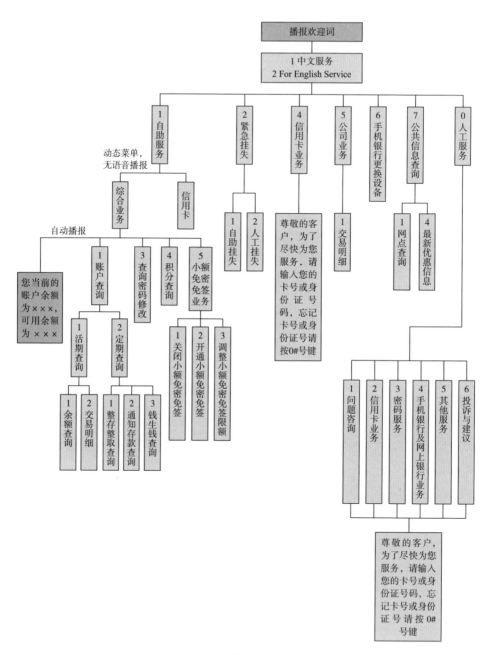

图4

请注意，这张图还不包括信用卡。信用卡菜单又是一张类似的菜单。不知道你看了是什么感受，反正我永远都是直接拨0，转人工。如果银行能将菜单重新分组分类，确保任何时候都能通过3次点击找到自己想要的服务，那么用户体验应该会改善很多。当然，开脑洞地想，这么复杂的菜单会不会也是有意设计，用来"劝退"的呢？

别在对方不想选择时非要他选

不给人选项固然让人不舒服，但在有些情况下对方主动让渡了权力或已经授权给你，如果你再要求对方选择，则同样引起不适。比如你打车去火车站，司机说："我们跟着导航走可以吗？"你多半欣然点头。但如果司机问你ABCD四条路线你走哪一条，你多半会说："由你决定"或者"哪条路不堵走哪条吧"。司机如果继续说："不行不行，你一定得选一条，这是我们出租车公司的规定，所有选择权在顾客那"，你多半觉得这家出租车公司疯了。

这是为什么呢？

首先，为什么对路线这事你习惯判断题而非选择题？

因为决策成本。司机询问你是否跟着导航走，你只要回答是或否就好。而回答"是"并不难，因为以往经验告诉你，跟着导航往往是最优路径，这是一种被验证过的选择。为什么ABCD让你选你就抗拒呢？因为这四选一的过程，要求你的大脑认真工作，了解这四条路线的优缺点、红绿灯、路程、用时长短。大脑带宽是有限的，你只想在车上思考待会儿见客户要讨论的方案，根本不想花力气在选择路线上。

司机非让你从ABCD四条路线里选，在某种意义上又是让你不得不做某事，也是对你自主权的一种侵犯。

其次，为什么你愿意将路线选择权交给司机？

我想有几层原因：第一，你清楚地意识到司机在这种情况下比你拥有更好的判断力，他作出的选择大概率比你的选择质量更高。第二，选择意味着责任，每一个决策者都应当为自己作出的决策后果负责。如果司机选错了路，你可能指责他或在心里默默指责他，这给了你权力。但如果是你自己选择了路线，你失去了指责的权利，更有可能被司机抱怨——虽然他多半也不过是在心里抱怨。第三，也是最重要的一点，允许司机选择道路过程中，你并没有放弃自己的掌控和自主，而是在有限时间、有限空间内暂时性地、部分地授权。虽说你允许司机选择路线，但一旦你发现中途发生什么情况，比如司机有意绕路，或前方拥堵，你仍可给出指令。也就是说，虽然你放弃了选择哪条路，但你并没放弃你与司机运载关系中的掌控权。

了解对方可能决策疲劳提醒我们，除了设置选项不宜过多，也不宜将复杂事项的决策硬推给对方，或者在对方无意花时间精力决策时，非要他决策。不信你试试在你老板忙得人仰马翻的时候，让他从你准备的几个方案里挑一个试试会怎样。

默认选项的力量

正是因为人们容易决策疲劳，也正是因为人们并不需要在所有事上都花费同样的力气决策，默认选项就成为选择设计者的另一个工具。

默认选项不需要说服对象去识别选项、作出选择，而是让事情沿着提前预设置的方向发展。比如你点外卖，默认选项是含餐具的，那么你不需要填写也不需要选择。如果你默认的付款方式是微信，那么你也不用去添加银行卡，只管点"下一步"就可以。这些无处不在的默认选择给你节约了大量的时间和精力。

默认选择固然给使用者、说服对象带来了便利，但更有机会受益的是选择设计者、说服者。选择设计者设计选项的时候，如果给出一个默认选项，那么人们更容易按照选择设计者期望的方式进行选择。有学者发现，欧洲某个地区的慈善捐款比其他地区的民众多了70%。为什么呢？因为这个地区在设置调查问卷时，不是让民众在"我要捐款"选项上打勾，而是提前印好了这个选项，让不想捐款的人画叉。你可能觉得，不管画勾画叉，不就是抬个手的工夫吗？真不一样。就这一个小小的变化，就可以极大地影响捐款结果。

总的来说，只要默认选项不太离谱，人们会更愿意按照默认选项行动，默认支付宝代扣代缴，默认视频订阅自动续费。为什么？

主要还是因为大脑的惰性。在2017年诺贝尔经济学奖得主塞勒看来，人们最擅长的就是"什么也不做"，非得做点啥，也是做出最省力的选择，或是用阻力最小的路线进行选择。除此之外，默认选项还会给人们一种印象：默认选项是权威人士和专家推荐的，也是大多数人的选择，所以应该是更好的选择。关于权威和从众对说服对象的影响，我们将在第六章介绍。

无论在哪个国家，器官捐赠都是一件有益社会但又很难推行的事。比如同样是遵从人们的意愿，英国、德国选择器官捐赠的人不过百分之十几，瑞士、奥地利、法国等器官捐赠率则可以高达90%甚至更高。差别何在？差别就在于英国、德国要求人们自己选择是否捐赠，而瑞士、奥地利、法国等则是默认捐赠，如果不想捐赠需要手动选择退出。

默认选项被广泛用于促进环保习惯的养成。为了减少对纸张的浪费，美国一所大学将学校的打印机都设置了默认双面打印。当然，需要单面打印的人依然可以手动选择单面。仅仅在这一所大学，3年节约的纸张约5500万张，相当于4600多棵树。我曾经任职的公司，通过将所有人打印机默认彩色打印改为默认黑白打印，每个月也节约了几万元的成本。

默认选项在影响人的行为方面作用超乎想象。它不仅可以引导人的行为，还能减少人们对一些公共政策的抗拒。

经常出差住酒店的人应该注意到，在过去很多年，酒店都是默认提供一次性用品的：牙刷牙膏、梳子、剃须刀。近些年，很多城市规定酒店不得主动向住客提供一次性用品。政策刚出来，我看到新闻标题时非常抗拒：这也太烦人了吧？难道以后我出差还得多背那么多东西？然而仔细读了报道正文，发现并不是"一刀切"，顾客还是可以通过提要求获得这些物品，我的怨气就瞬间消散了。当然，这并不代表我之后住酒店每次都记得向前台索要一次性用品，即使索要了也不过是拿个牙具，而不是全套。所以这是个很高明的政策：既实现了减少一次性用品消耗的目标，又没激起人们的强烈抗拒或抵制。

本节小结：

➤尊重他人自主权的一个具体方法就是给他们提供选择，但如何提供选项是一件有技术的事。

➤如果希望人们做某事，则用选择题代替判断题，将说服方案包裹在选项里。

➤让人回答和让人承诺，给对方的心理负担程度是不同的。尽量问一个让对方有回答欲望的问题，而不是要求他们承诺。

➤设计选项时，可以通过不靠谱的选项衬托出你希望对方选择的那个方案。

➤设计选项的时候不宜过多，以减轻说服对象的选择负担，避免决策瘫痪。

➤如果选项真的非常多，可以分类、分步、分模块地给对方提供选项。分类、分步、分模块提供的选项同样应该限制数量和层级。

➢人们并不希望将决策精力平均分配，对于人们不希望花费时间、精力决策的事务，尊重他们的意愿。

➢默认选项可以极大地改变说服对象的选择倾向，被广泛用于日常生活、公共事务或环保习惯养成。

第六章
影响力武器

经验并不是从零开始的，它对已经存在的东西加以细化，进行修正，并利用个人、文化和社会的影响来给它着色。

——《社会性动物》[①]

---

①　美国社会心理学家艾略特·阿伦森、乔舒亚·阿伦森的一本社会心理学著作，被称为"美国社会心理学的《圣经》"。

我们的KOTA四步说服法已经全部介绍完毕了。再来复习一遍：K，Know Your Audience；O，Offer Something；T，Tell a Story；A，Autonomy Matters。说服过程中有意识地按步骤操作，时常练习，有一天KOTA会内化成你的本能反应。本章我们讲讲一些常见的影响力武器，和影响说服效果的一些其他因素。

十年前那会儿我还在深圳工作，一天晚上，我在站台等公交车，突然一阵恶心，眼前一黑晕倒在了公交车站台上。在我迷迷糊糊倒下的时候，心想，一定会有好心人扶我一把的。然而，等我清醒过来的时候，发现自己正躺在冰冷的地上，来来往往的人要么目不斜视绕过我，要么好奇地偷偷瞥我。虽然特别喜欢深圳，但那个时刻我生出了离开这个城市的心——这城市太冷漠了，我要搬去一座更有人情味的城市。

然而多年以后，当我学到社会心理学的一些研究时，我开始明白，我没有理由怪深圳。这样的事在任何地方都可能发生，在任何时候都可能发生。

1964年，一位28岁的女士在纽约皇后区被残忍地强奸且刺死。但让举国哗然的，却是惨案发生时的情景。凯蒂·吉诺维斯是在下班路上被歹徒尾随上的。在她都快走到自己公寓门口时，歹徒用刀从背后袭击了她，她大喊救命。多位邻居听到了她的呼救，但没有人采取行动。恶行持续了近半个小时（也有报道说一个半小时），直至吉诺维斯悲惨地死去。

为什么会这样？是人们一些些善良都没有了吗？心理学家和社会心理学家做了很多研究，指出人的行为很多时候受到其他因素的影响。了解这些影响因素，不仅可以理解人们的反常行为，也可以善加利用，促进说服结果。

本章借鉴了大量社会心理学实验及其研究成果，尤其是《社会性动物》和《影响力》两本优秀著作。

第一节　互惠

我每年都会在公司内部开展多次合规培训，受众以销售、采购等人员为主。这培训在国内和亚太地区其他国家都有在做。为了增加培训的趣味性，也为了让观众更好地理解规则背后的道理，我经常会问他们一些问题。问题会根据受众的组成时常变化，比如某一次的部分问题是这样的：

1.你去拜访供应商，午餐时间供应商请你吃了午餐，人均花费200元。你觉得合适吗？

2.供应商与你交情不错，周末邀请你带孩子一起去动物园玩。你自己买了门票，午餐也是各自带了零食一起在草地野餐。你觉得这事合适吗？

3.公司正在寻找非生产性物料的贸易类供应商。你想到自己的好朋友正好在邻近城市从事类似业务，有意引进。这事可以做吗？如果可以，应该怎么做？

这些问题一般与公司政策相关，但以我的经验来说，多数中国的同事会不假思索地认为上述情境不太可能构成贿赂，"应该不至于有什么问题"。然而，同样的问题如果问国外或境外同事，比如新加坡、澳大利亚的同事，他们就会明显有顾虑。且不论公司政策如何，从社会心理学的角度看，这些同事确实有理由对这些行为存在顾虑。其中顾虑之一，就是"互惠"原理在多大程度上影响人的行为和决策。

互惠原理是怎样影响受惠者行为的？

互惠原理指的是，当人们收到别人的好意或恩惠时，不管是主动还是被迫的，也不论恩惠大小，都会生出偿还的义务感。为了消除亏欠感，人们愿意花费比原恩惠更高的代价去偿还。

据说吴起非常关爱士卒，他有一个士兵背上长了个毒疮，吴起居然会给这个士兵吸吮脓液。人们都说吴起长官是好人——可是这个士兵的老母亲一听说就哭了。她说：我丈夫当年就是因为吴起给他舔了伤口，为吴起战死了，现在吴起这是又想要我儿子的命啊！

这个故事说明人情难欠啊。率先给予恩惠的人并没施予多大的恩惠，但受惠者愿意付出非常高的代价来偿还。但同时也说明，要警惕他人通过施惠来操纵自己。吴起显然是有经验的施惠者，也明白施惠的收益。如果受惠者能识别施惠者的用心，则大可不必受其"绑架"。

说到互惠原理，就不得不提心理学家丹尼斯·里根（Dennis Regan）做过的一项"可乐实验"。

实验人员找了个艺术鉴赏的由头与受试者同处一个房间里。里根教授的助理"乔"假扮成受试者之一，在两种情境下分别向受试者提出要求。

第一种情境，乔帮了受试者一些很小的忙，借故走出房间。回来的时候，乔给受试者和自己分别带了一罐可乐。

第二种情境，乔没有帮受试者任何忙，走出房间一会儿两手空空地回来。

在所谓的"艺术鉴赏"结束后，乔分别对不同受试者提出一个请求：他正在销售抽奖彩票，希望受试者购买彩票，每张彩票售价25美分。如果销售的彩票够多的话，乔有希望获得50美元的奖金。

结果你猜怎么着？接受了乔的可乐的受试者，买起彩票来更慷慨。一张彩票价格与一罐可乐相同，而受试者往往买的还不止一张——这个生意对受试者非常不划算啊。这行为背后的动力、原理是什么？社会学家经过认真研究，指出这是人类文化中非常普遍、成熟的一种互惠体系在起作用，用白话来说就是"礼尚往来"。人们一旦受到别人的好处，都会天然地觉得有义务回报，否则会陷入负债感。也是因为互惠的概念如此深入人心，人们讨厌那些一味索取不知回报的人，所以那些欠了恩惠不能及时回报的人，本能地觉得不安，担心引起社会的否定性评价，因而更会想尽办法寻找机会填上这个"洞"。

互惠原理在社会生活的各个方面都发挥着超乎想象的作用。它的神奇之处在于，率先施惠者往往都是提供很小的好处，成本极低。比方说，在乞讨前如果给路人赠送一枝玫瑰花，乞讨的成功率会大大提高。哪怕路人不愿意接受玫瑰花，乞讨者硬塞给路人，路人通常也会因为这个小小的"恩惠"而不得不解囊。

再比方说，如果你经常去山姆会员店采购，你会为他们提供的试吃服务之广、试吃食物分量之大感到担忧：这么大的客流，这么阔绰的出手，一天得消耗掉多少试吃食物？我记得山姆店试吃小龙虾，每人一只；试吃鸡蛋，每人半个；试喝牛奶，每人半杯。而试吃牛排、生猛海鲜的档口，往往排着长长的队。但你也别觉得这样干超市会亏本，因为太多的数据显示，提供试吃服务的商品销量比没提供试吃的商品销量要高出很多。

起作用的还是互惠原理。人们从促销员手里接过试吃食物，感受到促销员的好意。当促销员提出"要不带一盒回家吧？"你觉得有义务回以同样的好意，否则会觉得对促销员存在亏欠感。

有意思的是，这样的亏欠感更容易对人产生，而不太容易对组织产生。同样拿试吃举例子，如果试吃柜台没有试吃员，而是纯自助，人们大多吃完了扔掉牙签，不太会装一盒进购物车。

互惠原理无处不在，很多时候我们还没意识到就已经"中招"了。记得有一次我随意走进一家美甲美睫店做睫毛，做完睫毛技师非常热心地主动提出："我看你的眉毛有段时间没修了，要不要帮你修一下？"毫无防备的我当然欣然接受。结束的时候，技师不失时机地说："姐，我们店正在搞充值服务，充卡的话，下次做睫毛、做指甲都可以打6折，要不要办一张？"如果搁平时，我肯定想也不想地拒绝。但是因为她小小的"善意"（事后想想，也可能是套路吧），我觉得有义务回报，为她增点业绩。就这样，我毫无准备地成为了她们店的会员。

当然，我也不能一味地抱怨自己是互惠原理的"受害者"，毕竟自己也曾从中受益，也会有意利用。

有段时间我们小区地面车位实行先到先得原则，我可惨了：那段时间我几乎天天晚归，回来就开着车在小区里绕来绕去找车位。

有一次从超市买完东西回来，绕了好几圈也没找到车位，无奈之下只能将车停在小区大门口的花坛边，这样做虽然有碍观赏但还不至于阻碍交通。一位年轻的保安见状，马上上来制止我。那时我已经拎着两大包东西下了车，实在没力气挪车了。保安的态度非常生硬："这里不能停车，请你马上开走。"我本来想跟他理论一番，比如，还不是因为物业没管好车位才害得我没处停车。但是那天不知道怎么了，我放下手中的购物袋，鬼使神差地从里面拿出一盒酸奶："这大晚上的，我猜你还没吃饭，来，喝个酸奶吧。"保安一下子愣住了，马上非常不好意思地说："不用了，不用了，我吃过饭了。"我还是硬塞给了他，在他接到酸奶后，我无奈地说："我这每天回来晚，真的是为停车费老劲了。刚刚在小区转了三圈，也没找到能停车的地方。"这时候他说："姐，你别愁，我有办法。"说完他走到一个锁了地锁的空车位那，悄悄地用脚勾了一下，地锁就放下了："来，你停这来。""这是别人的固定车位吧，我停了人家回来怎么办？""放心吧，我认识这家，他们平时都不在苏州住，只有周末偶尔回来。"

就这样，我不仅那天晚上停好了车，在未来的小半年都有了自己的"专属车位"。而解决我这大麻烦的，竟然是小小的一盒酸奶。当然，由于他回报我的"恩惠"太重，以至于我对他再次产生亏欠感，之后的某一次，我为他解决了一个小小的个人法律问题，心里才略舒服点。不过这是另外一个话题了。

那些善用互惠原则的律师们

测测你对互惠原理的理解：

● 你发了一个朋友圈动态，你自己也觉得乏善可陈，你觉得哪些人有可能点赞、评论？

A.你的下属

B.你的普通朋友

C.你经常点赞的人

D.你刚刚帮他解答了一个法律问题的人

● 以下哪个人更容易销售出她们的新产品？

A.一个第一次给你做美容，但长得特别美的美容师

B.一个嘴巴特别甜，特别会哄人开心的美容师

C.一个每次服务都尽心尽力的美容师

D.那个悄悄背着老板，刚刚给你升级了豪华套餐的美容师

● 谈判中以下哪种情形对方更容易让步？

A.你列出了 10 个对方应该让步的理由

B.你利用了与 TA 上司的私人关系

C.你讲了自己的悲惨境地，告诉对方如果 TA 不让步你可能失去工作

D.你主动在对方在意的某个点上率先做出了让步

法律人经常碰到的一件烦心事大约就是"白嫖"。这个词如此不斯文，我很不愿意用它。然而它对法律人又有着如此不言自明的意思，很难找到更精确的词来替代免费咨询，不受欢迎的免费咨询，想占便宜的免费咨询，心里极其不愿意但又不得不笑脸相迎的免费咨询……

我虽然不是执业律师，平日也没少接到各式免费咨询。这种咨询可能来自亲人、朋友，但更多的是来自一些八竿子打不着的联系人：同学的同学、公众号读者、表哥的工友、供应商的员工等。咨询的问题也是五花八门：离婚啦，买房啦，交通事故啦，劳动纠纷啦。最离谱的一次，公司供应商员工给我打电话，询问我刚买的苹果手机在送货时被偷了该怎么办，能不能向公司索赔。

这种"白嫖"让我很困扰：一来很多话题我并不专业，想要回答问题，得花费大量的时间去做功课。二来即使我熟悉的问题，也很难让毫无法律知识的提问者搞明白具体要怎么做。记得有一次我建议表哥的工友去做伤残鉴定，他又问："要不你带我去做吧？我自己不会啊。"

有时在法律人群里提起这事，那简直是群情激愤，大家都一肚子苦水，纷纷互相支招怎样应对"白嫖"。

然而，有一位牛律师却不一样，她对任何人的"白嫖"不仅不排斥，还

笑脸相迎、尽心尽力。牛律师是个三线城市的小律师，原本不是学法律的。自学通过司法考试后，她在法律援助中心工作了好几年。大概也是这个经历让她更加理解很多弱势人群的困难处境，很难拒绝所谓的"白嫖"。当然，也因为她丰富的援助经验，她更加了解老百姓的思维方式和诉求，她处理起各种琐碎的问题也得心应手。

那这些"白嫖"有没有影响她的业务呢？毕竟人的时间、精力是有限的，在免费咨询上花了时间，收费服务时间就短了。

牛律师告诉我，她的业务不仅没受到负面影响，反而因为这些持续的善举获得很大回报。那些向她咨询过意见的人，那些她认真对待过的人，之后如果真的发生纠纷了，几乎毫无例外地委托她代理案子。那些咨询之后没有发生争议的人，虽然不需要她进一步服务，也会不遗余力地向自己的亲朋好友推荐她。就这样，她一个在三线城市没有同学、校友、资源的小律师，竟然一直案源不断。

我相信牛律师做很多事是出于天性中的善良，但互惠原理为她的善良带来了回报。法律人如果明白互惠原理，并有意识地运用，也可以发挥出非常强大的力量。

我创建的法律合唱团微信群强调兼容并包，群内有各种各样职业的法律人：律师、法务、法官、检察官、公证人员、法律科技公司、法律培训机构等。不同于其他群要么寂静，要么广告满天，我们群一直在强调分享与互助。在这样的氛围下，有些群友就特别突出。

比如有一位法务朋友，被大家亲切地称为"哆啦A梦"——不管谁缺什么资料，提什么问题，找什么法条，他都能30秒之内丢出答案或者材料。他几乎无时不在，无所不知。有人不理解他为何愿意花那么多时间来帮助别人，但我这个群主却特别能理解：帮助别人就像一边走，一边撒下各式种子。下次回头，所到之处可能遍地鲜花。虽然我们不是为了鲜花才走当初的那条路，但看到美丽的花，会让我们下次走得更欢快，撒种子更有热情。哆啦 A 梦确实也告诉我，他如果有什么需要帮助的，只要在群里说一声，马上就会收到海量的私信——这些都是平时他帮过的人。"赠人玫瑰，手有余香"其实并没表达清楚助人的好处：赠人玫瑰，收到更多玫瑰。

群里还有一些律师，明明已经是知名事务所的合伙人，小时费率很高，在群里免费解答群友的提问依然毫无保留，也没有半句做广告的意思。这样的律师很受大家好评，咨询的群友之后需要委托，往往也会毫不犹豫地选择主动帮忙的律师。

那么对律师来说，互惠是不是只有主动解答问题这一种方式呢？当然不是。以任何形式"卖人情"都可以滚动"互惠"的车轮。

我有一位长期合作的外部律师，一直收费低廉，但服务却从不打折。有的案子他报价很低，我都觉得过意不去。结果在处理过程中，发现案件的复杂程度远超当初，那点律师费可能连他基本成本都没法覆盖。我提议签订补充协议，调高律师费。他一口拒绝："签好了的合同就是签好了，这会儿修改律师费不仅增加你们工作量，也要让你们对公司那么多部门去做解释，犯不上犯不上。"这样的"恩惠"我只能记在心里，下一次再委托他代理我们案件的时候，会在案件难度与收益方面略作平衡。不仅如此，当有其他律师想"撬"业务的时候，我会因为他的"恩惠"而觉得有义务继续使用他的服务。

虽说法务一直强调要避免利益冲突，不让自己的行为、决策受到其他因素的影响。但在强大的互惠原理面前，制度和理性可能都要后退一步。

所以回到本章开头的那些问题：即使法律允许，即使公司制度允许，采购人员为了避免受到互惠原理的强大影响，再小的礼物、宴请都应设法拒绝。因为社会习俗，拒绝常见的人情往来，如在供应商食堂进餐，或拒绝客户参加自己的婚宴，可能会被视为不近人情。那么最好的办法就是尽量减少与供应商的接触，不给对方施惠的机会，以免现在或未来作出原本不该作出的商业判断或决定。

互惠与让步

如果你了解"水门事件"的经过，一定会觉得难以置信：1972年的大选，没有强劲对手，尼克松和他所代表的共和党获胜几乎是铁板钉钉的事。在那种明显的优势下，为什么一支不乏精兵强将的竞选团队，还要闯入对手办公室，做出安装窃听器并偷拍文件这样愚蠢的事呢？与这件事可能的收益相比，这事的成本非常高，风险更是极高——丑闻一旦被曝光，那不仅是竞选全盘皆输，更可能导致严重的法律后果呀。但如果你了解这件事的决策过程，你可能就能明白并且理解背后的道理。

提出这个馊主意的人名字叫戈登·利迪（G. Gordon Liddy），他在"总统竞选连任委员会"负责情报搜集工作。决策小组里另外还有三个聪明人。为了简单，我们称另外三人为A、B、C。

戈登·利迪平时就有点不靠谱，高层对他的判断力并不看好。所以第一次开会，戈登·利迪的疯狂建议是被大家一致否决的。你来看看他最初的提议是多么匪夷所思：花费100万美元，除了到水门大厦民主党办公室安装窃听器材外，还需要一架"跟踪飞机"、一支负责绑架和抢劫的小分队，还有一艘游艇，载有应召女郎以勒索民主党政客。

这样的主意，当然毫无疑问地通不过。但是没关系，一周之后，戈登·利迪带着"改良"后的方案又回来了。这次他削减了部分提议，将预算从100万美元降到50万美元。这次方案依然被否了。

又过了几周，戈登·利迪再次提出方案，这次方案里只剩下窃听这件事，而且预算从 50 万美元降到了 25 万美元。事不过三，跟前几次比起来，这次方案好像没那么疯狂了，于是这一次的方案就那么被通过了。

事后关于事件的调查中，决策小组中的 B 的证词是这样说的："没有谁对这个项目特别感兴趣，但跟他之前提出的 100 万美元的荒唐数目相比，我们觉得 25 万美元是个可以接受的数字……我们不愿让他空手而归……A 认为我们总该给利迪一些小利……"

有意思的是，前两次开会时，只有戈登·利迪和 A、B 在，C 不在。第三次会议四人都在，C 第一次听说到窃听这个提议，他明确表示反对，但最后迫于压力还是服从了老板的决定。

这件事与互惠有什么关系呢？

当戈登·利迪将预算从 100 万美元"削减"到 50 万美元再到 25 万美元的时候，A 和 B 觉得他在让步，这种让步在心理上是一种"善意"与"恩惠"。根据前文讲过的互惠原理，受到恩惠的人有一种道德义务回以同样的好处，在这个案子中，回报就是让步。所以对方让步了（虽然这样的让步有可能是精心策划的），己方也有义务作出相应的让步。

明白这个道理，就可以通过知觉对比原理，用"寻求被拒、主动后撤"（door-in-the-face）的办法，将原本很难销售的事物销售出去，让别人答应原本很难答应的请求。关于这个办法有一个经典的实验，我也经常在我的谈判课上讲。

实验人员假装成某个青年辅导项目的代表，询问大学生是否愿意花一天时间陪少年犯游玩动物园。这样的苦差事，没有任何好处，谁愿意去呢。果不其然，87% 的受访者拒绝了。实验人员在同样的样本里抽选了另一群大学生，这次他们换了提问的方式。

实验人员首先请求大学生每周拿出两天为少年犯当辅导员，为期至少两年。所有人都拒绝了这个请求。在他们拒绝之后，实验人员再次提出，能不能花一天时间陪同少年犯去动物园。这次成功率比前一组提高了三倍，大约一半的受访者同意了这项请求。

同样的要求，用不同的方式提出，结果相差如此之大。而"付出"无非是在提出真正的要求之前，先提出一个注定会被拒绝的要求。这事成本如此之低，效果如此之好，我们没有理由不好好利用它。

假设你为新工作谈待遇，你的心理期待是年薪100万元，但是你猜测公司可能在薪资上满足不了你。于是你提出期望薪资120万元，还同时提出希望公司根据你的级别配车、配司机，并且为你解决在上海工作的住宿问题。事先的功课让你知道，公司没有为员工解决住宿问题的先例，而且你的级别也还没达到配车的标准。你提的这两项额外要求无非是为了确保薪资上谈判优势更明显。

果然，HR回复你，公司无法解决住宿和用车问题。你顺势提出，那么公司至少要报销你的租房和交通费用。人力与总经理商量后，告诉你每个月最多可以为你报销一万元的租房和交通费用。

你勉为其难地表示让步。因为你让步了，人力竟然没有再跟你在薪资上讨价还价，答应了120万元的年薪。而你之前从猎头那听说，这位负责招聘的人力此前核薪时，一般都会在候选人的期望薪资上打个折扣。你因为用更多的要求包装、掩护了自己的真实需求，最后得到的竟超出预期。这就是互惠式让步的强大作用。

当然，用于打掩护的要求不能过于离谱，极端不合理的要求容易引发对方反感，适得其反。比如这个求职案例中，如果你提出年薪150万元，还提出要参照公司外籍高管待遇，每年需要28天年假，要求报销子女私立学校的读书费用，人力很可能取消你的聘书。

陷入说服困境时，试试有意识地使用互惠原理

我是个睡眠极轻的人，即使在完全安静的睡眠环境一夜最多睡五个小时。前段时间甚至已经降到了三个多小时——因为我家楼上的邻居没日没夜放电视。而电视的音量，大到我能听出来电视剧中每一句台词。

楼上是一对老夫妻，平时老两口自己住。老年人睡眠短我特别理解，也能理解他们听力不如年轻人，电视音量要比正常的高。但是夜里十二点半在放，我没法入睡。早上四点放，我被吵醒，真的是痛苦极了。

第一次出现这种情况，我先生半夜上去敲门。老人家开门后矢口否认。

没多久，这情况再次发生了。鉴于之前的失败经验，这次我先生选择给物业打电话，物业也很快去楼上敲门制止了。好景持续没几天，电视声音又来了，而且颇有点"叛逆"的意思：声音更大了，晚上开到更晚，早上也启动更早了。我猜老人家可能很生气我们到物业投诉。之前在电梯里碰到还会愉快地聊几句，最近碰到再跟他们打招呼，他们态度非常冷漠。

我每天深受折磨，每当我辗转反侧的时候，我先生就要给物业打电话。我觉得这个不是解决问题的办法，还可能加剧邻里矛盾，于是拦住了他。他无奈地说："你不是在研究说服吗？你能不能想办法去说服他们呀？"

我不是没想过，可是我没想到有什么利益点可以提及的，也没想到可以诉诸他们的何种情绪。"大爷，你天天放电视我睡不着，最近已经失眠到要看医生了。"人家非常有可能白我一眼："你睡不着跟我有什么关系？"又或者轻松一摆手："不是我家在开电视啊。"

这时候我正在写这一节：为什么不试试互惠？

过年期间，我从老家带了自制的腊肉、腊肠，虽然不值钱，但稀罕。于是我拿上一些，上楼敲门："大叔，这是我们老家做的腊肉腊肠，给你和阿姨

尝尝。"他们显然很吃惊，稍稍推辞了一下收下了。"哎呀，我们也没什么东西可以给你的，要不给孩子拿点糖果吧？""不用了不用了，谢谢您。"我当时的想法是，如果他们邀请我进屋，或者愿意跟我多聊聊，我就找机会说说电视音量的事。如果没机会，就先不说。

果然，时机不太对，我空手回来了。请注意，我执意没收他们的糖果。根据互惠原理，这种"亏欠感"短时间的积攒有利于你的说服，如果你收了对方的回礼，这个跷跷板似乎就平衡了，下次说服还得重新制造不平衡感。

他们大概也没意识到我的"目的"，晚上、清晨还是该放电视放电视。我每天戴着耳塞在床上辗转反侧，耐心地等机会。

一个周末的下午，我带孩子下楼，又碰到了老两口，这次他们挺热情。我跟他们聊天，从幼儿园说到孩子接送，又说到家里的情况，最后说到自己："大叔，说起这个我挺不好意思的。我听我老公说，他有一次打电话给物业，物业半夜来你们家敲门了。我觉得真的太不合适了，这大半夜的，影响你们休息实在太不应该了。一直也没机会跟你们道歉。"

没错，先在情绪上同步，想想他们的委屈，诚恳地表示歉意，然后再说服。

老人家有点意外："哦，没事没事，都过去了，反正我们那会儿也没睡。"

我接着说："虽然回来说了他，但我明白他也是为了我。我一直睡眠特别差，一天只睡四五个小时。最近睡更少了，白天没精神不说，最近还开始心脏不舒服。前些日子去了好几家医院检查，医生都说先保证七个小时以上的睡眠再说。"我详细说了最近自己的不适症状，也顺便说了我平时做的各种关于睡眠的功课，希望能帮助他们改善一下睡眠质量。

聊了半天，我从头到尾没有指责他们看电视。虽然我确实深受困扰，但我确实也能理解他们的无聊，尊重他们看电视的权利。带着这份同理心，不评判，才可能有平和的谈话。聊着聊着大叔突然说："我真不知道咱们楼隔音效果这么差，我们的电视竟然会吵到你。""其实其他动静都还好，我猜因为电视挂在墙上，直接墙壁传导，声音就特别清晰吧。夜间没别的声音，听着就更明显了，白天就不太会注意到。""那我以后注意小点声，如果还是吵到你了，你跟我说。"

之后虽然偶尔还会猛然间听到很大的电视声音，但一会儿就调低了，显然他们想起了楼下的我们。

这原本是一件琐碎而棘手的事，不少邻里之间因为这样的事闹得势不两立。但不过一个小小的礼物，就这么解决了。这就是互惠原理在起作用。

回想起这个案例，我更加确信：没有没法说服的人，一条路不行就试试另外一条路。有意识地调用本书中的说服技术有时候可能会给你开启思路。而那些底层的、通用的原理，比如同理心、先同步情绪后引导，在任何时候都能帮上忙。

思考：

1.你是否曾是"互惠原理"的受害者？如果下次再发生这样的情形，你有什么破解的办法吗？

2.假设你是一位公司法务，第一次见面的一位律师请你吃午饭，你应该接受吗？

本节小结：

1.别人给了好处或善意，我们本能地予以回报，否则会存在亏欠感。

2.可乐实验说明，受了别人的恩惠，更容易顺从对方的要求。

3.互惠与让步：有人主动让步，我们觉得有义务同样做出让步。

4.为了让对方接受一个难以接受的要求，不妨试试以一个更加过分的要求开头。被拒绝后下一个请求被接受的可能性更高。

5.说服找不到突破口时，不妨有意识地施惠，打破说服困境。

第二节　承诺与一致

如果一开始没拒绝，后面就很难了。

——达·芬奇

在我女儿三岁的时候，我们带她去打疫苗。看到注射区其他小朋友嗷嗷啼哭的时候，她已经被周围情绪感染，马上就要哭出来。一看情形不对，我立刻采取措施："宝贝，我都忘了，你说你长大要成为什么来着？律师吗？""不对不对。妈妈，你忘了吗，长大了我可是要成为医生的。""哦哦，对哦，你是要成为医生的人，因为你特别希望帮助他人。""是呀，妈妈，帮助别人是一件很了不起的事。""那么，假设现在你是医生，周围这些小朋友因为害怕打针都在哭，你打算怎么做呢？"她稍稍思索了一下："我会跟他们说，打疫苗对身体好，其实也没那么疼，不要哭啦。"眼见她已经走上我提前画好的路线，我立刻问："那你自己打疫苗会哭吗？""我当然不会哭！"她很骄傲地大声说出来。

就这样，到她打针的时候，虽然我能看得出她有点磨磨蹭蹭，但终究还是硬着头皮上了。扎针的瞬间，她咧了咧嘴，几乎要哭出来，但到底还是忍住了。

近来，小区里三天两头组织核酸检测。成人被棉签采样都觉得非常不舒服，更何况小朋友。第一次带我女儿去排队做核酸，我看出她很害怕，有点抗拒。于是我跟她说："宝贝，虽然妈妈之前经常做核酸，也知道用棉签刮嗓子一点都不痛，可是我还是有点害怕哎，怎么办？""其实我也有点害怕，妈妈。""可是你一直比妈妈勇敢，你能给我做个榜样吗？你先做完，告诉我这个医生手艺怎么样，好不好？"我知道她的自我意象：勇敢、乐于助人。果然，她虽然还是有点犹豫，但硬着头皮去接受了采样。做完了她大声告诉我："妈妈，一点都不难受哦，你要勇敢一点。"

有了这一次经历，此后每次核酸采样，她都主动带头下楼，不管刮风下雨，从无怨言，再也没说过害怕。有时候有的采样人员手法粗暴，我看到她眼泪在眼眶里转，不停干咳，她不忘安慰排在后面的我："妈妈，没事的，一下子就好了。"

这些小事让我感慨，说服力武器真是老少皆宜呀。在这些小事里，我用的是"承诺与一致"原理。

My Word is My Bond（说到做到）

法律上有个概念，叫"禁止反言"，说的是人们在说出一定的言辞后，要对自己的言辞负责，不得否定先前言论——用大白话讲就是要说话算话，不能自食其言。

一个人如果说一套做一套，不信守自己的承诺，他也很难被人信任。不管在哪个社会、哪个年代，言出必行、表里如一都会被认为是一种美德。从社会规范角度看，人的行为具有基本的一致性是社会信用网络的基础，也是人类能进化、发展到今天的根基。

对个人来说，如果我们作出了一个承诺，我们就有必要信守承诺。因为这样显得我们可靠、值得信赖，更因为我们知道不这么做的后果：我们将失去人们的信任，逐渐在社会关系中成为一座孤岛。

或许你会说，信守诺言、表里如一这么简单的道理谁不知道，还值得专门写一节？太值得了，因为我们可能只知道它重要，却没将它用好。

假设你是一家很火爆的饭店的店长，每天都会接到大量的预订电话，但每天也有顾客一声不响放鸽子。你怎么办？要求顾客提前支付定金吗？这样做的话可能给你们带来社会舆论压力。有一个非常简单有效的办法：请顾客作出一个小小的承诺。

你可以让接线人员在接到预订电话的时候这么说："好的，张先生。我重复一下您的预订信息，您预订的是下周六，4月18日晚上的位置，6人用餐，预计晚上6点半到达。您的电话是××。如果您因故不能前来，能不能麻烦提前致电取消预约？这样我们可以将宝贵的位置释放出来，给其他排队的顾客。"此刻预订的顾客找不出理由拒绝："好的，如果我来不了会打电话告诉你们。"他们一旦答应了，爽约率会大幅降低。真的有事来不了，也会提前致电取消预约。

前面提过，我在公司内部时常调查一些腐败、舞弊的案子。查这类案子，除了搜集各种证据，访谈被调查对象（以下简称"当事人"）是不可少的一步。

但是公司法务不是警察，我们没有权力也没有手段进行"审讯"。很多时候，尤其是当事人真的干了坏事的时候，他们多半不会老实交代。即使我们用了提问技巧"套了"一些话，他也可能回过神来就不认账。为了留下书面证据，最理想的情况就是将整个访谈过程以文字形式记录，并让当事人签字。

但是你想，谁也不傻，法务带着明显目的来问一些尖锐的问题，之后还让我在笔录上签字，这也太吓人了。所以我的同行朋友很多都说，案件调查中让当事人开口交代特别困难，然而比这更难的是让他交代了之后还签字确认。

在我多年的调查经历里，我没碰到过拒不开口的当事人。而我访谈过的当事人，90%以上都签署了访谈笔录。为此我还给几千名同行做过分享，分享的标题就是《反舞弊内部调查：如何撬开紧闭的嘴》。我在调查过程中用到了很多影响力武器，如权威、从众，最有力的影响力武器，就是本节讲的，承诺与一致原则。

我设计的所有调查访谈笔录都遵循固定的模板，都有个固定的开头。以下是一个模拟场景，时间、地点、人名均为杜撰，仅作为示意：

访谈记录

时间： 2018年2月13日

地点： Interview Room

访谈人： Timini, Jack

被访谈人： David W

见证人： Mandy

记录人： 于婷婷

（为了方便记录，以下访谈人发问统称为"问"，被访谈人回答统称为"答"）

问： 你好，我是公司的法律顾问Timini，代表公司有一些问题需要问你。同时在场的还有你的部门负责人Jack，审计部同事Mandy Li。根据公司规定，以及员工守则，员工有义务配合公司任何关于商业道德方面的调查，不得隐瞒实情，不得提供虚假或不完全属实的信息。违反本条规定将导致纪律处分，包括但不限于解除劳动合同。你清楚吗？

答： 清楚。

问： 我们的访谈过程将被记录，访谈完毕你可以阅读访谈记录。如果你对记录的准确性没有疑问，你有义务签署确认，你同意吗？

答： 同意。

问： 今天的访谈内容全部信息你均有义务保密，不得向任何第三人泄露，你清楚并且能做到吗？

答： 可以。

    首先，我们访谈小组由法务、审计和当事人的部门总监组成，具有代表公司的权威性。我们和当事人明明很熟悉，我却一定要郑重地介绍一下访谈小组的成员，这是为了快速进行角色转换：从现在开始，我们不是日常的同事关系，而是调查和被调查的关系。在座位的安排上也很有讲究：我们三位调查小组的人坐在桌子的一侧，而当事人坐在我们的对面。我们往往背靠墙壁，而当事人背后一般都是空荡荡的，没有遮挡。这些安排会给他环境暗示，造成心理压力，让他知道调查的严肃性。

其次，我开头就提到了公司的规定和员工守则，即员工行为准则，有时候还会视情况提到《员工手册》，就是为了提醒员工，你在加入公司的时候，已经做出过承诺（员工入职的时候就需要签署确认一些基本规章制度），所以你有义务遵守承诺，配合本次调查。于情于理，现在有案子发生了，员工配合调查都是天经地义的。而当事人刚坐下来，来不及反应，对于这种找不出理由反驳的问题只能回答"清楚"。假设他说"不清楚"，没问题，现在我跟你再解释一遍，你总该清楚了吧？

一旦第一块砖松动了，一旦当事人说了一个"是"，只要节奏把握得好，他后面大概率会继续说是。而我下面的问题依然看起来不那么过分：我光明正大地告诉你"今天的访谈会被记录，访谈结束后你也有权阅读访谈记录（尊重他的自主性，还记得吗），如果你对访谈记录的准确性没有疑问，则有义务签署确认，你明白吗？"

这些话语、用词的选择、顺序都经过了精心设计。我说的是对访谈记录的"准确性"（这三个字重音）没有疑问，则有义务签署，可没说要求你签字认罪哦。而且我这个问题是跟着第一个问题后面问的，人脑会有一种天然的关联习惯，即认为先后的内容具有一定的因果关系或者递进关系。无论公司的规章制度是否要求员工签署确认，此刻他都会自然地认为，哦，原来规章制度要求我配合调查，还要求我在调查笔录上签字啊。

所以这个让很多同行最为头疼的问题，通过一些成熟的设计就被云淡风轻地解决了。你别小看第二个问题简单的"同意"，这个同意会对当事人构成巨大的约束，尤其在访谈结束时。通过有技巧的提问，访谈过程往往都能问出当事人这样那样的问题来。等到访谈结束，他们往往意识到自己有麻烦了，非常不愿意签名。然而就因为开头这个不经意的承诺，他们再不情愿，也不得不在访谈笔录上签字。这就是罗伯特·西奥迪尼所说的，保持一致是一种威力巨大的社会影响力武器，它甚至可以让人经常做出有违自己最佳利益的行为。

从当事人配合调查这件事上也可以看出，口头承诺对人的约束力同样可以很强大。我们法律人有个习惯，就是事事都要写在纸面上，所谓"存证"。对于重大的事项，条款都写在合同里自然非常必要。但对于一些没那么紧要的事项，口头承诺也是个不错的替代方案。

这次做到，下次还要继续做到

承诺与一致给了人们逃避思考和再次决策的偷懒机会："说都说了，照着做就是了""之前都那么做的，那就继续那么做吧！"

法务特别不愿意听到的话就是："这事为什么我们以前能做，现在不能做了？""上次你说这合同范本可以签，为什么现在不可以了？"即使是在家里，我们也经常被孩子问："为什么上周三晚上你允许我看电视，这周三你又不允许了？""你说不能吃垃圾食品，可是上次我们春游的时候你就给我买了肯德基呀。"如果没有特别强的理由，我们可能会被这些问题逼到"就范"。你一旦做了某事，我们就默认你下次还会做同样的事，否则你就是前后不一致的人。

对个体来说，一旦做了某事，下次继续做这事，就像开车走上一条没有分岔的路，下面不用思考，定点巡航就好。

还拿上面的内部调查举例。如果你仔细观察，会发现我提的要求的难度是逐渐增加的。第一个问题其实都不是要求，而是提问。前面我们说过，"回答"比"承诺"的负担要轻很多。然而当事人一旦开始回答了，为了保持一致性，他会继续展现出配合的态度，或者至少假装配合。有时候一次访谈不能问清全部事实，我需要再次约谈当事人。第二次约谈往往比第一次更不容易失败，依然是出于一致性。

登门槛效应

1966年，心理学家乔纳森·弗里德曼和斯科特·弗雷泽在加利福尼亚州，让研究人员扮成义工，到一个居民区提出一个非常荒诞的要求：请允许研究人员在他们漂亮的院子里树立一个巨大的告示牌，上面写着"小心驾驶"。这个告示牌非常大，都挡住了房子的正面视线。可以想象，居民们当然不愿意，只有17%的人同意了（竟然还是有人同意）。

狡黠的社会心理学家换了一组居民。这次他们用了不同的方法。他们先让义工来到居民家里，请求在他们家的院子里树立一个很小的警示牌："做一个安全的驾驶员。"这点事太不值一提了，所以几乎所有人都答应了。两周之后，研究人员再次找到这些居民，提出要在院子里放置一个更大的告示牌，跟第一组的一样大，大到足以挡住房子的正面视线。令人吃惊的是，这次居然有76%的居民答应了。

这就是"登门槛效应"（foot-in-the-door effect）或"得寸进尺效应"：人们一般不会答应难度较高的请求，但对于那些较小的、容易完成的请求，他们却很乐意接受。但是一旦接受了微小的请求，人们为了保持形象的一致性和行为的一致性，就更可能接受一项更大的、原本不太可能接受的请求。这好比一级一级爬楼梯，由此得名。

一个雨夜，乞丐来到富人家的大门前，富人家的仆人让乞丐走开，乞丐说："我只想借您这里的门廊来避一避风雨。"仆人看他不讨饭便同意了。后来，乞丐在门外请求道："我可以借用炉火烤烤我的湿衣服吗？"

仆人想他反正也不讨饭，便答应他到炉边烤火。烤火时，乞丐说："可以借我一口锅烧点热水吗？我要煮石头汤。"仆人觉得石头还能烧汤，很好奇，便同意乞丐用锅烧水。乞丐便出门捡了几块石头回来扔进了锅里，然后和仆人说，总要放点盐吧？仆人同意了放盐，乞丐又说，总要放点豌豆吧？仆人又同意了放豌豆，最后乞丐又要来了锅台边做饭时掉落的香菜和碎肉末。就这样乞丐获得了一锅美味的肉末汤。

这个故事将"登门槛效应"描绘得淋漓尽致。我们可能会同情仆人，但我们自己有时候就是那个仆人，时常被"登堂入室"地一步步紧逼。

如果你在街头被人拦住："你好女士，能不能耽误你一分钟，帮我回答一份问卷？"只要你答应了，这绝不是故事的终结。下面是要你的联系方式，如果给了联系方式，可能再邀请你去他们的店铺坐坐。如果你去坐了，他会让你试用他们的产品。如果你试用了产品，下面让你买点你也很难拒绝。

还记得我们前一章讲过，勒温劝说美国主妇食用内脏的故事吗？那里面也有登门槛效应的使用。如果你记得，勒温先让主妇们自己讨论，怎样克服不愿意吃内脏的障碍。之后再问主妇是否愿意尝试给家人做一次内脏，主妇们都举了手。但在说服中，勒温发现还有其他障碍需要克服。比如美国政府的早期宣传非常激进，听起来是要求人们只吃内脏不吃肉，而且鼓励人们每周食用多次。对于这种重大的改变，人们自然很抗拒。

勒温接手之后，除了组织主妇参加讨论，他还改变了建议的力度。他先从小目标开始，先提小的要求，比如先将内脏切碎，混合到牛肉馅里，或者用来做香肠。当人们习惯了较低的要求，发现内脏没那么难吃，再建议他们提高食用内脏的比例，慢慢地，人们就养成了食用内脏的习惯了。

登门槛效应在谈判中也非常有用。如果我们上来就啃硬骨头，谈那些重大利益分歧，非常容易谈崩。但是如果我们拆解目标，先从对方容易答应的要求开始提，同时已方也适当让步，逐步"蚕食"。等到其他的细枝末节都谈得差不多了，再来谈最难的。一是双方已经付出了大量的时间成本，此刻谁都不愿意功亏一篑；二是对方之前已有让步，出于一致性有惯性继续让步。

我曾经用这种方法在健身卡续费的时候谈到了非常好的条件。我先要求给年费打折，会籍销售照做给了我折扣。然后我问有没有礼品，她也同意了。然后我再问能不能赠送会籍期，因为我此前在别的健身房都可以额外赠送两个月。她请示了领导之后也同意了。最后我又问她有没有免费的私教课可以体验，她虽然很为难，但显然不想在此刻丢掉客户，最后又送了我三节免费的私教课。

公开承诺的力量

相信你的朋友圈一定有这样的人："不瘦十斤不改昵称""从今天起戒酒，再喝是小狗"。不要笑话他们，因为科学研究证明，公开承诺能给人带来更持久的行动力。

我有段时间给自己定的目标是每天运动30分钟，且运动消耗400大卡以上。我的iWatch会准确地记录每日运动和热量消耗情况。一开始我确实照做了，但碰到忙碌的日子、阴雨天、经期，我总会跟自己说，要么今天就算了。后来发现越来越松懈，我就建了一个运动群，每天和群里小伙伴打卡。群里伙伴每个人都修改微信群备注，比如"贝拉-每天有氧45分钟"。每个人在群里说明自己的计划，就相当于公开承诺。果然，自从开始打卡，我一天不落地运动，生怕自己违背了自己的承诺，也怕给其他人带了坏头。我记得最夸张的时候，在公司发现iWatch没电了，没办法检测当天活动量，急得我挨个办公室去找手表充电器。

如果你希望你的说服对象持久行动，不妨想办法让他作出公开承诺。比如团队开会时，让每个人介绍下一个月要完成的项目，并说明各个时间节点。这看起来是个工作报告，但更是一个公开承诺。我自己深知这一点，所以在筹备《合同相对论：法律人的一千零一夜》这本书时，虽然每位嘉宾都已经私信答应了我交稿日期，我还是心机满满地"要求"他们在作者群里接龙，写下自己参加出书，以显示和强调这是自主行为。接龙时还要自己手动写下交稿日期。经不住我死缠烂打，果然每位嘉宾人都"被迫"在群里写下我设定的交稿日期——是的，所有人都写的同一个日期。别看这个动作看似多此一举（很多重要的格式合同的签署页也会要求乙方手工抄写最后一段文字，以强化承诺的效果），这可是公开"签字画押"。所有嘉宾的稿件果然在两周内交齐了，两周！如果没有公开承诺，我相信总有人会因为这样那样的原因拖延。而一旦公开了，大家都不好意思懈怠（祈祷我的嘉宾朋友们不要看到这一段，如果看到了请找支马克笔主动划掉）。

人们一旦作出一个选择，尤其在这个选择为外界知悉时，他会更忠于这种选择，即使这种选择之后被证明并不聪明。律师经常碰到这样的客户："我要起诉那家公司！"律师分析了情况，觉得胜算不大，于是苦口婆心地劝客户最好和解或者通过谈判解决。"不，我一定要告他们！"律师提醒无用，当然乐得接到新业务。果然，判决出来，客户败诉了。理智的客户理当后悔没早点听律师的，但更常见的是，当时坚持要起诉的客户此刻又坚持要上诉，即使律师再次苦口婆心地说上诉胜算不大。这背后的原因，既有大脑誓死捍卫已经确认的信息或决定，也有公开承诺带来的"死要面子活受罪"。

改变不了态度、想法、立场，不如先改变他们的行为

我们或许以为，说服别人要先改变他们的态度、想法、立场，才能改变他们的行为。我们也认为自己是因为先有了态度、想法、立场，才会作

出与之相符合的行为。但实际上，人们对很多事并没有一个态度鲜明的立场，立场是被行为塑造和选择的。同样地，说服如果能直接作用于行为，不仅力矩更短，更可能通过人的行为的改变反过来促进他们态度、想法、立场的改变。

这事听起来有点荒谬对不对？别急，有非常多的实验证明了这个观点。

1.调查人员假扮成市场调研人员，给几位女士展示了8种不同的电器，并要求她们对这8种电器进行评分。作为回报，她们可以在自己评分相同的两件电器（假设这两件电器分别叫A、B）里挑选一件带走。如果她们从A、B里面挑选了A，再让她们对原本得分相同的A、B评分，A的得分就会比B高。

2.还有一个实验是这样的：挑一部大家都觉得很无聊的电影，要求被试者观看这部无聊的电影，并要求被试者在看完电影之后，违心地告诉其他人这部电影很有趣。被试者在看电影之前觉得这部电影真的很无聊，但是等他反复告诉他人这部电影很有趣之后，他自己真的觉得，这部电影就像自己说的，确实挺有趣的。

3.一个人被催眠了，催眠师要求她听到一本书掉在地上时脱掉自己的鞋子。15分钟后，书掉在地上，被试者果然按照指令脱掉了鞋子。催眠师问被试者为什么要脱鞋，被试回答："嗯……我的脚很热，也很累。"

4.某个病人大脑中控制头部运动的区域被暂时植入了电极，医生用遥控器刺激病人的电极时，病人总要转头，但他不知道这是遥控的结果。他会为自己转头的动作找各种理由："我在找拖鞋""我听到了一种声音""我想看看床下有什么东西"。

知道行为影响态度，可以提醒我们舍远求近。不必一定要改变说服对象的态度、想法、立场，如果能用登门槛或者其他任何方式让他行动起来，那么他会自我辩护，自我说服。

标签的力量

经常有一些文章呼吁人们"撕掉标签""拒绝被定义"。太多人受到标签的影响，被困在标签和错误的自我意象里。但这也从反面说明了标签对人的行为巨大的引导力量。说服者如果可以让说服对象意识到自己言行不一，或者成功地给说服对象贴上新标签，那么说服对象将通过自我说服去改变行为。《催化》一书提到了一个很有趣的运动。

抽烟者可能经常在街上借火，而其他抽烟者们也往往乐意效劳。然而，当泰国的吸烟者在街道被人拦下借火时，他们纷纷拒绝："我不会借给你火的""香烟有毒""香烟会伤害你，让你得上癌症"。

这是怎么回事？原来是因为借火的人不一般。这些请求借火的都是不超过十岁的小孩子，个子不过一米二三。他们一般都是先从口袋里掏出香烟，然后礼貌地向这些成年抽烟者借火点烟。借火被拒绝之后，他们会走开。但在走开之前，他们会塞一个折好的小纸条给这位成人抽烟者。纸条上写着**"你担心我，但为什么不担心你自己呢？"**纸条上还留了一个免费的戒烟热线电话。

几乎每个拿到纸条的抽烟者都会停下来，扔掉手里的香烟。但他们没有扔掉小纸条。这项低成本的戒烟推广运动产生了非常好的效果，拨打热线电话的人数上升了60%以上，而与此相关的视频也在网上疯传。很多人将此运动称为史上最有效的禁烟广告。

这个运动的巧妙之处在于，以一种善意但直击人心的方式提醒了说服对象：你言行不一。你善良，你关心小孩子，你知道吸烟的坏处，但是你言行不一。

除了"揭穿"言行不一，贴标签也很有用。比如本节开头提到的对我女儿的"招数"。再比如，我张罗法律人俱乐部和"合同相对论"线下活动的时候会建微信群，群里往往会有那么一两个很热情、很活跃的成员。我很自然地称呼他们为本次活动的"课代表"，结果他们就更加认真、尽责地承担起活动的各自准备工作。在线下活动结束之后，他们还以"课代表"的标准要求自己，继续在群里为其他人提供帮助。

为了应对水资源紧缺，某大学管理员希望本校学生缩短淋浴时间。传统说服方法作用不明显，于是研究人员想了一个新办法。一位研究人员在学校的女更衣室外面，询问要洗澡的学生是否愿意在宣传海报上签名，以鼓励他人节约用水（注意，是鼓励"他人"）。海报上写的是"缩短洗澡时间。如果我能做到，你也可以！"大学生们都表示乐于签名。

签完名后，研究人员还会询问学生她们的用水习惯，比如："打沐浴露或洗发水时，你会关掉水龙头吗？"只是提问，没有要求，也没有建议。之后，这些签过名也被询问过学生的洗澡时间缩短了25%以上，而且在打沐浴露或洗发水时关水的可能性比原来高了一倍。

瑞典一家超市在果蔬区进行了研究，也得到了类似的结果。有两种香蕉，一种贴着"生态种植"，一种什么都没贴。在这种情况下，32%的顾客选择了生态香蕉。然而，如果生态香蕉那有一个告示："你好，各位环保主义者，我们的生态香蕉在这儿。"仅是这一动作，就将生态香蕉的购买率提高到了51%。

这其中起作用的就是激活或塑造了顾客的自我意象："我是个环保主义者，所以买生态香蕉才符合我的本质"。这种用贴标签来激活对方某种自我意象的方法被广泛用在各类说服活动中。比如，美国有个很厉害的律师，他知道陪审团的成员会面临着从众压力，有时候不得不改变自己的立场，只为达成一致的裁决。所以在筛选陪审员的时候，他会问一个问题："要是陪审团里只有你一个人认为我的当事人是无辜的，你能顶住压力，不改变主意吗？"这个问题激活了准陪审员"我很公正""我有原则"的自我意象，他们当然会给出正面的回答。而一旦作出承诺，他们之后在审判中就不会轻易反悔。

思考：

明明完成法律程序就算形成合法婚姻关系了，那为什么多数人类文明，结婚还会有个仪式？

本节小结

➤说话算话、言出必行是人类社会的基本规范，每个人都受其约束。如能设法使说服对象作出承诺，则他行动的可能性大大增加。

➤人们为了保持行为前后的一致性，这次做到的事往往下次还会继续做到，在同一条路上一直走下去。

➤"登门槛"是指从较小、较易的请求开始，对方接受后再提出更大、更难的要求。出于行为的一致性，对方答应的可能性会大大提高。

➤比起一般承诺，公开承诺效果更好，更持久。

➤人的行为与态度的关系，并不总是后者决定前者。大量实验证明，人的行为可以决定态度。所以如果没法说服他人改变态度，不妨从说服他采取小小的行动开始，然后用行动去促成自身态度的改变。

➤人们有动力做到表里如一，所以如果指出他们言行不一，将打开说服窗口。同样地，如果提醒观众做某事符合他的自我意象，那么他的自主行动力也将显著增强。

第三节 权威

我先生是个典型的工科男，一直从事技术工作，偶尔也承担点公司的市场、销售职能。每当我提出给他购置像样点的服装，他都连连拒绝，理由是：我一个技术人员，穿朴素点没什么问题，而且大家都这样穿，我不想显得格格不入。

但当我滥用在家中的"支配地位"，逼迫他穿上我为他买的得体的西装去见客户后，他回来告诉我，客户虽然看到他的样子有点惊异，但对他的重视程度和接待标准明显比之前提高了。好像一瞬间，他不再是乙方，而是前来帮助客户解决技术问题的专家——当然，这才是他原本应有的身份定位。后来我看过一句深感共鸣的话，"永远穿得比你高一档"。

一个人的外在形象、地位在多大程度上影响他的说服力？同样的话语，来自权威比来自普通人更具有令人顺从的力量吗？在说服时，怎样有意识地利用权威来影响对方？

为什么人类会服从权威

服从权威大概是人类社会进化的结果，也是人类文明长期被强调的"品格"，时至今日也并无实质变化。为什么人们如此没有反抗意识，经常不假思索地对权威人士服从？那是因为过往的经验告诉我们，服从权威人士可以带来益处，而不服从可能带来不利后果。想象一下，是一个乖巧的学生更讨老师欢心，还是一个叛逆的学生？此外，服从权威可以免除个人的心理义务："我做了一切老师留的作业，考试还是考不好，那不是我的错""我是听了长官的命令，才屠杀犹太人的"。

长期的经验告诉我们，服从权威是最省事、最不容易出错、最偷懒的办法。然而果真如此吗？不加思考地盲从权威，往往也是悲剧的根源，产生"平庸之恶"。

在纽伦堡审判中，臭名昭著的纳粹军官艾希曼为自己辩护说，自己并非仇恨犹太人，也从来没想过成为谋杀犯。他做的一切无非是在服从长官的命令，而服从，一向是被倡导、赞颂的美德。《艾希曼在耶路撒冷》的作者、著名的哲学家汉娜·阿伦特在调查和庭审中观察中发现，艾希曼并非一个心理变态。相反，他与亲人、朋友不仅相处融洽，甚至从某种意义上还是个模范。

如果我们对自己足够诚实，也能想出自己服从权威的很多例子。为什么我们见到公司CEO会不自觉地毕恭毕敬？为什么一个著作等身的经济学教授解释当前股市会给你信心，而对门邻居王大爷说了同样的信息你却完全不会行动？

人对权威有着天然的顺从

在一个红绿灯路口，实验人员带头闯红灯。如果实验人员看起来是普通人，那么跟着他闯红灯的人数往往很少。但如果实验人员穿着正式的西装或制服，看起来更像个体面人，那么跟随他闯红灯的人数将大大增加。

那些牙膏广告的代言人明明不是牙医，却一身牙医的打扮？因为广告制作人深谙权威形象对大众的影响。只要凭借一定的衣着、表象，人们就自然地将其视为权威，从而信赖他的推荐。

还有一个极其有名但也非常有争议的米尔格拉姆实验。实验人员找来一群精神、心理非常正常的普通人，让他们在实验中充当老师，向隔壁房间的"学生"提问。如果学生回答错误，老师可以对学生施以电击。随着错误的增加，电击强度也会随之增强，直至增强至普通人类没法忍受的程度。当然，这些学生其实是实验人员安排的演员，所谓的电击并不会真实发生，只是让受试者，也就是那些"老师"们以为发生了。

按常理说，一个精神正常的普通人，对另外一个人类都有着基本的同情心，在一场实验中，如果自己的行为可能伤害到他人时，大可以主动停止。然而令人惊异的是，超过三分之二的受试者，哪怕听到对面"学生"的惨叫，自己已经大汗淋漓，内心非常抗拒，只要身着白大褂的实验人员要求他们继续电击，他们就继续服从，直至电击强度超出假装的"学生"所能承受的极限。后来在变式实验中，穿白大褂的实验人员假装接电话离开实验室，由助手暂时接管实验，并给受试者发布命令。这次就不好使了——80%的受试者拒绝服从。

这个实验此后以各种形式在世界各地都开展过，结果基本接近，不因性别、国别或人员构成存在重大差异。实验的发起人米尔格拉姆通过对实验参数、环节经过多次调整，得出一个令人信服的结论：受试者违反自己的良心，也不能违抗那些要求继续电击的实验人员，只因为实验人员穿着工作服，是权威的象征。

当然，事后受试者也表示，因为实验发起人米尔格拉姆来自耶鲁大学，机构的声望也使得受试者更愿意服从。为了验证这一说法，米尔格拉姆将实验地点搬到了一处商务楼。这次完全服从的比例从65%降到了48%。虽然还是很高，但至少说明实验人员的权威性、机构的权威性都对人的行为产生影响。

如果米尔格拉姆实验让你觉得沉重，不妨再来看一个轻松点的真实故事。这是斯坦福大学的心理学教授罗伯特·奥恩斯坦的朋友，一位精神病学专家的亲身经历。这位精神病学专家的一位病人在悬崖上威胁要跳崖，他怎么劝说都无法使得病人离开。无奈之下，他只能等待警方的谈判专家快点到来。但是在谈判专家还没到来之前，一位不知情的警察恰巧来到了现场。警察手持扩音喇叭，对着聚集在悬崖的人群大叫："是哪个混蛋在马路中间并排停放货车？害我差点撞上。不管你是谁，现在就把它开走！"听到警察的怒吼，一直不听劝的病人竟然乖乖走下悬崖，把车开走，然后一声不吭地跟着警车去了医院。

怎样通过树立权威去说服

权威是一个很抽象的词，一个普通的说服者要怎样才能看起来具有权威性呢？有三个象征符号可以帮助到你：社会认证、着装、语气与神态。

● 社会认证

咱们在第一章的时候已经提过，经过社会认证的部分，如社会头衔、资质、证书、职业，都会影响说服的效果。

不知道我的法律同行有没有过类似的经历，在某些场合下提到自己是律师，可能有意想不到的效果。有一次我独自在一个陌生的海外城市旅行，坐上一辆出租车。在车上我跟司机聊天，聊着聊着感觉他在绕路。于是我就主动提出自己在中国是个律师，他立刻表现出不同寻常的"尊重"。于是我不失时机地问："怎么感觉回程比我去的时候花了更长时间？"他马上解释道，因为某处修路，所以他不得不选择一条更远的新路。到达目的地之后，他的计价器显示金额135元。"比早上我来的时候贵了好多啊"，他马上问我早上去程花了多少钱。"早上只有80元。""无所谓啦，那你就给我80元吧。"

不说非法律人，即使我们都是法律同行，参加行业峰会、研讨会，如果碰到一位嘉宾是来自高院的法官、名校的教授、某红圈所的主任、某知名法律科技公司的创始人，我们会不会立刻对他多投去一些关注的目光呢？他说的话是不是好像格外有道理呢？

有人做过调研：在医院里，医生给患者的叮嘱，患者一般都会老老实实遵守，哪怕是让一个嗜辣如命的人不要吃辣，让一个天天瘫躺的人挪动屁股出去散步。但是，护士给患者的叮嘱，被遵照执行的比例就很低，哪怕是让患者按时吃药这样简单、精确的指令。那么问题在哪儿呢？经过分析，可能是因为护士与医生相比，缺少天然的权威感。于是某医院的护士们就动起了脑筋，在墙上挂起了自己的文凭、证书和奖状。结果，病人遵从护士指令的比例提高了30%。

这也就是说，环境中的微妙线索，在不知不觉中影响着人的态度和行为。

聪明的人看到这儿，一定知道怎么做了：为自己的荣誉墙添砖加瓦。记得我曾经和朋友吐槽，现在的律师不知道咋想的，官网介绍自己是这样的：王小强律师，中国律师协会会员，北京市律师协会会员，天明律师事务所执业律师，擅长婚姻家庭、交通事故、房地产继承等业务。

你说你一律协成员都好意思拿出来讲？可是后来换个角度想，对于不了解法律行业的普通民众来说，一看到某律师有这么多"荣誉"，顿时生出"嗯，他一定很厉害，经验很丰富，人脉很广"这样的念头。可像我前面说的，多数法律人的说服对象都是受过很好教育的，很多律师的说服对象原本也是律师，容不得炫耀、卖弄，否则不仅起不到建立权威的作用，反倒使自己看起来像个跳梁小丑。那要怎么做呢？

较好的办法有两个。

第一个是以不经意的方式说出来。

我见过高明的说服者是这样不露声色地彰显自己权威的："有这样的观点可不止我一个人。上次我与华为的副总裁交流的时候，他提出……我俩就这个问题一不小心聊了大半个小时"。如果他换一种说法："华为的×总是我好朋友"，恐怕观众立刻会觉得：你吹牛吧？即使不这么觉得，可能也会觉得，你是多么没有自信，才会拿这样的关系给自己"贴金"。

第二个是借别人的嘴巴说出来。

如果一个人演讲之前，花三分钟说自己毕业于哪个名校，拿过哪些奖项，做过哪些案件，恐怕观众要烦死他了：跟我有什么关系？我是来听你演讲又不是来听你吹牛的。

但是，如果主持人说："下面这位演讲者毕业于北京大学，曾获得2021年最佳诉讼律师，去年的十大典型案件，A公司诉B侵犯专利权和商业秘密一案就是他负责的……"你作为观众，会不会对这位演讲者肃然起敬，立刻期待他的演讲？

正是因为这样，有的公司故意不让客户电话直接找到一些人员，而是一定要通过前台转接："哦，您找的孙经理，是荣获过五星奖的专家孙大庆吗？"这样简单一步，哪怕五星奖是个杜撰的奖项，被找的人的权威感马上就出来了。

● 着装

我刚到德国公司上班，去德国总部的时候特别吃惊：大夏天的，办公室没有冷气，为啥我的德国同事个个衬衫、领带、西装，严严实实，一丝不苟？待了一段时间，我习惯了他们的衣着，直到周末老板张罗一起聚餐。

抵达餐厅的时候，我第一次看到穿便服的老板——突然间，他好像没有平时那么高大威严了，看起来就是一个普通随和的德国大叔。那时候我再次明白为什么说"人靠衣装"，合适的着装对一个人的形象的影响有多大。而这种通过着装彰显出来的形象，又在很大程度上影响着这个人的对外影响力。换言之，穿得越正式，越像个权威，他人越愿意毫不犹豫地将你视为权威。

瑞典一家银行做了一项调查，研究者采访了银行的一些客户，询问其对于银行员工穿着的看法。大多数人更喜欢银行人员穿着正式服装而不是便服，因为正式的服装给人严肃和自信的感觉。

另一项调查也显示，如果会计师从正式服装慢慢穿得更随便，客户会逐渐失去对他们的信任。这点我毫不怀疑，因为每当在正式场合下见到衣着随便的律师，我就觉得他要么没拿自己的职业当回事，要么没拿他的客户当回事。这听起来有点偏见，但确实有一定的道理——有理论认为，西装和制服在历史上充满了权力观念。而领带更是一个符号，意味着佩戴者没有从事体力劳动，是个身份高贵的人。

我前面一直提到的演讲高手、故事高手、法天使的创始人常金光律师，一直给自己贴的标签都是"穿牛仔裤的律师"，而且他也一直在100%践行着：无论去各地律协讲课，还是在全国各城市开展合同实训营，他一般穿的都是法天使的工作服，黑T恤或黑色套头衫，还是洗得褪色、不加熨烫的那种。他的课是讲得真的好，所以虽然他穿得像个学生，学员也还是以对老师的"规格"尊敬他。

直到有一次，法天使召开发布会，不仅现场有几百来宾，还要全网直播。我猜测他还要像平时一样穿着，用尽办法劝说他定做了一套西装，又费了九牛二虎之力劝他在发布会那天穿上了西装。他穿着西装在台上的时候，我第一次看到他"创始人"的形象。也是那一天，我听到台下观众说："穿上西装的常律师才像个律师嘛。"

当然，得体的着装并不意味着永远都要西装领带，在不同的场合自然要穿不同的衣服。比方说，与客户约咖啡的时候，穿得略休闲点不算失礼。但是如果与客户公司的多位高管开会，穿得正式、得体就非常必要了。

每个人身材、体型不同，我没法给个放之四海而皆准的穿衣法则。但一个基本原则是，每个人都应该花点"血本"添置那么几套"战衣"，好的品牌，好的剪裁，保养周到，没起球、没起皱、没沾毛。初入职场的年轻人手头紧，宁可去奥特莱斯或者折扣店买一些大牌的旧款、经典款，也好过在网上买的不知名的一些潮流款。

如果想要全方位打造自己的权威形象，千万别不小心输在着装上。

● 语气与神态

权威感是个玄妙的词。权威原本应是发自本质的某种力量，但体现出来的、用以承载的却是外在的表现，如前文说过的头衔、着装。稍稍向内一点，一个人的语气与神态也决定着他看起来是否权威。

我刚毕业时在一家律师事务所工作，主要做知识产权业务。有一次我和我的老板、律所合伙人去给某侵权人派送警告函。事前老板叮嘱我，我什么也不用说，只要留意、观察他的做法即可。这真是天底下最容易的差事了。我照做了，但出差回来的路上被老板批评了："在那么严肃的场合你怎么嬉皮笑脸？"

我委屈得不行：我明明全程都在认真观察、倾听啊，哪有嬉皮笑脸。

后来我在镜中观察自己，我在聆听别人说话时，会很自然地露出微笑，频频点头。经此一役，之后类似的场合我就紧锁眉头，上收嘴角，绝不放松自己的表情。有时候还故意想办法"目露凶光"。

有次和HR同事处理一场离职谈判，我是主谈人，谈完后HR同事委委屈屈地说："你刚才的样子好吓人啊，跟平时完全不一样。"确实，我现在可以自动切换到"权威模式"了。我是这样做的，希望对你有帮助：

第一，放慢语速，大约是平时语速的三分之二甚至一半。语速过快会给人不沉稳的感觉，慢下来有种身经百战、胜券在握感，从而自然地成为"控场"的那个。

第二，放慢语速的同时压低音量。那种兴奋、激动时发出的高音、尖叫应该避免，即使是发脾气，也应该是有控制地发脾气，表演式发脾气。那种用低沉、有控制声音说出来的警告，远比满脸通红的怒吼要更有威慑力。

第三，控制身体的摇动和小动作。摇头晃脑和揉眼睛、抓耳朵等行为会让人看起来非常随意，缺少庄重感。

第四，严肃的表情。当然，该表示善意或者鼓励对方发言时，可以微笑，但一切表情都应该是克制的、合乎当时场景的。

第五，坚定的目光注视。有了坚定的目光，有时候什么话不说也会给对方造成巨大的压力感。

第六，克制的词汇。用俗话说，就是不咋咋呼呼的，不夸张，不说过于绝对的话。

如果不示范一下，仅仅靠上面这样说，你或许还是没法完全想象。那么反过来说，你认不认识这样的人：说起话来摇头晃脑，说话急促到很多音节像被自己吞吃了，或者爱用夸张的词："这事听我的绝对错不了""这案子包你赢。"想象一下，这样的人，在你心中会跟"权威"搭边吗？

这会儿不妨再回忆一下你印象中权威人士的样子，无论是一位你尊重的学者，还是你们公司的CEO，他是因为哪些特质而显得权威的？观察他，模仿他，成为他。

本节小结：

➢人对权威有着天然的顺从，违背权威会给人造成巨大心理负担。

➢服从权威是因为经验告诉人们，这样省事、不出错、有好处。

➢树立自身权威可以通过几个象征符号：社会认证、衣着、语气和神态。

第四节　影响说服的其他因素

除了前面三节提到强大的影响力武器，还有很多因素影响说服的效果。高明的说服者不会只依赖一种武器，而是因时、因地、因人地寻找自己最趁手的工具。

社会认同与从众

你听了一场非常无趣的演讲，演讲者结束时鞠了一躬，说："谢谢大家"，然后并没有离开舞台，显然在等待掌声。观众席响起了一阵七零八落的掌声，你受了15分钟折磨，一点也不想给这名演讲者掌声。但是你看到你左边、右边的人都在拍手，还是不情愿地两手轻拍了两下。

为什么他人在场，就会让人违背自己的意愿行动？

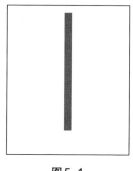

图5-1

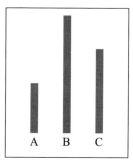

图5-2

如果问你，图5-2中的哪一条线段与图5-1长度相同，我相信你一定会觉得被冒犯了：这问题两岁的孩子都能答出来，你这是侮辱我智商吗？这毫无疑问是B嘛。然而，别出心裁的社会心理学家做了一个实验，让你和其他6个人坐在一起，然后问出这个问题。当第一个人上唇碰到下唇之前，你信心满满地觉得他一定会选B。然而，他竟然说是C。"这个人一定脑子不好"，你对自己说。当第二个人也回答C的时候，你心想，怎么今天都是智商不好的人聚在一起了吗？然而，当第三、第四个人都选C的时候，你赶紧趴在图片上再仔细检查，生怕自己刚刚看错了，或者题目中藏着什么陷阱。可是还没等你发现任何不寻常的情况，第五个人也选了C。现在轮到你了，你怎么回答？跟着选C吗？还是坚持自己的判断，大声勇敢地说出B？

这就是大名鼎鼎的阿希实验，你想的没错，另外几个选C的都是心理学家阿希找来的"托儿"。但是结果怎么样呢？被试者有76%的人跟着这些"托儿"选了错误的答案。

这个实验证明了从众的巨大力量：当一定数量的人做了一件事，就对其他人形成一种不成文的"规范"，使他们觉得有必要遵守，哪怕他们明知道这种规范可能是有问题的。

我第一次看脱口秀大会时，非常吃惊地发现竟然还有"领笑员"这个角色：这是什么操作？笑不是本能吗？为什么还需要人"领"？后来看到从众研究才明白，如果大家都笑了，你即使不觉得好笑也会跟着笑，否则你看起来就是个怪人或者傻子，一个不合时宜的人。正是因为人们容易受到他人行为的影响，很多喜剧表演、广播会自带提前录制的笑声配音。原本没那么好笑的事情，因为听到笑声，人们也会随之觉得好像还挺有意思。

中文里有很多词来形容、贬低从众行为，诸如"跟风""人云亦云""三人成虎""一犬吠形，群犬吠声"，但越是如此，越说明从众行为的普遍性，无论是转瞬即逝的时装潮流，还是最新款的电子产品，又或是网红景点，真正能做到理性对待的人并不算多。就像我自己，学习了那么多社会心理学理论，也知道"稀缺感""从众"可能导致不理性行为，眼见大家都在为疫情囤货的时候，犹豫再三之后我也终于忍不住，吭哧吭哧往家里拉了够吃半年的粮油干货。

人为什么会从众？

一个原因，是追求社会认同。

当我女儿要我帮她买一双又丑又不舒服的运动鞋时，我很意外。这双鞋明显不是她日常喜欢的类型，但她态度非常坚决："妈妈，你一定要帮我买。"仔细询问之后，才知道她幼儿园好几个小朋友都有这样的鞋子，有个小女孩还组建了一个小团队，只有穿这种鞋子的孩子才能参加。被群体接纳的需求如此强烈，小孩子都不能免受影响，而小孩子还天然知道排斥他人。一群经常在一起喝酒的年轻人，一旦其中有一个结婚生子，不再一起喝酒了，小团体就会对其产生敌意和排斥，这种敌意和排斥未必以激烈的形式表现出来，但偶尔的讥讽、嘲弄也足以使当事人感觉到痛苦。

社会心理学家早就注意到人们对特定群体、组织的归属需求，并据此提出了社会认同理论。被接受、被认同让人觉得安全、舒适，而一旦因为出格或与众不同，就可能招致群体排斥，进而给个体带来巨大的伤害。有研究表明，被群体排斥带来的痛苦如同肉体的痛苦一样真实、强烈。三个学生一起玩网络游戏，如果其中两个有意不传球给第三人，第三人脑中的激活模式和人们受到针刺、电击引起的身体疼痛类似。

另一个原因，是人们对当前情形不确定、没信心或缺少决策所需的足够的信息，推定多数人的选择具有合理性。

在信息不足时，从众很是个省力、保险的选择。订酒店的时候挑选4.8分以上好评的，网购挑选钻石、皇冠老店，在饭馆点菜看看大众点评哪道菜最受欢迎。也正是因为这样，商家越来越重视用户评分，甚至设法操纵排名、评分。除此之外，我们在网上下完一单，还会看到这样的推荐："跟你一样的用户还买了×××""跟你一样喜欢本书的读者还喜欢×××。"我们虽然希望自己是独特的、有个性的，但在消费时，我们更愿意偷懒地相信多数人的选择。

在人们对当前情形不确定、没信心时，从众是个安全、稳妥的选择。还记得本章开头举的例子吗？我在街头晕倒，没人敢搀扶。女子被公开伤害，邻居们听到了却不伸出援手。也许所有的观众都不确定发生什么事了："那个人需要我帮助吗？""会不会是普通的夫妻矛盾？""会不会是什么骗局？""应该不要紧，我看大家都挺淡定。"在一个观众观察他人反应时，他人也是类似心态，这种现象被称为"多元无知"。

对于这种情况，罗伯特·西奥迪尼认为，只要消除了不确定感，并且观众们确信出现了紧急情况，那他们就可能出手相助。所以首先要大声呼救，说明这确实是个紧急情况。为了避免责任扩散效应，即每个观众都指望其他人伸手，求助时可以指定具体的人："那个穿红色T恤的小伙子，你能扶我一下吗？""穿黑色风衣的女士，请你帮我拨打一下救护车。"

社会认同与从众行为在说服中的应用

1.用数据说服

如果你希望利用从众说服人们做某事，可以好好利用数据：

"我们的××复购率高达98%。"

"10个大学生有8个在使用这个APP。"

"连续三年获得'最受欢迎'奖。"

"2022年度本店销量最高产品。"

2.用好"托儿"

前面举的例子，社会认同之所以发挥出对说服对象那么强大的规范作用，主要原因就是用了"托儿"，还不止一个托儿。比如阿希实验，如果只是一个人选择错误答案，受试者不会改变自己的选择。随着越来越多的人选择错误答案，强大的社会规范力量就起作用了。同样地，糟糕的演讲如果只有一个人鼓掌，你也不会觉得自己必须跟着鼓掌。如果你的前后左右都在鼓掌，你会面临巨大的压力。

明白从众的巨大影响，就可以有意安排"托儿"。捐款的零钱箱里提前放点钱，捐款的人会更多；刚开的奶茶店有人排队，队可能越排越长；小区群里团购鸡蛋，有几个带头的，刷刷刷很快就接了长长一条"龙"；培训结束请学员发表感想，如果前几个都夸老师讲得好，其他人再站起来也挑正面的说。

从众往往还与其他影响力武器和说服方法相结合，如"权威""稀缺"。一家私房菜馆，一款新上市的包包，因为多位明星、知名博主的反复推荐而引起大量关注。关注的人越多、越难约或越难买，越能激起人们的渴望。

当然，所有的说服力武器都不应该被滥用。善用说服力武器和愚弄观众必须予以区分。

说服的时机

说服的时机影响说服效果，甚至可以完全改变说服者、说服对象的地位。比如我之前试图在公司推广电子印章，使用部门安于现状，根本没人响应，于是这事只能搁置。然而等到疫情一来，所有人居家办公，盖公章和快递文件都受限，这时都不需要我去推广，好多人纷纷来问我能不能想办法引进电子印章。

几年前某位网红，曾在一分钟内卖出过万的知识付费产品《××教你月薪五万》。这个课程名字实在太具有挑逗性，于是我也随手下了一单。几年过去了，别的我不记得了，却对其中一节印象特别深刻。那一节讲的是一周中的哪个时间点谈加薪最合适。

课程说，不考虑其他因素的情况下，周四下班前的一个小时谈加薪最合适。为什么呢？据说这是基于加拿大一位心理学家的"一周情绪节奏研究"。周一到周三，多数人都很忙，所以不愿意也没有心力去谈复杂的事情。而周五呢，多数人已经提前进入周末模式，没有心情谈。这时候如果跟老板提加薪，老板会心里很不爽：让我带着这闹心事过周末，是存心找茬是吧？相比之下，周四普遍情绪最好，顺从性最高。我猜选周四下班前一个小时还有一个小心机："时间压力。"谈加薪应该是一件速战速决的事，不留很长时间给老板跟你"回顾"一下近期干过的糟心事。同时，老板周四晚上考虑了一晚上，周五也会催促自己做个决定，免得带着这个问题过周末。

课程还教了一招：跟老板约加薪谈话的时候，不妨这么说："老板，周四下班前我能跟你聊聊我的职业发展吗？"老板一听，多半脑袋"轰"一下："完了完了，这个优秀的员工找到新工作了……我该怎么做才能留住他呢？"这样过了几个小时，你再跟老板谈，他发现你要的不过是加薪，并不是要离开，他可能长舒一口气：好说好说。但这个"损招"不能常用，一旦老板意识到可能会"反噬"。

不知道这门课到底帮多少人实现了月薪五万元，但它确实说对了一件事：说服是要讲究时机的。瞅准时机，抓住某个话题的特定窗口期就可能顺利达成目标。拿多年前我自己的一次加薪来说：

我的外国老板是个非常老派的人，他对部门预算控制很严，也不喜欢团队的人提要求。所以我刚入职的时候，就有同事提醒我，千万不要去跟他提加薪，否则会很惨。同事还举了很多血淋淋的例子，那谁谁谁不识趣去要求加薪，后来很不招老板待见。因为这样，好几年我都从来没主动跟老板谈过加薪一事，年底普调给多少就多少。

有一次我的团队和老板合作做了一个挺大的案子，在做案子过程中我几乎累垮了，还受了不少委屈，这些老板都很清楚。项目快结束的时候，我的团队一位同事老麦找到新工作离职了，据说薪水涨幅很大。案子关闭的那天，我和老板闲聊，聊到这个案子的各种波折，聊到我被误解的时刻，我几乎眼泪都要掉下来了。

就在这时老板感慨说，也不知道为什么老麦在项目快结束的时候离职。我说，除了这个项目的压力之外，最大的原因就是薪水吧。老麦刚买了房子，贷款压力很大。老板感慨说："钱的问题从来都不是问题，为什么他从没提起呢？"我心说，这不是害怕惹恼您老吗？我一边懊恼自己前几年不讨不要不作为，一边想着可不能放过这天赐良机。于是赶紧说："既然您提了，那我也得说说了：我和我的团队薪资低于正常标准了。"说着我打开微信里猎头发我的薪酬调查报告，用英文跟他解释了一番。他非常镇定地说："我知道了，我去和HR商量一下，你等我消息。"

没多久，我拿到了那份工作中最大的一次薪水上涨。事后想想，如果我在项目开始之初要求加薪，没有与之对应的功劳，即使要到了幅度也不会大。如果我在项目中间要求加薪，很可能被理解为要挟，给老板心中种下一根刺，也不合适。如果我在项目结束很久后，到年底再提加薪，老板对我为项目的付出可能已经印象不深了，也很难有特别好的效果。

而我那次的时机几乎不能更好了：一方面，我漂亮地完成了项目，论功行赏也该有一部分涨幅。另一方面，我在其中受到的委屈，有一部分是老板自己无意带来的，他对我有一些歉疚。再有，老麦离职也给了他非常真实的警醒：如果我们团队拿的薪水在市场上毫无竞争力，他可能失去我。这个风险不是我自己说出来的（我说容易被理解为威胁），而是通过老麦一事他自己领悟到的。而针尖上的露珠，则要数话赶话的那一个瞬间：他自己先说到钱不是问题，我顺竿子爬上去，特别水到渠成，没有任何预谋的意思。

说服的时机稍纵即逝，"特权窗口"一旦打开，立刻行动。但时机不成熟时，也不宜强求，以免适得其反。

重复的力量

说到重复，不知道你会不会跟我一样想起那些"洗脑"的广告："今年过节不收礼，收礼只收脑白金""怕上火，喝王老吉""赶集啦！"

第一次你听到这些广告可能觉得有点傻，第二次第三次听可能觉得很烦，可是第200次、第300次听的时候已经无感了，甚至自己脑中会不知不觉跟着音乐唱出来，或者忍不住去想：广告制作者到底为什么这么设计？这里面有什么我忽略的深意吗？

很多第一次接触没什么感觉，甚至很反感的事物，因为反复在你面前出现，逐渐变得没那么讨厌了。就像有些歌你第一次听感觉一般，可是因为某些原因你天天听到，慢慢地你不仅会唱了，还越来越喜欢。再比如有些食物，臭豆腐、榴莲，有些人一开始觉得完全没法接受，但硬着头皮吃了两次，不仅不讨厌了，甚至还会深深地爱上。

这就是心理学上的"单纯曝光效应"（mere-exposure effect），说的是只要让某事物重复曝光，就可以增加人们对它的好感。有时即使是无意识的接触，也能产生积极的反应。

　　了解了重复的力量，你大概也能理解为什么一些经典的演讲都会有"金句"，而这些金句在演讲中会被多次重复。如果我问你乔布斯最经典的金句是什么，我猜你多半会说："stay hungry, stay foolish"。没错，这个金句就是通过乔布斯在斯坦福的演讲中的三次重复，而闻名于世。

　　为什么重复曝光能使人产生喜爱？心理学家认为，重复可以使人对该刺激产生熟悉感、舒适感，从而减少新事物带来的不确定感和威胁感。当一件事被重复的次数足够多时，人们会将之视为常识，天经地义地遵守，而不再留意这话是谁说的，这话是否有道理。至于这件事是五十个人每人说了一次，还是一个人说了五十次，在效果上差别不大。

　　不信你可以想想那些知名的谚语，重复多了就以真理的样子出现了。"失败乃成功之母"，失败真的一定孕育成功吗？根据习得性无助的理论，失败多了人容易放弃努力，成功多了人们反而越来越自信。从这个意义上，"失败乃失败之母""成功是成功之母"才对啊。可是为什么我们多数时候都深信"失败乃成功之母"呢？因为这句话反复被人提起，我们听得耳朵都起茧子了。我们不关心谁说的，也不太有必要去思考它是否站得住脚，只管相信、照做、继续传播就好。

　　这个发现对说服一事有什么启发？

　　首先，它提醒我们说服的时候要有耐心，循序渐进。

　　这件事上，孩子们就天生擅长。"妈妈，给我买《斗罗大陆》的盲盒。"这什么鬼？小小的孩子为什么会喜欢名字听起来就很少儿不宜的东西？不买不买。小孩子从不放弃，下次他又来了："妈妈，这就是我上次跟你说过的《斗罗大陆》里的人物，小舞，你看是不是很美？"瞅了一眼，依然没搭理。再过两天，他又缠着你要你陪他一起看《斗罗大陆》的动画片，你不看的话他就给你讲里面的情节。如此几个月下来，你满脑子都是《斗罗大陆》，等到下次再进商店，孩子再次提出第一次的请求："妈妈，给我买《斗罗大陆》的盲盒作为圣诞礼物好不好？你看，只要几十块钱就好了，我保证最近会很乖。"这次，你发现你不像第一次那么排斥《斗罗大陆》了，看着孩子哀求的脸，你心说：就几十块钱的事，就一个盲盒而已，买给他应该也不会怎么样。

就这样，孩子们用耐心说服了你，而你，已经不知道被单纯曝光效应影响多少次了。这种潜移默化的过程就像打疫苗，先小剂量，让说服对象对说服话题产生记忆，比较适合那些包含重大变革性的说服话题，或说服对象可能态度鲜明地反对的说服。

其次，一个新观点、新主张可以反复地说，换着花样说。

最后，它还提醒我们对于打算说服的新话题，可以提前"铺垫"，让说服对象解除对新事物的戒备之心。

比如我的"合同相对论"直播，每次直播过程中、直播结束时，都会口头提及下一期直播的嘉宾和话题。在下一期直播开始之前的两天，我们还会制作海报，在群里、公众号和朋友圈二次预告。随着我们自己和嘉宾对预告海报的转发，大量法律人从不同渠道看到预告，下期节目已经实现了单纯曝光效应。

到这儿我已经在书中很多次提到我的直播节目"合同相对论"了。第一次我提的时候你可能不明所以，第二次提你可能去网上搜搜到底是个啥。等我第三次第四次提，你说不定就计划去观看一次直播了。没错，我也在借助单纯曝光效应，让你对这个节目产生好奇和好感。

说到节目，我们节目有个环节，即结束时会请嘉宾谈一个合同洞见和推荐一本书。因为荐书的传统，如果嘉宾碰巧自己写了书，我们也会在直播时推荐过嘉宾的书。截至目前，我们节目小商店销量最好的书要数史欣悦律师的《自治》。为什么呢？除了因为书的质量特别高，本身就是畅销书之外，也还因为我无意中触发了单纯曝光效应。

在我自己读了史律师的书之后，非常有感触，于是很快写了一篇读书笔记发在我的公众号"见我"上。后来我发现好多人对我的读后感很有同感，于是我索性邀请直播间的观众和微信群友一起来写读书笔记。响应者不少，于是连续多日，每天我的公众号都会发一篇《自洽》的读书笔记。

这些读书笔记有些结合了自身经历、感受，写得非常动人，也有些写得四平八稳，算不上特别新颖。但发了三四篇笔记之后，我开始收到一些圈内、圈外朋友的微信："看你天天发这本书，我也去买来看看。""我不是法律人，这本书读起来会有障碍吗？"再到后来，我发现我的多位圈外好友，都跟我的法律人好友一样，在朋友圈晒他们收到的《自洽》，有些直接说"T总一直发的书，买回来一读果然很值得"。

我想，这"人传人"的过程除了下文提到的说服者中立立场之外，更多的是重复的力量。

先发影响与启动效应

今年过年前，我因为一些身体上的小状况，突然被医生要求住院。问题其实很小，但医生觉得还是早点处理比较好。因为问题很小又不是急性的，我状态很好，活蹦乱跳。然而，等我应护士的要求穿上病号服，身上佩戴上一个便携的心率监测仪，我的状态立刻变了。我走路不再健步如飞，而是小心翼翼，甚至忍不住有点佝偻起来。身上不过是多了个心率监测仪，却像刚做过手术留下了刀伤。我那时感受到自己的行为受到了环境的暗示：病房、病号服、心率监测仪，这些因素让我自然地相信了自己是个需要小心行事的病人。

更多时候，一些看起来更遥远、更隐蔽的因素也能产生类似的暗示作用。1996年，纽约大学心理学家约翰·巴赫研究发现，被试者如果看到和年老相关的词，如"皱纹""退休""僵硬""无助"等，受试者走出实验室的速度会比对照组更慢，就好像他们真的变老了、行动迟缓了。而另一个实验证明，手里拿着冰水的人容易对人冷漠。但如果人们手里捧着热咖啡，那他对别人的态度更友善，评价也会更正面，更容易被说服。类似地，如果说服对象吃饱喝足了，放松、快乐，自我感觉良好，他们也更容易被说服。

这些通过提前预设环境、预设线索来引导人们后续决策和行动的做法，被称为"启动效应"，也被称为先发影响力。启动效应可以在说服动作尚未开始时，就对说服对象施加影响。比如你随便问一个人"你幸福吗？"他可能想也不想地说"挺幸福的呀"。但是如果你先问他："最近你长胖了吗？"然后再问他"你幸福吗？"他的回答可能就没那么干脆、确信了。

如果你希望对方接受你的报价，不妨提前让他接触一个更大的数字。研究人员让人们写下自己的社保号码中的两位数字，发现那些写下大数的人，比写下小数的人，更愿意多花钱买下同一件物品。

说服过程中最常见的启动效应是语言。如果你先问人们："你爱冒险吗？"如果回答是，下面你再向他们提一个比较激进的提议，他们更容易接受。如果你问人们："你认为自己是个乐于助人的人吗？"下面再求助，你获得帮助的可能性也大幅增加。

语言中的比喻、隐喻则可以发挥更加意想不到的作用。当我们说要"爬坡"，我们暗示了当前的困难，但也暗示了上升的趋势。就像史欣悦律师在《自治》书中提到，他面临困难随口抱怨时，一位前辈说："他正是爬坡的时候"，就使得史律师豁然开朗。

了解先发影响力与启动效应对我们的说服有什么帮助呢？

● **根据需要安排说服环境**

如果希望说服对象愉快地接受你的提议，尽可能给说服对象营造安全、舒适的环境，比如在谈话前给他一杯热饮，让他坐在松软的沙发而不是硬邦邦的木头椅子上。但是反过来，如果你希望说服对象感受到压力，你可以将谈话地点安排在你熟悉的地方，即所谓的"主场优势"。前文提过，我在反舞弊调查时，会让被调查目标单独坐在桌子的一侧，而调查一组一行三人坐在桌子的另外一侧，且靠墙而坐。这种座位的安排会使对方觉得孤立无援，明白这场谈话不是普通的平等协商，而是具有压迫性的强势询问。

- **预埋说服线索**

如果你在谈判，你是出价方，那么不妨在谈判开始之前聊一些"大生意"，比如某某富豪花了几个亿买了一幢豪宅，又或者假装轻描淡写地说："我总不会没谱地给我们的产品单价定到500万元"，待会儿你的报价如果"只有"100万元，对方砍价的幅度可能小很多。这也是谈判中常用的"锚定效应"。

- **注意语言隐喻**

如果你希望激起对方的恐惧，从而促成行动，那么可以用一些负面、消极的词，诸如"怕上火，喝王老吉"中的"怕"。如果你希望对方感觉一切尽在掌控，你可以说"握紧方向盘"。如果你希望自己提供的解决方案被接受，可以使用"钥匙""活结"等意象。

先发影响力是个非常有意思的话题，感兴趣的朋友可以找来罗伯特·西奥迪尼的著作《先发影响力》仔细研读。

说服者的中立立场

作为法务，我时不时收到一些邀请，去一些行业讨论会上分享一些经验或者心得。只要时间允许，我都会欣然应允。然而有一种邀请会让我进退两难，那就是来自商业机构的邀请。一方面，与会的观众都是同行，讨论的话题也还是专业话题，我没理由区别对待。但另一方面，我也知道活动的目的是商业推广，我的分享有可能会让观众理解为我在为某种产品或服务背书，哪怕我丝毫没有提及，哪怕我并无此意。

后来我想明白一件事：我是个中立第三方，我要用好这个身份。于是我主动跟主办方商量："我打算在我的专业分享里提，我是你们产品的用户，但我需要客观陈述，优点、缺点毫无保留地提及，你们能接受吗？"

有些商业机构会有顾虑，但有些机构比较开放，同意了我的提议。在提到主办方的产品之前，我会强调自己是个法务，与主办方没任何商业关联。然后非常坦荡地讲述自己使用主办方产品的感受，该表扬的表扬，该吐槽的吐槽。因为都是亲身经历，讲起来也有细节，观众兴趣十足，丝毫没有流露出任何抗拒。用这种方式提及主办方的产品，既没有违背我自己的原则，没有损害我中立第三方的立场，同时也以一种更有效的方式露出了主办方想要露出的产品。根据前面说的"单纯曝光效应"，即使观众没有马上购买，也在心中种下了种子。更重要的是，用这种方式，观众丝毫不会觉得不舒服，不会有我在第五章提到的误入软广的那种被欺骗感。

如果没有第三方助力说服，说服者本人也可以主动扮演"中立者"。其中一个常见的招数就是"自曝其短"，或者做出有损自己利益的行为。比如你在饭店点菜，服务员不停制止你："先生，您点的菜应该够吃了，我们家菜量大，点得多吃不完该浪费了。"这种自损行为会让你对这家饭店和这个服务员好感倍增，如果她给你推荐某个招牌菜，你多半信赖她的推荐，而不会怀疑她动机不纯，有意推荐贵的菜给你。

又比如，你在粮油店买大米，刚挑了一袋，店主小声跟你说："别拿这包，这是陈米。拿这包，今天刚到的新米。"你可能感动到忘问价格，之后次次来这家买粮油。别小看这"搬石头砸自己脚"的行为，它往往为你建立更深厚的信任，为你赢得说服对象的深度青睐。

我近期看到了另外一个非常精彩的商业案例，笔记APP浮墨（flomo）在介绍自己功能的时候专门说，flomo不擅长什么。比如，它提到自己不擅长文档撰写，推荐用户使用石墨文档；不擅长文档收藏，推荐用户使用印象笔记；不擅长思维导图，建议用户使用Xmind……这种自曝其短、推荐竞品的做法让人非常舒适，因此感佩其胸怀。

不仅这些小事，在庭审、竞选这类大事上，自曝其短也能为己方获得优势。在法庭上，那些主动提及己方弱点的律师会更容易赢得案子，在竞选中先赞赏对手积极方面的人更能赢得选民的信任感和投票意愿。沃伦·巴菲特的公司投资业绩远超同行，按理说完全可以挑积极正面的信息对外披露，但他每次都会在年报里披露自己过去一年犯过的错误，或公司过去一年出现的问题。用这种方式，他赢得了现在股东和潜在股东更多的信任和信心。

最后，我要"自曝其短"强调一下。

"你真的认为一本书可以让一个笨嘴笨舌的人成为说服高手？"

说实话，我并不抱那样的幻想。我赞成克里斯坦森在《你要如何衡量你的人生》里提到的观点：对于生活的基本问题，并不存在所谓的特效药和快速解决的方法。说服在我看来就属于生活的基本问题。

没错，我开始就告诉你，这本书不是万能药，没办法帮你速成。这可能让你失望，但也可能让你觉得我是个诚恳的人，提前校正你对本书的预期。

小结：

➤ 影响说服效果的因素很多，在运用KOTA四步时如能结合影响因素，效果更佳。

➤ 人们为了群体认同和接纳，会选择与群体内成员保持一致，哪怕明知这种一致是错误的、违背自己意愿的。

➢从众一方面是害怕社会排斥，另一方面也是推定多数人的选择有其合理性，是一种偷懒的"抄作业"。

➢说服时，用数据指出多数人做了同样的选择有助于激活从众效应。除此之外，还可以善用"托儿"。

➢说服的时机稍纵即逝，发现特权窗口打开的时候要立即行动。如果时机不对，不妨再稍加等待。

➢仅仅是反复曝光，就可能增强人们对事物的喜爱。说服时可以考虑有意识的重复。

➢在说服开始之前，很多影响说服效果的行为已经开始起作用了，典型的如环境暗示、语言引导、隐喻等。

➢说服者的中立立场有助于说服，说服者也可以通过"自损"建立在说服对象心中的中立地位，取得信任。

结　语

　　如果你从头读到这儿，证明你还挺喜欢这本书的。这年头一本书能被从头到尾读完，既是作者的贪望，也是作者的荣耀。如果你确实喜欢这本书，不妨买个十本八本送给跟你聊得来的师长、亲人、朋友、老同学甚至故交。一本精心挑选的小众新书，非常适合表达恰到好处的惦记，也能彰显你对世事的态度。一本书，甚至一篇文章的标题都可以拿来会友。

　　我曾经暗恋过的一位蓝颜知己，早已多年不联系。但我一直记得他非常喜欢苏东坡，就像我记得他喜欢百事可乐搭配芝士汉堡一样。可巧我书中几次提到的好朋友常金光律师也喜欢苏东坡，我从他那得知朱刚老师出了一本关于苏东坡的精品书《苏轼十讲》。于是我网上悄悄下单了一本，给那位久不联系的朋友快递到了他的公司。书是匿名送的，没留下任何我的痕迹。三天后我收到了七年来他的第一条微信："我挺好的。我也知道你也挺好的。"

　　如果你想不出要送的人，又或者你嫌送书太麻烦也没关系，拍上书的封面，拍几页你最喜欢的段落，去朋友圈、微博分享给朋友们，看看多少朋友跟你有着同步的共鸣。也可以热闹地邀请大家"投票"，选出他们最喜欢的段落。你可能会惊奇地发现，气质相近、背景相近的朋友对很多事情都持相同态度。

　　除了买书表达支持，还有一件事你可以帮到我：为我的书评个分。

还记得我在序言提到的那个朋友吗？那个对"说服"这个话题原本不屑一顾、博览群书但又极其挑剔的朋友，在看了我的初稿之后给我打了4.8分（满分5分）。在你打分之前，请闭上眼回忆一下读这本书的情景。然后告诉我，你读这本书的时候，有过会心一笑的时刻吗？有过想要隔空击掌的时刻吗？有过想跟我辩论几句的时刻吗？有想要立刻在孩子身上试试的时刻吗？有想去谈判桌大显身手的时刻吗？

如果有，我觉得或许你也会给我打4.8分，甚至还可能更高。当然，打多少分完全是你的权利，完全不理会我的这些要求也是你的自由。但你究竟给我打多少分呢？你可以毫不费力地到我的公众号"见我"或同名视频号的后台私信告诉我，也可以到京东、当当、豆瓣点评。如果你想写读后感，可以公众号后台发我，我会有选择地发到我的公众号上，希望你因此被全国的朋友们认识，"以文会友"。

当然，还有一种更快找到我、见到我的方法，就是通过视频号"法天使"在每周三晚上八点半的"合同相对论"直播间找到我。这样做的好处就是，如果你在直播间留言，我会马上看到。如果你说明读者身份，可以获得某些"特权"。具体是什么特权，到时候就知道啦。

好，现在请你运用书中内容，分析一下刚刚这段结语用了哪些说服方法？

我还是买一赠一，给附加题也讲解一下吧。首先我们来看看KOTA四步做到没：

K，Know Your Audience，了解你的观众。

我想象你们跟我一样，读完一本书时成就感满满，心情不错。这时候提要求是个好时机，被拒绝的概率会低些。不仅如此，我还知道每个人都有社交需求，都有送礼苦恼，都有那么一两个牵肠挂肚的人。所以我不失时机地提了一个解决方案：要么买本书送给他们吧？

O，Offer Something，提供点好处。

其实刚刚这段是我在拜托你们，对你们提请求，但我还是要想办法指出做这事对你有什么好处：

首先，如果你买书赠书，你可以收获社交认同，甚至可能因此开启、重启美妙的缘分，就像我的故事那样；

其次，你将喜欢的段落在社交媒体分享，可以做测试，也可以激活朋友圈——记得我用了"热闹"一词吗？这是语言启动。当然，如果你写读后感，你的读后感可能被我发到公众号上，被更多的人读到。这和前面提到的朋友圈一样，都在试图满足你的社交需要；

最后，如果你去直播间观看我的节目，你可以直接对我提问，还会有某些特权。

以上这些微不足道的小事，都是我试图给你提供的"好处"。

T，Tell a Story，讲个故事。

为了说明送人书是件美事，我讲了一个我自己的故事。为什么这是个故事而不是案例？因为它有感情，也有情节——你能告诉我感情在哪儿吗？你有被打动吗？这是一个非常简短的故事，但是为了真实，我写了书名《苏轼十讲》。为了生动，我写了那个朋友喜欢百事可乐配芝士汉堡。即使这么短的一个故事也要详略得当，有意写的细节当然是为了服务故事目的。与说服目的无关的事情不讲，比如我是怎样跟这位朋友失去联系的，他发了微信之后我怎么回复的。

那么问题来了，你猜这是个真实的故事还是虚构的故事？

A，Autonomy Matters，掌控与自主选择。

虽然我提了请求，但我两次强调权力在你手里，你可以决定买书还是不买，评分还是不评，如果评分，评多少分。这样不会让你觉得被勉强，感觉失去自主权。

"有枣没枣打一杆子"，我没有空口喊："请你们多多支持我的书"，而是为这个概括的请求设计了3个具体的选项（为什么是3个而不是9个？）：你可以买我的书送人，也可以去社交媒体推荐，还可以为我的书评分。

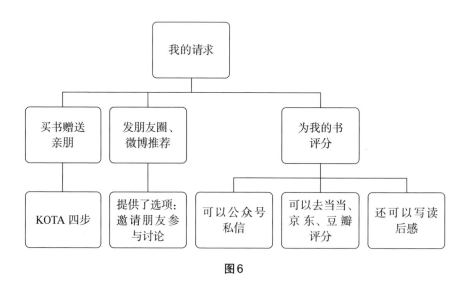

图6

为了避免选项太多让你无所适从，在评分这儿我又分步、分模块提供了选项：可以去我公众号后台留言，也可以去京东、当当、豆瓣点评。我还用了"毫不费力"这个词，预埋线索暗示评分所需成本很低。（思考：如果我说"去评分吧，这事一点不麻烦"，效果会有什么不同？）

我还提到了你去直播间留言会有特权，这是在营造稀缺感。至于是何种特权，我并没有说明，这是吸引注意力和好奇常用的方法。那些好奇心旺盛的读者，可能已经忍不住通过公众号、视频号给我留言询问了。

除了KOTA四步法之外，我也用了一些影响力武器，比如互惠中的让步策略，如果你不愿意买书送人，那么至少可以去发下朋友圈吧？如果不发朋友圈，去网上评个分也可以呀。一般情况下，多数人在拒绝一个要求后，很难继续拒绝第二个、第三个。

再有，我在开头就说了，你读完了这本书，就证明你还挺喜欢这本书的，这是一种"同步"行为，目的是将你和我拉到同一页面上。不知不觉间你被我贴了标签，你被我提醒之后觉得：哎，是啊，我挺喜欢这本书的，我是得支持一下这个作者。无论你之后是送书、发朋友圈还是评论，你喜欢我的书这事就被你自己的行为强化了。出于承诺与一致，你也可能就更加容易答应我的其他请求，比如评个分、写个读书笔记——这又是"登门槛"策略了。

我还用了先发影响力，我请你回忆读这本书的快乐时光，几个问句调动了你的情感脑，让你进入一种更加愉悦的状态，然后请你在这种状态下点评。同时，我用了心理学上的锚定效应，两次提到4.8分。即使你觉得我的书离4.8分还有差距，因为锚定效应，你可能打个4.5分、4.6分，而不太会给一个离谱的低分。

那么此处为什么我不写一个具体的分数来形容多低呢？这也是为了避免形成暗示。一个具体的低分，可能又形成了新的锚定效应。

解析到此结束。你觉得我的这个结语，称得上优秀的说服案例吗？

我觉得只能算是个合格案例，还谈不上优秀。一个优秀的说服过程不需要那么冗长，也不需要炫技地用上所有技巧、武器。

在本例中，我为了尽可能多地呈现书中内容，才提了那么多要求，以"糅"进更多的知识点。如果是一个真实的说服场景，我会简化要求、优化选项：买本书送给你的朋友吧，如果不买书就去社交媒体分享一下这本书，或者去网上为我的书点评。那个送书的故事不能省略，那个打分的锚定效应也很重要。最后我会说，这都是我厚脸皮的请求，你们完全可以不理我。KOTA四步做到了，再适当地运用影响力武器，基本就是一个80分、90分的说服了。

好了，现在我真的把衣服暗兜的兜底都掏出来给你看过了，咱们江湖再见啦。

参考文献

［美］罗伯特·西奥迪尼：《影响力》，闫佳译，北京联合出版公司2021年版。

［美］罗伯特·西奥迪尼：《先发影响力》，闫佳译，北京联合出版公司2017年版。

［美］戴维·迈尔斯：《社会心理学（第11版）》，侯玉波、乐国安、张智勇等译，人民邮电出版社2016年版。

［美］艾略特·阿伦森、乔舒亚·阿伦森：《社会性动物》，邢占军、黄立清译，华东师范大学出版社2020年版。

［美］菲利普·津巴多、迈克尔·利佩：《态度改变与社会影响》，邓羽、肖莉等译，人民邮电出版社2018年版。

［美］丹尼尔·卡尼曼：《思考快与慢》，胡晓姣、李爱民、何梦莹译，中信出版社2012年版。

［美］乔纳·伯杰：《传染：塑造消费、心智、决策的隐秘力量》，李长龙译，中国工信出版社、电子工业出版社2017年版。

［美］乔纳·伯杰：《疯传：让你的产品、思想、行为像病毒一样入侵》，刘生敏、廖建桥译，电子工业出版社2014年版。

［美］乔纳·伯杰：《催化：让一切加速改变》，王晋译，中国工信出版集团、电子工业出版社2021年版。

［美］理查德·塞勒，卡斯·桑坦斯：《助推》，刘宁译，中信出版集团2018年版。

［加］马尔科姆·格拉德威尔：《眨眼之间》，靳婷婷译，中信出版集团2020年版。

［美］尼克·克里：《说服：像讲故事一样讲道理》，陈佳译，江苏凤凰文艺出版社2017年版。

［美］查尔斯·U.拉森：《说服：如何聪明地说与听（第十一版）》，董璐、周丽锦译，北京大学出版社2017年版。

［美］苏珊·威辛克：《说服的艺术：促使人行动的七种心理动力》，闰佳译，中国人民大学出版社2021年版。

［美］科斯纳：《说服力：如何巧妙且有逻辑第说服他人》，江华编译，民主与建设出版社2016年版。

［美］李·哈利特·卡特：《高效说服力》，王佳薇译，浙江教育出版社2021年版。

［美］诺瓦·戈尔茨坦、史蒂夫·马丁、罗伯特·西奥迪尼：《说服，如何赢得他人的信任与认同》，符李桃译，中信出版社2018年版。

［美］杰伊·海因里西斯：《说服的艺术》，闰佳译，机械工业出版社2020年版。

［英］尼克·鲍多克、鲍勃·海华德：《深度说服》，宋旭译，江西人民出版社2019年版。

［加］科特·W.莫滕森：《说服力的十堂课》，高天亮译，九州出版社2021年版。

［瑞典］亨瑞克·费克塞斯：《影响力法则》，张瑞瑞译，中信出版集团2020年版。

［英］西蒙·兰卡斯特：《影响力核能》，田金美、洪云译，中国友谊出版公司2018年版。

［美］本·戴克尔、凯利·戴克尔：《怎样沟通才有影响力》，施轶译，中国人民大学出版社2017年版。

［美］帕特丽夏·斯科特：《让松鼠聚焦》，王建民译，中国青年出版社2014年版。

［加］斯科特·亚当斯：《以大制胜》，闰佳译，中国纺织出版社有限公司2021年版。

［美］卡迈恩·加洛：《像TED一样演讲》，宋瑞琴、刘迎译，中信出版社2015年版。

［美］克里斯·安德森：《演讲的力量》，蒋贤萍译，中信出版集团2016年版。

［美］琼·戴兹：《如何做一场精彩的演讲》，张珂译，南海出版公司2019年版。

［美］史蒂芬·平克：《风格感觉：21世纪写作指南》，王烁、王佩译，机械工业出版社2018年版。

程志亮：《锁脑：如何瞬间、深度、持久地影响他人》，机械工业出版社2018年版。

林桂枝：《秒赞》，中信出版集团2021年版。

［美］莱斯·吉卜林：《自信而高效的沟通》，郑世彦译注，上海科学技术文献出版社2021年版。

［德］弗德曼·舒茨·冯·图恩：《极简沟通的四维模型》，冯珊珊译，天津人民出版社2020年版。

［美］哈丽雅特·B.布瑞克：《操纵心理学》，李璐译，民主与建设出版社2020年版。

东东枪：《文案的基本修养》，中信出版社2019年版。

［美］吕立山（Robert Lewis）：《国际并购游戏规则：如何提高中国走出去企业成功率》，机械工业出版社2017年版。

何力、常金光：《合同起草审查指南三观四步法》，法律出版社2021年版。

［美］琳达·拜厄斯·斯温德林：《别输在不敢提要求上》，翁婉仪译，江苏凤凰文艺出版社2018年版。

［美］卡伦·霍妮：《我们内心的冲突》，李娟译，长江文艺出版社2016年版。

［以色列］尤瓦尔·赫拉利：《人类简史》，林俊宏译，中信出版集团2017年版。

［英］加亚·文斯：《人类进化史：火、语言、美与时间如何创造了我们》，贾青青、李静逸、袁高喆、于小岑译，中信出版集团2021年版。

［美］丽萨·克龙：《你能写出好故事》，秦竞竞译，陕西出版传媒集团、陕西人民出版社2014年版。

［美］丽萨·克龙：《怎样写故事：小说与剧本创作的6W原则》，王君译，读者出版社2019年版。

［美］卡迈恩·加洛：《会讲故事才是好演讲》，任烨译，中信出版集团2018年版。

［美］罗伯特·麦基、托马斯·格雷斯：《故事经济学》，陶曚译，天津人民出版社

2018年版。

　　［英］利·考德威尔：《价格游戏》，钱峰译，浙江大学出版社2017年版。

　　［美］凯特·法雷尔：《故事力：如何通过讲故事改变你的生活、工作、人际关系》，张秀旭、何英译，金城出版社2021年版。

　　［美］安妮特·西蒙斯：《你的团队需要一个会讲故事的人》，尹晓红译，江苏凤凰文艺出版社2016年版。

　　［美］哈迪娅·努里丁：《故事力法则》，杨献军译，天津科学技术出版社2020年版。

　　［英］安东尼·塔斯加尔：《故事力思维》，杨超颖译，中国友谊出版社2019年版。

　　谢国计：《故事影响力：跟TED学表达》，北方文艺出版社2021年版。

　　王小辉：《你的能力，要学会用故事讲出来》，贵州人民出版社2018年版。

　　曾杰：《故事说服力》，古吴轩出版社2019年版。

图书在版编目(CIP)数据

四步说服法：高效演讲、谈判、销售、沟通的秘诀 /
踢米尼著. — 北京：中国法制出版社, 2022.6

ISBN 978-7-5216-2710-7

Ⅰ.①四… Ⅱ.①踢… Ⅲ.①说服—语言艺术—通俗
读物 Ⅳ.①H019-49

中国版本图书馆CIP数据核字（2022）第089177号

责任编辑：赵宏   封面设计：汪要军

四步说服法：高效演讲、谈判、销售、沟通的秘诀
SIBU SHUOFUFA: GAOXIAO YANJIANG、TANPAN、XIAOSHOU、GOUTONG DE MIJUE

著者 / 踢米尼
经销 / 新华书店
印刷 / 三河市紫恒印装有限公司

开本 / 710毫米×1000毫米　16开   印张 / 20.5　字数 / 267千
版次 / 2022年6月第1版   2022年6月第1次印刷

中国法制出版社出版
书号ISBN 978-7-5216-2710-7   定价：79.00元

北京市西城区西便门西里甲16号西便门办公区
邮政编码：100053   传真：010-63141600
网址：http://www.zgfzs.com   编辑部电话：010-63141830
市场营销部电话：010-63141612   印务部电话：010-63141606
（如有印装质量问题，请与本社印务部联系。）